W0094326

Caroline de Gruyter

DAS

HABSBURGERREICH –

INSPIRATION FÜR

EUROPA?

EINE SPURENSUCHE

Aus dem Niederländischen
übersetzt von Leopold Decloedt

BÖHLAU VERLAG WIEN KÖLN

Diese Veröffentlichung wurde mit finanzieller Unterstützung der Niederländischen Stiftung für Literatur (Nederlands Letterenfonds) ermöglicht.

Bibliografische Information der Deutschen Nationalbibliothek:
Die Deutsche Nationalbibliothek verzeichnet diese Publikation in der Deutschen Nationalbibliografie; detaillierte bibliografische Daten sind im Internet über https://dnb.de abrufbar.

Die Originalausgabe erschien 2021 unter dem Titel „Beter wordt het niet" bei De Geus, Niederlande.

© 2022 Böhlau, Zeltgasse 1, A-1080 Wien, ein Imprint der Brill-Gruppe (Koninklijke Brill NV, Leiden, Niederlande; Brill USA Inc., Boston MA, USA; Brill Asia Pte Ltd, Singapore; Brill Deutschland GmbH, Paderborn, Deutschland; Brill Österreich GmbH, Wien, Österreich)
Koninklijke Brill NV umfasst die Imprints Brill, Brill Nijhoff, Brill Hotei, Brill Schöningh, Brill Fink, Brill mentis, Vandenhoeck & Ruprecht, Böhlau, V&R unipress.

Umschlagabbildung: © Bundesmobilienverwaltung, Sammlung: Bundesmobilienverwaltung, Objektstandort: Hofburg Wien, Sisi-Museum, Foto: Gerald Schedy
Umschlaggestaltung: Bernhard Kollmann, Wien
Satz: Bettina Waringer
Lektorat: Markus Jung
Druck und Bindung: Findir, Český Těšín
Printed in the EU.

Vandenhoeck & Ruprecht Verlage | www.vandenhoeck-ruprecht-verlage.com

ISBN 978-3-205-21484-7

Jamais, peut-être, les empires n'ont fait l'objet d'autant d'études.

PATRICE GUENIFFEY/THIERRY LENTZ: *La fin des empires* (2016)

Stammbaum

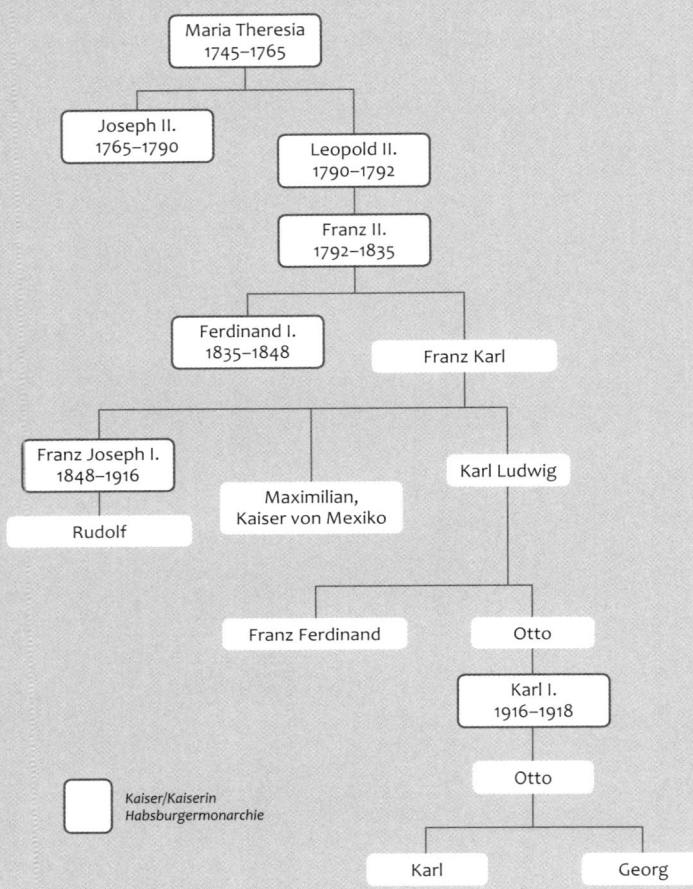

Maria Theresia
1745–1765

Joseph II.
1765–1790

Leopold II.
1790–1792

Franz II.
1792–1835

Ferdinand I.
1835–1848

Franz Karl

Franz Joseph I.
1848–1916

Maximilian,
Kaiser von Mexiko

Karl Ludwig

Rudolf

Franz Ferdinand

Otto

Karl I.
1916–1918

Otto

Karl

Georg

Kaiser/Kaiserin
Habsburgermonarchie

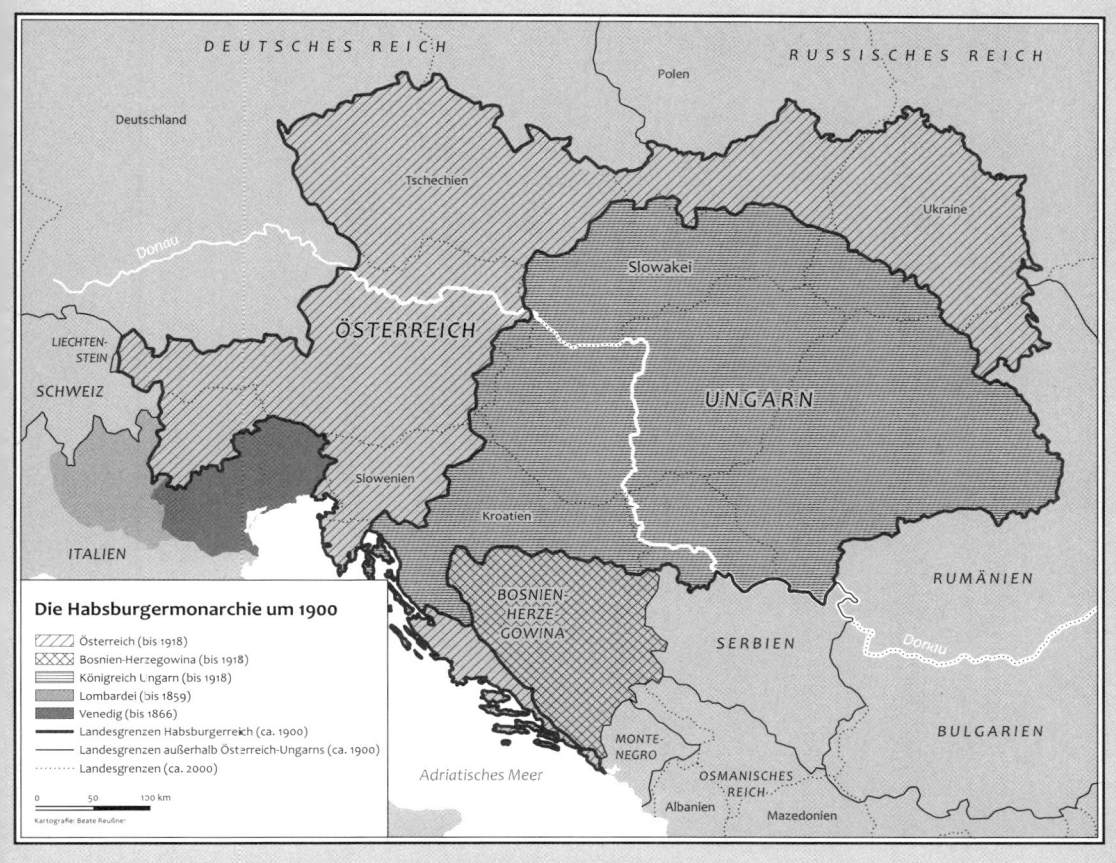

Die Habsburgermonarchie um 1900

- Österreich (bis 1918)
- Bosnien-Herzegowina (bis 1918)
- Königreich Ungarn (bis 1918)
- Lombardei (bis 1859)
- Venedig (bis 1866)
- Landesgrenzen Habsburgerreich (ca. 1900)
- Landesgrenzen außerhalb Österreich-Ungarns (ca. 1900)
- Landesgrenzen (ca. 2000)

0   50   100 km

Kartografie: Beate Reußner

DEUTSCHES REICH

RUSSISCHES REICH

Deutschland

Polen

Tschechien

Ukraine

Donau

Slowakei

LIECHTEN-
STEIN

ÖSTERREICH

UNGARN

SCHWEIZ

Slowenien

Kroatien

RUMÄNIEN

ITALIEN

BOSNIEN-
HERZE-
GOWINA

SERBIEN

Donau

BULGARIEN

MONTE-
NEGRO

Adriatisches Meer

OSMANISCHES
REICH

Albanien

Mazedonien

Vorwort zur deutschen Ausgabe

Es freut mich, dass mein Buch nun auch der deutschsprachigen Leserschaft zugänglich gemacht wurde. Für mich war es erstaunlich festzustellen, wie viel das heutige Europa aus der Geschichte des Habsburgerreiches lernen kann. Ich habe dieses Buch gerade deshalb geschrieben, weil ich denke, dass diese Feststellung auch für andere Menschen wertvoll sein kann. Gerade in einer unsicheren Zeit, in der alles in Bewegung ist, kann uns der Blick auf diesen anderen Vielvölkerstaat, der immerhin mehrere Jahrhunderte überdauerte, Halt und vielleicht sogar Hoffnung geben. Denn wer genau hinschaut, merkt, dass die Europäische Union und das Habsburgerreich nicht nur die Unentschlossenheit, Trägheit und Mittelmäßigkeit gemeinsam haben, sondern auch eine nicht zuletzt in Mitteleuropa immer wieder unterschätzte Beständigkeit und Zuverlässigkeit.

Dieses Buch wurde mehr als ein Jahr vor dem Einmarsch Wladimir Putins in die Ukraine geschrieben. Es blieb auch keine Zeit, alle Kapitel der deutschen Fassung noch zu überarbeiten, bevor sie in Druck gingen – nur das Vorwort konnte noch ergänzt werden. Aber auch wenn Putins Krieg auf den folgenden Seiten fehlt, bedeutet dies nicht, dass der Vergleich zwischen dem Habsburgerreich und der Europäischen Union an Kraft eingebüßt hätte. Im Gegenteil. Die verschiedenen Passagen über das stolze Russland, das unentwegt in der Vergangenheit verharrt und sich oft als Opfer sieht, während Westeuropa lieber nach vorne blickt, sind relevanter denn je. Auch die Parallelen zwischen der Außen- und Sicherheitspolitik der Habsburger und jener des heutigen Europas sowie beider Unfähigkeit, Krieg zu führen, stimmen vielleicht nachdenklicher denn je. Die derzeitigen geopolitischen Turbulenzen erzeugen bei vielen Angst und Unsicherheit. Aber für das heutige Österreich, das fest in die Europäische Union eingebettet ist, sollte diese historische Kontinuität – die direkte Linie vom Habsburgerreich zum heutigen Europa – in gewisser Weise auch beruhigend sein.

Caroline de Gruyter, Mai 2022

Einleitung

Béla Zombory-Moldován ist 29, als sich sein Leben für immer ändert. Man schreibt das Jahr 1914. Er ist mit Freunden auf Urlaub an der Adria. Und dann bricht der Erste Weltkrieg aus. Innerhalb einer Woche ist er, ein sorgenfreier, sanftmütiger Künstler aus einer wohlhabenden ungarischen Familie, bereits in Uniform unterwegs an die Front.

Er habe keine Ahnung, was ihm bevorstehe, schreibt er in *The Burning of the World,* seinen Memoiren über dieses erste Kriegsjahr, die sein Enkel 2014 herausgab. Er habe keinerlei Vorstellung, was Krieg bedeutet: Nach seinem Großvater habe niemand in seiner Familie einen Krieg erlebt. Sie hätten noch weniger als er gewusst und über keinerlei nützliche Informationen verfügt, die ihm geholfen hätten. Bis es sie getroffen habe, hätten sie Krieg als etwas Absurdes betrachtet. Jetzt sei es Wirklichkeit geworden. Der einzige Trost sei gewesen, dass der Feind vermutlich das gleiche Problem gehabt habe.

Liest man diese Worte heute, in einem Europa, das schon seit mehr als siebzig Jahren keinen Krieg erlebt hat, zieht man unweigerlich einige Parallelen[1]. Niemand behauptet, dass anno 2021 ein Krieg in Europa ausbrechen wird. 1914 ist nicht 2021. Aber in den letzten Jahren ist weltweit einiges in Bewegung geraten, genauso wie damals. Kriege und bewaffnete Konflikte kommen immer näher – die Ukraine, Syrien, Libyen, Nagorny-Karabach. Und genau wie in der Zeit Zombory-Moldováns heftig über das Ende des Habsburgerreiches, des multinationalen Kaiserreiches, zu dem Ungarn gehörte, spekuliert wurde, rechnen heutzutage manche Zeitgenossen mit dem Zerfall der ebenfalls multinationalen Europäischen Union. Jede Krise, so hört man immer wieder, sei für die EU von existentieller Bedeutung. Und Krisen, davon gibt es ziemlich viele.

Wäre es möglich, dass eine dieser Krisen der Europäischen Union zum Verhängnis wird? Kann die EU das gleiche Schicksal ereilen wie damals das Habsburgerreich? Und wie würde das dann ablaufen?

Im vorliegenden Buch will ich mich mit derartigen Fragen auseinandersetzen, allerdings ganz bewusst ohne sie zu beantworten.

Erstens kann man solche Entwicklungen nicht vorhersagen. Man weiß es einfach nicht. Das Habsburgerreich hat trotz düsterer Prognosen immerhin über sechshundert Jahre existiert.

---

[1] Anmerkung des Verlages: Die Erstausgabe dieses Buches ist im März 2021 erschienen, ein Jahr vor Ausbruch des Krieges in der Ukraine.

Zweitens gebe ich keine abschließenden Antworten. Dies wäre nur basierend auf wissenschaftlicher Forschung betreffend die Übereinstimmungen und Unterschiede zwischen dem Habsburgerreich und der Europäischen Union möglich. Ich bin aber keine Wissenschafterin.

Drittens will ich nicht Position beziehen und diese anschließend verteidigen. So etwas interessiert mich nicht. In unserer polarisierenden Zeit werden wir überschüttet mit Büchern, in deren Mittelpunkt nach amerikanischer Art eine starke These steht, um diese den Lesern dann in einigen Kapiteln mit passenden Argumenten einzutrichtern.

Das ist nicht mein Ding. Deshalb habe ich versucht, genau das Gegenteil zu tun. Dieses Buch ist kein durchkomponiertes Traktat über die Parallelen und Unterschiede zwischen dem Habsburgerreich und der Europäischen Union, sondern vielmehr eine impressionistische, persönliche Suche, bei der sich manche Türen öffnen und manche nicht.

Die Ausgangssituation ist ganz simpel. Ich habe von 2013 bis 2017 in Wien gelebt, das bis 1918 Hauptstadt des Habsburgerreiches war. Und der habsburgische Geist – so habe ich festgestellt – ist dort überraschenderweise immer noch kräftig spürbar. Wie von selbst habe ich damit begonnen, mich in diese Thematik zu vertiefen. Was ich fand, las und hörte, änderte allmählich meine Sicht auf die Europäische Union. Schon seit zwanzig Jahren schreibe und spreche ich über Europa. Durch die zeitweise Beschäftigung mit der habsburgischen Welt habe ich begonnen, mir selbst allerhand Fragen über Europa zu stellen, die ich wahrscheinlich gar nicht oder anders gestellt hätte, hätte ich nicht vier Jahre lang in Wien, sondern etwa in Zürich oder Dublin gelebt.

C'est tout.

In diesem Buch versuche ich also, über einen langen Umweg eine Skizze der Europäischen Union zu entwerfen. Eine persönliche Skizze. Was ist die EU? Was ist sie nicht? Und was dürfen wir künftig von ihr erwarten? Der besagte Umweg ist das Habsburgerreich.

Meine europäische Perspektive färbt ab auf die Art und Weise, wie ich das Habsburgerreich sehe, und mein habsburgischer Blick hat wiederum Einfluss auf das Bild, das ich von Europa habe.

Dadurch versuche ich, mich weitgehend aus jenen sterilen Diskussionen über Europa rauszuhalten, die immer wieder von Menschen geführt werden, die entweder der Meinung sind, die EU sei zu mächtig, oder davon überzeugt sind, die EU sei im Gegenteil nicht mächtig genug. Ich gehe nicht ein auf die Frage, ob die EU souveräne, demokratische Staaten mit Verordnungen und Richtlinien erstickt, oder ob es eher so ist, dass sie so machtlos und hoffnungslos zerstritten ist, dass sie das Versprechen, europäische Völker, die sich jahrhundertelang bekämpft haben, durch Einheit und Solidarität näher zueinander zu bringen, nicht hält.

Ich weiß nicht, wer Recht hat: die Nationalisten oder die Föderalisten. Aber die Art und Weise, wie sie Europa betrachten, halte ich für statisch und uninteressant. Beide Gruppen haben einen Traum, der zu per definitionem übertriebenen Erwartungen an die EU führt. Die EU kann ihre Erwartungen nie erfüllen, was zur Folge hat, dass beide Gruppen permanent enttäuscht sind.

Ich frage mich schon eine ganze Weile, ob wir die EU nicht auf eine realistischere und differenziertere Art betrachten können. Können wir nicht einfach akzeptieren, dass auch die Möglichkeiten der EU limitiert sind, und unsere Erwartungen ein wenig zurückschrauben? Und wie ist es möglich, dass Europa in den Augen Außenstehender eine Großmacht ist, während wir Europäer vor allem unsere Schwächen und Unentschlossenheit betonen?

Bevor ich nach Wien kam, lebte ich in Brüssel. Die letzten Jahre waren sehr intensiv. Finanzkrise, Wirtschaftskrise und Eurokrise – in dieser Reihenfolge – sorgten für ein riesengroßes politisches Spektakel. Jeder Krisengipfel wurde als „existentiell" bezeichnet. „Alles oder nichts", hieß es immer wieder. Zum Erstaunen so mancher überlebte die EU jedoch dies alles. Jedes Mal, wenn die europäischen Staats- und Regierungschefs vor dem Abgrund standen, kamen sie zum Schluss, dass Kompromisse besser wären, als zu springen. Sie wollten überleben. Und dies veränderte die EU. In mancher Hinsicht wuchs sie enger zusammen, zugleich wurden jedoch neue Bruchlinien sichtbar.

Aus Wien berichtete ich über die nächsten Krisen, mit denen Europa konfrontiert wurde: die Flüchtlingskrise und den Brexit. Parallel dazu beschäftigte ich mich eingehend mit dem Habsburgerreich, das – in viel höherem Maße als ich geglaubt hatte – ebenfalls mit viel Mühe mehrere Völker, die selten einer Meinung waren und einander ständig eifersüchtig beäugten, zusammenzuhalten versuchte. Die Habsburger, so wurde mir klar, wurden von der gleichen, immerwährenden Suche nach Kompromissen getrieben, die ich auch aus Brüssel kannte. Genauso bekannt kam mir das Adjustieren, Anpassen und Reformieren vor, das nie ein Ende findet, da jede Reform nun einmal automatisch zu einer weiteren Reform führt. Darüber hinaus waren die Habsburger, genauso wie wir Europäer heute, militärisch äußerst verwundbar, wodurch Pufferzonen, Allianzen mit den Nachbarn und die Kunst des Zeitschindens zu Eckpfeilern der Außenpolitik wurden. Zugleich litten sie an der gleichen Selbstunterschätzung wie wir – in den Augen anderer waren sie mächtiger als sie selbst realisierten. Auch das Kaiserreich war eine ständige Zielscheibe, für jeden.

Da ich nur einen Steinwurf entfernt von einem der kaiserlichen Paläste in der Stadt wohnte, liefen buchstäblich vor meiner Nase mehrere Fäden zusammen, die mit dem heutigen Europa zu tun hatten. Diese Fäden habe ich mir genauer angesehen. Einige davon führten ins Nichts, andere führten zu informativen Büchern, zu universitären Forschungsergebnissen und spannenden Begegnungen sowie kurzen Reisen. Schließlich eröffneten mir all diese Dinge eine andere Sichtweise auf Europa.

Die folgenden Seiten sind der Bericht dieser Suche. Nicht mehr und nicht weniger. Er ist voller Impressionen und selbstgemachter Fotos. Ich stelle Fragen, auf die weder ich noch meine Gesprächspartner eine Antwort haben. Dabei komme ich manchmal vom Hundertsten ins Tausendste. Im Idealfall dringt man damit tiefer in die Materie ein. So erging es mir in Wirklichkeit auch. Das ganze Buch ist ein einziges Herantasten. Ich hatte keine Struktur, kein Schema, nicht einmal eine Deadline. Das Buch war erst fertig, als es fertig war. Da war ich schon nach Oslo übersiedelt – wo ich weitere brauchbare Informationen zusammentragen sollte.

Wegen der COVID-19-Pandemie konnte ich nicht alles umsetzen, was ich wollte. Meine letzten Besuche in Wien musste ich absagen. Auch Triest hätte ich gerne noch einmal besucht. Und auch den Plan, am 28. Juni mit einigen Habsburgern an der jährlichen Gedenkfeier anlässlich des 1914 in Sarajevo verübten Attentats auf Kronprinz Franz Ferdinand teilzunehmen, musste ich fallen lassen.

Aber vielleicht ist das auch gar nicht so schlimm. Dieses Buch ist per definitionem unvollständig und unfertig, genauso wie das Habsburgerreich und die EU. Mein Hauptanliegen besteht darin, meiner Leserschaft Dinge zu zeigen, die für mich neu waren, die mich fesselten und meinen Blick auf Europa bereicherten – in der Hoffnung, dass sie diese genauso interessant findet. Gerade in Zeiten, in denen plakative Äußerungen nuanciertes und überlegtes Denken zu verdrängen drohen, ist es gut, dass wir nicht aufhören, uns Fragen zu stellen, dass wir akzeptieren, dass wir manche Sachen nicht wissen, und dass wir Zweifel hegen.

Vor einem ähnlichen Hintergrund schrieb der junge ungarische Maler Béla Zombory-Moldován seine Memoiren, beginnend mit jenem Tag, an dem er und einige Freunde 1914 von der Adriatischen Küste bei Novi Vinodolski direkt an die Ostfront verfrachtet wurden. Auch er lebte in einer Zeit großer (geo-)politischer und gesellschaftlicher Wirrnisse.

Im Laufe des ersten Kriegsjahres wird er schwer verwundet und kehrt nach Hause zurück. Aber es gelingt ihm nicht, den Faden wieder aufzunehmen. Das normale Leben scheint ihm genauso unwirklich wie das Soldatenleben noch kein Jahr zuvor. Er realisiert allmählich, dass etwas kaputtgegangen ist – eine Welt, eine Lebensart, die nie mehr zurückkehren wird.

Diese Einsicht überkommt ihn, als er wieder an der Adriaküste ist, in einer Trattoria am Meer, mit einem halben Liter Rotwein am Tisch. Es ist das Jahr 1915 und er ist hierhergekommen, um Inspiration zu finden – vergeblich. Mit einem Freund stellte er fest, dass das 20. Jahrhundert bis zu diesem Zeitpunkt nur wenig Gutes gebracht hat. Der Krieg, von dem jeder gedacht hatte, dass er nur kurz währen würde, geht endlos weiter. Und die Gesellschaft ist im Bann von Parolen und großen Schlagwörtern wie „Erneuerung", „neue Vision" und „Demokratie" gefangen – eine Art Wirbelsturm von Ismen, die einander jagen, immer stärker, immer schneller, immer verwirrender. Vielleicht, so schreibt der Maler zum Schluss, komme es zu einer revolutionären Umwälzung; vielleicht handle es sich aber auch nur um temporäre Phänomene.

Nochmals sei es betont: Unsere jetzige Situation ist nicht mit jener von damals zu vergleichen. Aber die obige Aussage könnte genauso gut aus dem Jahr 2021 stammen. Und genau das war der Anlass für dieses Buch.

Oslo, im Jänner 2021

Kapitel 1

Everything that has happened to your forefathers is still happening.
EDMUND DE WAAL, *The White Road: A Pilgrimage of Sorts* (2015)

I

Ich packe in Wien Umzugskartons aus. Mein Blick fällt auf eine kleine Grünanlage, die von unserer Wohnung aus zu sehen ist. Eine Kindergartengruppe spielt im Gras. Zwei Kindergärtnerinnen mit der gleichen Art lilafarbenem Haar rauchen neben einem geharkten Blumenbeet eine Zigarette und weisen dann und wann ein Kind zurecht. Merkwürdig, in diesem Land ist dies kaum erforderlich. Der Park ist nicht eingezäunt, aber dennoch läuft nicht ein einziges Kind auf die Straße.

Die Grünanlage heißt Katharina-Schratt-Park. Das steht auf einem Schild. Wer um alles in der Welt, so frage ich mich beim Aufschneiden eines Kartons, war Katharina Schratt?

Viele Europäer haben Angst, dass wir „alle gleich werden". Das Zusammenwachsen Europas und die Globalisierung rufen diese Angst hervor. Populisten machen sich dies dankbar zunutze. Aber meine Erfahrung zeigt genau in die andere Richtung. Wer einige Male von einem europäischen Land in ein anderes übersiedelt, merkt schnell, wie unterschiedlich wir doch alle sind. Ich übersiedle von Brüssel nach Wien und schon verstehe ich gar nichts mehr. Belgien und Österreich haben beide den Euro und gehören beide dem Schengenraum an. Überall gibt es H&M. Amazon liefert hier zuverlässig all jene Bücher, die die Buchhandlung Frick am Graben nicht im Sortiment hat. Aber ansonsten bin ich völlig orientierungslos, sowohl historisch als auch sozial. Ich bin hier in einer komplett anderen Welt.

Wer, zum Beispiel, war Katharina Schratt? Ich frage meine Nachbarn. Die schauen mich erstaunt an. „Sie wissen nicht, wer Katharina Schratt war?", fragt eine Nachbarin, als ob sie sicher gehen will, dass sie die Frage richtig verstanden hat. Katharina Schratt, so klärt sie mich auf, sei die Freundin von Kaiser Franz Joseph gewesen, dem vorletzten Kaiser des Habsburgerreiches, der fast siebzig Jahre lang regierte. Schratt war eine Schauspielerin, die dann und wann im Burgtheater auftrat. Der Kaiser bewunderte sie. Weil Sisi, die Kaiserin, nur selten in Wien war,

war der alte Kaiser sehr einsam. Es war Sisis Idee, dass Katharina Schratt dem Kaiser Gesellschaft leisten sollte. Sisi wählte die Schauspielerin persönlich für ihren Mann aus. Schratt las dem Kaiser vor und ging mit ihm im Park spazieren. Sie kaufte ihm einen kleinen Ofen, weil es in seinem Arbeitszimmer so kalt war. Historiker sind sich bis heute nicht sicher, ob die beiden eine rein platonische oder doch eher eine amouröse Beziehung hatten. Es hält sich hartnäckig das Gerücht, dass sich der Kaiser so an Schratt gewöhnt hätte, dass er sie nach der Ermordung seiner Frau heimlich geheiratet hätte. Dafür gibt es keinerlei Beweise. Was sehr wohl belegt ist: Die Schauspielerin wurde hier, an dieser Grünanlage in Hietzing, untergebracht. Die Grünanlage – jetzt meine Grünanlage – liegt neben Schloss Schönbrunn, der Sommerresidenz des Kaisers. Von hier kam Schratt ungesehen zum Seiteneingang des Schlossparks, entlang des fantastischen Glashauses mit tropischen Pflanzen, entlang des ältesten Zoos Europas. Es heißt, sie hätte ihn jeden Tag besucht.

Kaum habe ich endlich herausgefunden, wer Katharina Schratt war, da stellt die Gemeinde ein hässliches Schild mit ihrem Namen und einigen biographischen Daten auf. Ab jetzt ist die Grünanlage offiziell ein „Park".

Neben dem ehemaligen Haus von Katharina Schratt steht ein großes, ockergelbes Haus mit einer Freitreppe, die auf zwei Seiten nach unten führt. Wenn es dunkel ist, sieht man im ersten Stock die Kronleuchter funkeln. Manchmal kommen alte Menschen aus dem Haus, manchmal auch junge, mit Kinderwägen. Der Typ Lodenmantel und karierte Hose. Es ist die Villa der Familie Esterhazy, in der bereits seit über 200 Jahren mehrere Generationen wohnen. Unter einem Dach. Als ob sich

nie etwas geändert hätte. Es gab Zeiten, in denen sie dem kaiserlichen Hofstaat angehörten, seitdem sind sie hier.

Hietzing ist ein westlicher Außenbezirk Wiens. Heutzutage gelangt man mit der
U-Bahn dorthin und es ist Teil einer Stadt mit fast 2 Millionen Einwohnern geworden. Früher war Hietzing aber ein Dorf außerhalb der Stadt. Der Kaiser wohnte in
der Hofburg in der Wiener Innenstadt. Schloss Schönbrunn war seine Sommerresidenz. Für Franz Joseph war es lange Zeit der einzige Ort in Wien, an dem er seine
Gattin treffen konnte. Sisi kam aus Bayern. In den Augen der pedanten Wiener war
sie eine plumpe Bäuerin. Jahrelang versuchte Sisi, ihnen zu gefallen. Sie setzte alles
daran, immer schöner zu werden. Sie wurde auch immer dünner. Sie wollte, dass die
Menschen stolz auf sie waren. Einer der faszinierendsten Orte im Schönbrunner
Schloss ist ihr Turnzimmer mit einem Reck und einem Turnbock aus Holz und
Leder. Als sie fast nichts mehr wog und wahrscheinlich an einer schweren Mager-
sucht litt, gab sie auf und begann zu reisen. Aus diesem Grund war Sisi meistens im
Ausland. Sie war oft in Griechenland und Ungarn. Manchmal auch in England, wo

sie reiten ging. Wenn sie überhaupt nach Wien kam – was sie eher selten tat –, kam sie nicht weiter als bis Schloss Schönbrunn. Sie weigerte sich, weiter in die Stadt zu fahren. Wenn der Kaiser seine Frau sehen wollte, mussten er und sein Gefolge also zu ihr kommen. Dann fuhr der ganze Hofstaat mit dem Zug zum kleinen, speziell für den Kaiser errichteten Bahnhof vor Schönbrunn. 2014 wurde der Bahnhof, der von dem für seine vielen Wiener U-Bahn-Stationen bekannten Architekten Otto Wagner entworfen wurde, sehr schön renoviert.

Heute ist Schönbrunn die größte Touristenattraktion Österreichs. Busse voller Chinesen versperren einem den Weg. Im Museumsshop kaufen Touristen Tassen, Schlüsselanhänger und Schokoladen mit Abbildungen von Sisi. Dieselbe Sisi, die man nie hatte ausstehen können. Europa, ein Einheitsbrei? Ich glaube nicht.

Wir wohnen ganz in der Nähe jenes Seiteneinganges des Schlossparks, den Katharina Schratt benützte, um zum Kaiser zu gelangen. Auf der ruhigen Seite, die weit von den Touristenbussen entfernt ist. Es ist die Seite, an der wohlhabende Familien, die für den Kaiser arbeiteten, ihre Häuser bauten.

In so einem Haus wohnen wir auch. Gelb, breit und U-förmig. Im Zentrum des U gibt es einen Garten. Wir wohnen im ersten Stock, in einem der Arme des U. Früher veranstalteten die Eigentümer, die unten wohnten, hier oben Empfänge. Die Zimmer sind miteinander verbunden. Man öffnet die weiß lackierte Doppeltür und gelangt von einem Zimmer ins nächste. Dann öffnet man die nächste Doppeltür zum nächsten Zimmer. Ohne Gang.

Es ist ein charmantes Haus. Alte, knarrende Parkettböden, Doppelfenster mit antiken Eisengriffen, ausladende kleine Balkone. Aber wie richtet man die Zimmer so ein, dass nicht jeder fortwährend durch das Schlafzimmer des anderen gehen muss?

Nur die Küche passt nicht ins Bild. Sie wurde erst später eingebaut. Küchenschränke aus den achtziger Jahren, ein wenig dilettantisch. Früher wohnte nur eine Familie im Haus. Es gab nur eine Küche, auch die unten. Das Personal trug Schüsseln und Teller die Treppe rauf und runter.

Dies ist ein habsburgisches Haus, ein Biedermeierhaus. Die Eigentümerin wohnt unten. Ich schätze sie auf Mitte dreißig. Sie hat drei kleine Kinder. Ihr Urgroßvater arbeitete für den Kaiser, ihr Mann ist ein deutscher Prinz. Adelstitel wurden in Österreich mit dem Ende des Habsburgerreichs 1918 abgeschafft. Darüber hinaus darf sich bis heute niemand mehr *von* dies oder *von* das nennen. Das dürfen sogar echte, direkt von der kaiserlichen Familie abstammende Habsburger nicht. Zugleich sind Österreicher geradezu versessen auf Titel. Wenn Nachbarn uns, die wir komplette Laien vom anderen Ende Europas sind, erklären, wer wer ist, bekommen wir oft zunächst die Titel und erst dann den Rest der Geschichte zu hören.

Wien ist schon seit Jahrhunderten in Europa die Stadt der klassischen Musik. Wien hat die besten Konzertsäle. Die Wiener Staatsoper ist eines der wenigen Opernhäuser der Welt, das sich nicht „modern" geben muss, um ein „breiteres Publikum anzusprechen". Mit dem klassischen Programm ist der Saal jeden Tag ausgebucht. Es wimmelt in der Stadt von Musikern und Ensembles. Man kann sie relativ günstig buchen. Einer der Nachfahren der alten Habsburger organisiert jedes Jahr bei sich zu Hause ein Konzert mit einem Streicherensemble. Nach dem Hauskonzert steht jemand auf und bedankt sich beim „Grafen" und bei der „Gräfin", dass sie diese Familientradition hochhalten und ihr Haus zur Verfügung stellen.

Ich fragte einmal jemanden, was passieren würde, wenn man Gastgeberin und Gastgeber ohne Titel ansprechen würde. Das sei undenkbar, sagte er. „Das wäre das Ende dieser Konzerte."

Einer unserer Nachbarn lädt am Freitagabend ein paar Leute ein. Die Nachbarn aus dem Stockwerk unter uns sind nicht eingeladen. Ich denke darüber nicht weiter nach, warum sollte ich auch. Aber jemand fühlt sich dann doch verpflichtet, diesen Umstand zu erläutern: „Sie legen Wert drauf, dass sie dem Kaiser näherstanden als die anderen." So funktioniert es in Wien hundert Jahre später immer noch.

Meine Familie und ich haben fünf Jahre in Brüssel gewohnt. Es waren turbulente Jahre, in denen ich über die Bankenkrise und die Eurokrise berichtete. Es ist eine komplett andere Welt und politisch gesehen das Zentrum Europas. Geografisch gesehen ist jedoch Wien das Zentrum Europas, nicht Brüssel. Seit der großen Erweiterungsrunde 2004, als zehn neue Länder Mitglieder der Europäischen Union wurden, liegt das Herz Europas irgendwo zwischen München, Prag und Wien. Im ehemaligen Habsburgerreich. Da ich vor allem über Europa schreibe, ist Wien als Standort genau richtig. Ich befinde mich hier nicht nur in einer anderen Ecke Europas, mit einer völlig anderen Perspektive, auch das Leben hat einen anderen Rhythmus. In den klassischen Wiener Kaffeehäusern schaut kaum jemand auf sein iPad, auch die jüngeren Menschen nicht. Alle lesen Zeitung oder reden miteinander. Ausländische Zeitungen gibt es hier kaum bis gar nicht. Und die wenigen, die es gibt, liegen nur selten vor dem Mittagessen auf. Man liest hier die Zeitung von gestern.

Ich mache das auch. Auch ich lese die Zeitung von gestern. Weil man schon viele Nachrichten kennt, liest man ganz andere Artikel. Auf diese Weise ändert sich die Perspektive. Auch das ist eine direkte Folge einer Übersiedlung innerhalb Europas. Ich kann es jedem, der Angst davor hat, seine Kultur in der Europäischen Union zu „verlieren', wärmstens empfehlen.

II

Ich lese Zeitungen von gestern in einem habsburgischen Haus, ich habe habsburgische Nachbarn, die habsburgische Kleidung tragen (inklusive Dirndl und Lederhosen) und habsburgische Gerichte wie *Tafelspitz* essen. Aber ich weiß nichts über das habsburgische Reich. Nicht das Geringste.

In der Schule lernte ich – wie alle niederländischen Kinder der siebziger Jahre – alles über Wilhelm von Oranien, die spanische Herrschaft, den Zweiten Weltkrieg und die transatlantischen Beziehungen. Geschichte wird in jedem Land anders unterrichtet. Meine Kinder haben immer französische Schulen besucht. Ihre Geschichtsbücher hatten den Sonnenkönig und die Revolution von 1789 zum Thema. Sie lernten auch mehr über die europäische Integration als wir. Sie kennen den Unterschied zwischen dem Europäischen Rat und der Europäischen Kommission. Diese Dinge lernte ich erst, als ich in Brüssel zu arbeiten begann.

Ich schreibe bereits seit zwanzig Jahren über Europa. Ich habe in vielen europäischen Ländern gewohnt – innerhalb und außerhalb der Europäischen Union. Ich komme viel in Europa herum. Dabei habe ich eine Sache gelernt: Jedes Land hat eine andere Geschichte, andere Interessen, andere Wünsche und andere Tabus. Das war früher so, und so ist es auch heute noch. Deswegen gibt es oft Streit. Früher lief ein solcher Streit von Zeit zu Zeit aus dem Ruder. Dann gab es Krieg. Nach den beiden Weltkriegen starteten die europäischen Länder den Versuch, in Zukunft nicht mehr mit Munition, sondern mit Worten aufeinander zu schießen. Zu diesem Zweck ist Brüssel erfunden worden.

Dass man sich immer noch über alles streitet, ist normal. Es beweist, dass es die EU heute genauso braucht wie damals, Anfang der fünfziger Jahre.

Europa zu verstehen bedeutet zum Großteil, die Mitgliedstaaten zu verstehen. Wo kommen sie her? Wie sieht ihre Geschichte aus? Worin besteht ihr Ballast? Sonst versteht man ihre Reaktionen nicht und weiß nicht, wo ihre roten Linien sind. Und wenn man das schon nicht weiß, versteht man auch nicht, worum es bei den Auseinandersetzungen in Brüssel eigentlich geht.

Wenn man wissen will, warum Österreich so prorussisch, ein fanatischer Gegner von Kernenergie und so stark auf den Balkan und die Ukraine fokussiert ist, muss man in die Vergangenheit eintauchen. Und Vergangenheit bedeutet in diesem Fall zu einem wichtigen Teil jene der Habsburger.

Die habsburgische Vergangenheit ist überall sichtbar, nicht nur im Katharina-Schratt-Park. Immer noch enden Vorstellungen der Staatsoper spätestens um zehn Uhr abends. Die Oper wurde für Kaiser Franz Joseph gebaut, und der war der Meinung, dass um zehn Schluss sein sollte. In fast jedem Wiener Kaffeehaus kann man *Kaiserschmarrn* bestellen, eine Süßspeise aus Palatschinkenteig und Rosinen. Kaiser Franz Joseph aß gerne die Reste von Palatschinken mit Zwetschgenkompott und Staubzucker. Ob diese Geschichte stimmt, weiß ich nicht, aber so wird Kaiserschmarrn immer noch serviert: mit Zwetschgen, Puderzucker und der dazugehörenden Legende. Manchmal ging ich am Wochenende mit meinen Kindern in den Schönbrunner Schlosspark, um dort Kaiserschmarrn zu essen. In einer Ecke des Parks, an einer großen Rasenfläche, wo die Eichhörnchen einem aus der Hand fressen, steht ein einfacher, hölzerner Pavillon, der früher der höfischen Kinderbetreuung diente. Heute ist es ein Kaffeehaus.

Der österreichische Bundespräsident und ein Teil der Regierung haben immer noch ihren Amtssitz in der Hofburg, der alten Residenz der Habsburger. Altkanzler

Wolfgang Schüssel – bekannt wegen der Bildung der ersten Regierung mit der
extremrechten FPÖ im Jahre 2000 und der Sanktionen, die die Europäische Union
damals Österreich aufzuerlegen versuchte – organisiert Lesungen in einem Saal in
der Hofburg. Im Sommer wird es in diesem Raum so heiß, dass die Fenster geöffnet
werden müssen. Vom zweiten Stock aus sieht man in den Innenhof mit den Stallungen, in denen der Kaiser seine berühmten Lipizzaner hielt. Heutzutage sind die
Pferde für ihren Einsatz in der klassischen Dressur bekannt. Die bei Touristen sehr
beliebten Vorführungen finden im Reitsaal in einem anderen Trakt der Hofburg
statt. So kann es passieren, dass ein tschechischer Minister, der oben gerade einen
Vortrag über die europäische Sicherheit und die Folgen des Brexits für die europäische Politik hält, von Gewieher und klappernden Pferdehufen zu einer Unterbre-
chung genötigt wird, weil der Lärm jede normale Konversation unmöglich macht.
Das erlebt man in dieser Form nirgendwo sonst. Vom Geruch des Pferdemists ganz
zu schweigen!

Das Habsburgerreich bestand über viele Jahrhunderte hinweg, und dies in vielen Gestalten.

Für eine Weile gehörten sogar Spanien und die Niederlande dazu. Zu Beginn des 16. Jahrhunderts verlagerte sich das Reich immer mehr nach Osten, um den Ungarn dabei zu helfen, den Türken die Stirn zu bieten. Lange Zeit wurde wenig zentral regiert. Es waren bewegte Zeiten in Europa. Das Reich änderte sich ständig. Aber im 18. Jahrhundert setzte Maria Theresia einen Staatsbildungsprozess in Gang. Bildung, Verwaltung, Armee – alles wurde allmählich zentralisiert.

Es ist eine Zeit, über die wir viel wissen. Die von Maria Theresia eingeführte Verwaltung basierte auf Regeln und Verfahren. Hier wurde ein System entwickelt, das solide und widerstandsfähig zu sein hatte. Alles wurde dokumentiert und archiviert. Es entstanden starke Institutionen mit mächtigen Beamten. Viele dieser Institutionen gibt es heute noch, beginnend bei den Schulen bis hin zur Nationalbank.

Die habsburgische Verwaltung gilt als „modern". Über Maria Theresia wurden viele Bücher geschrieben. In allen wird sie für ihre – auch für damalige Verhältnisse – dezidierten Vorstellungen hinsichtlich der Art und Weise, wie ein Reich mit verschiedenen Nationalitäten und einem hohen Maße an nationaler und regionaler (Selbst-)Verwaltung funktionieren könnte, gelobt. Für Maria Theresia lag die Lösung in der Gründung eines Rechtsstaats mit grundsätzlich gleichen Rechten für alle Gruppen, mit gleichen Regeln für alle, mit unabhängigen Instanzen, die die Einhaltung der Regeln überwachten, und mit einer starken Verwaltung.

Dieses Habsburgerreich in der Zeit nach Maria Theresia erinnert an das heutige Europa. Sicher, das Habsburgerreich war ein Staat, die EU ist es nicht. Aber es gibt viele Parallelen. Die vielen Nationalitäten. Die Betonung der Gleichheit, um zu vermeiden, dass man sich in die Haare gerät. Das Drängen auf Regeln. Die unabhängigen Institutionen, die beurteilen, ob sich jeder an die Regeln hält.

In seinem Roman *Das falsche Gewicht* schreibt Joseph Roth über einen ehemaligen Soldaten, der als Eichmeister nach Galizien, das heute zur Ukraine gehört, geschickt wird. Er soll sicherstellen, dass die Ladenbesitzer und Kaufleute die Kunden nicht durch die Verwendung von falschen Gewichten betrügen. Das Habsburgerreich war, genauso wie die EU, *ein* Markt. Dieser konnte nur funktionieren, wenn ein Kilo am einen Ende des Reiches genauso viel wog, wie ein Kilo am anderen Ende. Aber als Roths Eichmeister ankommt, ist das Reich bereits dabei zu zerfallen. Alle spüren das. Und so kommt es immer öfter zu Gesetzesübertretungen. Der Eichmeister kommt schon bald zu dem Schluss, dass er die einzige rechtschaffene Person in einer immer korrupter werdenden Gesellschaft ist. Er versucht einzugreifen, aber er erntet nur Hohn. Er verfügt über keinerlei Autorität. Allmählich passiert das Unvermeidliche: Er gibt auf und nimmt auch nicht mehr alles so genau.

Dieses Buch kann man heute nicht lesen, ohne dabei an die Brüsseler Kartelljäger zu denken, die in aller Herrgottsfrüh in Unternehmen, die illegale Preisabsprachen treffen, Hausdurchsuchungen durchführen. Oder an die Mitglieder der Troika, die Griechenland zurechtweisen, weil sein Kataster nicht in Ordnung ist, oder die Portugal sagen, welche Änderungen im Arbeitsrecht dringend notwendig sind. Dennoch bezweifle ich sehr, dass die EU genauso verkommen ist wie das Habsburgerreich des Eichmeisters.

Die Bürokratie der Europäischen Union wird in ganz Europa als unglaublich negativ empfunden. Auch Österreicher machen keinen Hehl aus ihrer Abneigung gegen die *Fat Cats* und „nicht gewählten Beamten" in Brüssel. Ein Mann erzählt mir von einem Erlebnis an einer österreichischen Tankstelle. Zunächst habe der Tankwart bewundernd seinen alten BMW umrundet. Als er jedoch das Nummernschild sah, fragte er, was die blauen Zahlen und Buchstaben zu bedeuten hätten. Dies sei ein belgisches Nummernschild für EU-Beamte, war die Antwort. Daraufhin habe der Tankwart umgedreht und er sei weggegangen. Das Verrückte an der Sache ist, dass die Bürokratie von Maria Theresia – die viel größer als jene der EU war – immer noch einen ausgezeichneten Ruf hat.

Und dies wahrscheinlich zu Recht. An einem Wintertag bin ich mit einigen Politikern und Beamten aus ganz Europa in Dubrovnik unterwegs. Es regnet. Die engen Gassen sind dunkel und liegen verlassen da. Im Licht einiger schwach leuchtender Laternen glänzt das nasse Straßenpflaster. Im Sommer wird die Stadt von Touristen gestürmt. Zu Tausenden kommen sie auf Kreuzfahrtschiffen. Im Winter aber hat man Dubrovnik ganz für sich allein. Unsere Reiseführerin, die als Erasmusstudentin in vielen europäischen Ländern zu Gast gewesen ist, hat alle Zeit der Welt. Irgendwann weist sie auf ein rechteckiges Gebäude am alten Hafen. Dort, sagt sie, seien zur Zeit der Habsburger ab dem 18. Jahrhundert Reisende von außerhalb des Reiches kontrolliert worden. Es habe sich dabei vor allem um Kaufleute aus dem Osmanischen Reich gehandelt. Sie und ihre Waren seien unter Quarantäne gestellt worden, um der Verbreitung von Krankheiten vorzubeugen.

Und das funktionierte. Das System der Habsburger war gediegen, solide und dominant. Es hat sich bis in den letzten Winkel des Kaiserreichs durchgesetzt. Die Familie der Reiseführerin ist hundert Jahre nach dem Zerfall des Habsburgerreichs immer noch voller Bewunderung für die Habsburger: „Sie brachten Stabilität, Wohlstand und Berechenbarkeit", sagt sie in einem Ton, der keinen Widerspruch duldet.

Aber der Respekt entstand vor allem im Nachhinein. Dubrovnik war lange Zeit eine kleine, unabhängige Republik gewesen. Mit hinterlistigen Tricks gelang es den Habsburgern während des Wiener Kongresses 1815–1816, die Stadt nach den napoleonischen Kriegen zugesprochen zu bekommen. Sie verwalteten sie knapp 100 Jahre. Es war keine einfache Zeit. Dubrovnik hatte seinen Stolz. Viele Einwohner hatten ihre Not mit den Richtlinien, die sie plötzlich aus dem weit entfernten, deutschsprachigen Wien bekamen. Aber nach den Habsburgern gab es mehrmals Krieg. Es kamen neue Herrscher, die meistens viel weniger freundlich waren. Je mehr Elend das 20. Jahrhundert brachte, in umso besserem Licht erschien das 19. Jahrhundert, das stabile habsburgische Jahrhundert.

„Vielleicht ist es ja auch ein wenig so mit dem heutigen Europa", sagt die Reiseführerin nachdenklich. „Stabilität und eine aufgeklärte Regierung weiß man meistens erst zu schätzen, wenn sie nicht mehr vorhanden sind." Dann dreht sie sich um und geht eine steile Steintreppe hinauf, als Zeichen dafür, dass wir den Spaziergang oben auf den alten Stadtmauern fortsetzen.

„Stabilität und eine aufgeklärte Regierung weiß man meistens erst zu schätzen, wenn sie nicht mehr vorhanden sind." Vielleicht noch mehr als die habsburgischen Reliquien, von denen ich in meinem Wiener Biotop umgeben bin,

bringt mich diese eher beiläufige Bemerkung der jungen Reiseführerin aus Dubrovnik auf die Spuren der Habsburger. Plötzlich reizt mich das Thema. Können wir durch das Studium des Habsburgerreiches vielleicht nicht nur etwas über Österreich und dessen Geschichte lernen, sondern auch über Europa?

III

Es ist Anfang 2016. Und es läuft nicht besonders gut in Europa.

Wir befinden uns mitten in einer Flüchtlingskrise, die Europa zerreißt. In Wien laufen die Flüchtlinge buchstäblich unter meinem Fenster vorbei. Als die deutsche Kanzlerin Angela Merkel bekannt gibt, dass sie in Deutschland willkommen seien, nehme ich den erstbesten Zug nach München. Der ganze Zug ist voller Syrer. Dies könnte eine interessante Reportage hergeben, über Menschen, die nach einer langen, anstrengenden Reise endlich das gelobte Land erreichen. Aber es kommt anders. Alle Syrer schlafen sofort ein. Bis München hört man nur mehr ihr Geschnarche. Es wird die langweiligste Reportage meines Lebens.

Die einzig wache Person in meinem Abteil ist eine Deutsche, die gerade von einem Familienbesuch in Wien zurückkehrt. Sie war mir bereits am Bahnsteig aufgefallen – korrekt gekleidet, ein wenig verloren zwischen den vielen Flüchtlingen. Sie ist pensionierte Apothekerin. Es sei gut, dass Deutschland so handle, sagt sie. Deutsche leben immer im Schatten der Vergangenheit. Wenn sie sich der Welt von ihrer guten Seite zeigen können, lassen sie sich diese Chance nicht entgehen. Auch die vielen Österreicher am Wiener Westbahnhof, die den Flüchtlingen Shampoo, Spielzeug und selbstgebackene Kekse bringen, haben dieses Motiv. Etwas Gutes zu tun ist auch der Versuch, die Geschichte umzuschreiben und sein Gewissen zu beruhigen. Aber die Frau im Zug macht sich auch Sorgen. „Das hier muss ein Erfolg werden. Sonst ist in Europa die Hölle los und alte Dämonen kommen wieder aus ihren Löchern."

Aus diesem Grund beschließt sie hier und jetzt, während dieser totenstillen, historischen Zugfahrt, in ihrem Dorf in der Nähe von München Deutschunterricht anzubieten. Als Freiwillige. Sie werde ihren Worten Taten folgen lassen, – gemeinsam mit so vielen anderen, sodass sie nur alle paar Wochen einmal drankommt.

Wir bleiben daraufhin in Kontakt. Ihre Mails werden immer politischer. Sie verliert das Vertrauen in die konservative CDU von Angela Merkel, die sie bisher immer gewählt hat. Sie ist auf der Suche nach Halt und will die Hoffnung nicht aufgeben. Aber sie findet augenscheinlich keinen Halt mehr. Monate später, als die ersten Geschichten über Migranten die Runde machen, die sich für syrische Flüchtlinge ausgeben und Probleme verursachen, ist die Frau völlig desillusioniert. Das werde nicht gutgehen, schreibt sie. „Unser Land geht den Bach runter."

Und dann wählt Österreich einen neuen Präsidenten. Ein pensionierter, ehemals grüner Professor und die Nummer zwei der rechtsextremen FPÖ, liefern sich ein Kopf-an-Kopf-Rennen. Aber es geht einiges schief. Fast eine Million Menschen wählen per Briefwahl. In manchen Wahlsprengeln werden die Wahlkuverts zu früh geöffnet. Für diesen Vorgang gibt es ein festgelegtes Verfahren, um Betrug oder Irrtümern vorzubeugen. Mitglieder aller Parteien und ein Mitglied der Wahlkommission müssen der Öffnung beiwohnen. Nach einer Überprüfung stellt sich heraus, dass diese Regeln an mehreren Orten mit Füßen getreten wurden. Typisch Österreich: Es gibt Regeln, aber so genau nimmt man es dann doch nicht.

Die Wahl muss wiederholt werden. Am Ende des Tages gewinnt der Professor. Aber um eine Haaresbreite hätte Österreich einen Mann gewählt, der während einer harten Wahlkampagne nicht davor zurückschreckte, Flüchtlinge als Kriminelle zu bezeichnen und dem Professor zu unterstellen, er sei an Krebs erkrankt. Ganz Europa folgt den Wahlen mit Argusaugen. Wird Österreich das erste *west*europäische Land mit einem rechtsextremen Präsidenten?

2016 ist ein Jahr voller Ängste. Populisten nutzen dies aus. Die Briten stimmen für den Brexit. Die Amerikaner wählen Trump. Die Menschen werden so pessimistisch, dass sie vorhersagen, dass Geert Wilders in den Niederlanden Anfang 2017 die Wahlen gewinnen werde. Und Marie Le Pen in Frankreich.

In dieser Zeit lese ich *Radetzkymarsch* von Joseph Roth, einen der großen Romane über den Zerfall des Habsburgerreiches. Die Handlung spielt kurz vor Beginn des Ersten Weltkriegs. In einer habsburgischen Garnison fragt der zynische Graf Chojnicki einen Offizier der kaiserlichen Armee, in welchem Teil des Reichs der Aufstand seiner Meinung nach beginnen werde.

Der Graf ist davon überzeugt, dass das Reich dem Tode geweiht sei. „Sobald unser Kaiser die Augen schließt, zerfallen wir in hundert Stücke. […] Alle Völker werden ihre dreckigen, kleinen Staaten errichten.". Wieder fällt es schwer, keine Parallele zu unserer Zeit zu ziehen. Mit all diesen Menschen, die jeden Tag aufs Neue vorhersagen, dass die EU implodieren oder explodieren wird. Ich frage mich, ob die Europäische Union auf ähnliche Weise wie das Habsburgerreich enden könnte.

1914 dachte niemand, dass das Ende so nah sei. Die Wirtschaft brummte. Kaiser Franz Joseph, der bereits seit 1848 auf dem Thron saß, hatte wieder einige demokratische Reformen veranlasst: Das Parlament bekam ein wenig mehr Macht, die verschiedenen Sprachgruppen bekamen mehr Mitspracherecht und das allgemeine Wahlrecht für Männer wurde eingeführt. Als der Thronfolger Franz Ferdinand in Sarajevo ermordet wurde, waren viele Untertanen schockiert. Sie fühlten mit dem

Kaiser mit. Sie hatten Mitleid mit dem alten Mann. Zunächst hatte sein Sohn Rudolf Selbstmord begangen, dann war seine Frau Sisi in Genf erstochen worden. Und jetzt das. Im ganzen Kaiserreich bildeten Männer spontan lange Schlangen, um sich zum Frontdienst zu melden.

Vier Jahre später flüchtete der neue Kaiser, Karl, mit seiner Familie in die Schweiz. Das Habsburgerreich war Geschichte.

Stefan Zweig, der andere Chronist des Habsburgerreiches, fährt genau in dem Moment von der Schweiz nach Österreich zurück. In Feldkirch, kurz hinter der Grenze, sieht er einen Zug, der aus der anderen Richtung kommt. Es stehen viele Menschen am Bahnsteig. Die Stimmung ist gedrückt. Viele tragen schwarz. Zweig schreibt: „Die Lokomotive hielt an. Eine fühlbare Bewegung ging durch die Reihen der Wartenden, ich wußte noch immer nicht warum. Da erkannte ich hinter der Spiegelscheibe des Waggons hoch aufgerichtet Kaiser Karl, den letzten Kaiser von Österreich und seine schwarzgekleidete Gemahlin, Kaiserin Zita. […] In diesem Augenblick war die fast tausendjährige Monarchie erst wirklich zu Ende."

IV

Das Habsburgerreich und die Europäische Union sind über eine Person direkt miteinander verbunden: Otto, den Sohn des letzten Kaisers, Karl. Leider lebt er nicht mehr. Er war vier Jahre alt als Franz Joseph starb und sein Vater zum Kaiser von Österreich und König von Ungarn gekrönt wurde. Von diesem Ereignis sind Filmausschnitte erhalten. Man sieht ihn als kleinen Jungen mit üppigen Locken zwischen seinem Vater und seiner Mutter Zita stehen. Er trägt einen Hermelinmantel und eine Hermelinmütze. Otto saß auch in jenem Zug in Feldkirch. Damals war er sechs Jahre alt. Wäre das Habsburgerreich nicht zusammengebrochen, wäre er später Kaiser geworden.

Otto war ein echter Europäer. Die Österreicher hatten ihm den Reisepass abgenommen, und so wurde er quasi von selbst zum europäischen Bürger. Am Ende besaß er vier Staatsbürgerschaften und sprach acht Sprachen, u. a. Ungarisch und Latein. Seine Mutter erachtete dies als Notwendigkeit für den Fall, dass das Habsburgerreich wieder auferstehen und er somit über mehrere Länder regieren würde. Otto wohnte als Kind in der Schweiz, in Portugal, Spanien und Belgien, wo er Politikwissenschaften studierte. Noch 1937, also zwanzig Jahre nachdem das Habsburgerreich zusammengebrochen war, war er zuversichtlich, dass die meisten Österreicher ihn als Friedenskaiser haben wollten. Er reiste durch ganz Europa, um mit paneuropäischen Friedensplänen die Nazis zu stoppen. Er war nicht der einzige Aristokrat, der dies in der Zwischenkriegszeit machte. Aber aus den Plänen wurde nichts. Die Nazis kamen an die Macht und Hitler inhaftierte prominente Habsburger in Dachau, sodass sie ihm nicht in die Quere kommen konnten. Otto verurteile er in Abwesenheit zum Tode. Dieser half noch eine Weile vielen Menschen, darunter tausende Juden, bei ihrer Flucht aus Österreich. Aber als die Nazis ganz Europa eroberten, flüchtete Otto nach Amerika.

Von Übersee aus versuchte er, Widerstandsgruppen in Europa zu unterstützen – insgesamt gab es in Mitteleuropa mehrere tausend „Habsburg-Widerstandskämpfer", von denen einer versuchte, das Hauptquartier der Gestapo in Wien in die Luft zu jagen. Otto betrieb auch Lobbying bei Roosevelt und Churchill für die Gründung einer Donau-Föderation nach dem Krieg. Aber Stalin wollte davon nichts wissen. Dass die Kommunisten in der Folge halb Europa besetzten, gab Otto nach 1945 eine neue Mission: die Befreiung Mittel- und Osteuropas, damit Europa wieder eins werden konnte.

Die ganze Zeit gab er sich noch kaiserlichen Illusionen hin. In Spanien und Frankreich, wo er zu Beginn wohnte (Madrid gab ihm einen Diplomatenpass), erhob er Menschen in den Adelstand, als wäre alles beim Alten geblieben. Erst 1965 hörte er damit auf und verzichtete auf den Thron. So erhielt er endlich einen österreichischen Reisepass, unter der Bedingung, dass er in Österreich keine politischen Aktivitäten entfalten würde.

Aus diesem Grund tat Otto dies im bayerischen Pocking, wo er wohnte. Seine konservativen Freunde organisierten ihm 1978 einen deutschen Reisepass. Ein Jahr später wurde er CSU-Kandidat für die erste Europawahl. So kam Otto wieder dorthin zurück, wo er angefangen hatte. Er konnte kein Kaiser sein, mischte nun aber im neuen, „plurikulturellen" Europa mit. Er verabscheute die amerikanische Multikulturalität, den „Meltingpot". Aus seiner Sicht sollten verschiedene Kulturen nicht verschmelzen, sondern unter einem Dach leben, ohne ihre Eigenheiten zu verlieren. „Europa" war für ihn ein christliches Europa (die Türkei wollte er nicht dabeihaben), und ein Europa, dem alle, auch die europäischen Länder hinter dem Eisernen Vorhang, schließlich angehören sollten. Dieses Europa sollte langsam aufgebaut werden. Es sollte „wachsen wie ein Baum" und nicht „aus dem Boden gestampft werden wie ein Wolkenkratzer in den USA".

Im Zusammenwachsen Europas in der Nachkriegszeit sah Otto eine Art Remake des Habsburgerreiches. Zwar in einer anderen Form, aber in einem sehr verwandten Geiste. Die Gemeinsamkeit bestand für ihn darin, dass etwas viel Größeres und Wichtigeres als Österreich, Ungarn oder welches Land auch immer existierte. Und dies aus dem einfachen Grund, dass man viele Dinge nur gemeinsam lösen könne.

Am bekanntesten ist Otto wohl mit einem Picknick geworden, das er im August 1989 in Sopron an der österreichisch-ungarischen Grenze organisierte. Tausende DDR-Bürger waren damals nach Ungarn gekommen, weil sie dachten, dass sie von dort aus in den Westen fliehen konnten – im Mai desselben Jahres hatten sich die Grenzzäune schon einmal geöffnet, sodass hunderte Ungarn nach Westeuropa ziehen konnten. Es brodelte in Ungarn. Das kommunistische Regime pfiff aus dem letzten Loch, und jeder wusste das. Die Regierung konnte den teuren Grenzschutz nicht mehr finanzieren und spielte mit der Idee, die Grenze zu öffnen. So wären sie die DDR-Bürger mit einem Schlag los. Der ungarische Ministerpräsident deutete dies an und Moskau schien ihm nichts in den Weg legen zu wollen. Genau in diesem Moment organisierte Otto das Picknick an der Grenze. Die DDR-Bürger und eine ganze Menge Ungarn nahmen daran teil. Auf österreichischer Seite befanden sich Aktivisten der Paneuropäischen Union. Otto war nicht dabei, denn es sollte „spontan" wirken und nicht zu politisch werden. Budapest gab den Grenzwärtern den Befehl, den Grenzzaun einfach zu öffnen. Vermutlich wäre dies auch ohne das Picknick wenig später passiert. Aber der Symbolwert war groß: Dies war das Ende des Eisernen Vorhangs. So wurde das Picknick zum Schlüsselmoment der politischen Wende, die später in jenem Jahr stattfand. Im September wurde die Grenze dauerhaft geöffnet. Im November fiel die Berliner Mauer.

Den Rest seines Lebens war Otto als Abgeordneter zum Europäischen Parlament und als Habsburger damit beschäftigt, die Bruchstücke Europas wieder zusammenzufügen.

V

Sein Vater Karl, der nur zwei Jahre auf dem kaiserlichen Thron gesessen hatte, starb unter erbärmlichen Umständen im Exil auf Madeira. Er litt an einer Lungenerkrankung und die feuchte Luft auf der Insel war sehr schlecht für ihn. Er müsse weg von dort, sagte der Arzt. Aber kurz nach 1918 wollte niemand in Europa etwas mit diesem vertriebenen Kaiser zu tun haben. Die Zeit der großen Reiche war vorbei. Das deutsche, das osmanische, das russische und das habsburgische Reich waren nahezu zeitgleich zusammengebrochen. Selbstbestimmung, wie sie vom amerikanischen Präsidenten Woodrow Wilson befürwortet wurde, wurde zum neuen politischen Mantra: Völker, die lange unterjocht worden waren, hätten das Recht auf Selbstbestimmung.

An einem Kaiser im Exil, der darüber hinaus vollständig verarmt war, wollte sich keine Regierung die Finger verbrennen. Karl war nicht umsonst aus der Schweiz ausgewiesen und nach Madeira geschickt worden. Er hatte zwei Mal versucht, über

Ungarn doch wieder an die Macht zu gelangen. Jetzt steckte er mit seiner Frau und acht kleinen Kindern in einer heruntergekommenen, feuchten Villa, die viele Jahre leer gestanden hatte, in den nebelverhangenen Hügeln über Funchal fest. Er starb 1922 mit 35 Jahren. Otto war neun.

VI

Kurz vor seinem Tod im Jahre 2011 meinte Otto zufrieden, dass Europa nun eins geworden sei und dass dabei ein Gesellschaftsverständnis zu beobachten sei, das durchaus auch das Habsburgerreich charakterisiert habe.

Er sprach wortwörtlich von „Gesellschaftsverständnis" – also jener Art und Weise, wie man die Gesellschaft betrachtet. Genau das macht mich neugierig. Was ist das für eine Denkart? Wie funktionierte das damals? Welche Parallelen und Unterschiede gibt es zwischen damals und heute? Es wäre fantastisch, wenn wir davon etwas lernen könnten.

Kapitel 2

Les grands empires ne meurent jamais complètement.
JEAN-PAUL BLED, *L'Agonie d'une monarchie* (2014)

I

An einem verregneten Frühlingstag läute ich bei meinem Nachbarn an. Ich höre, wie er langsam durch den Gang schlurft. Als er die Tür seines bescheidenen weißen Hauses öffnet, wird mir bewusst, dass ich ihm schon einmal auf der Straße und im Supermarkt begegnet bin. Albrecht Hohenberg ist ein Enkel von Kronprinz Franz Ferdinand und dessen Frau Sophie Chotek, die beide im Juni 1914 in Sarajevo ermordet wurden. Hohenberg, der sich auf einen Stock stützt, ist weit über achtzig[2].

Kaiser Franz Joseph mochte Franz Ferdinand nicht wirklich. Der Kronprinz hatte andere Vorstellungen. In der Doppelmonarchie, als Ungarn nach dem Ausgleich von 1867 einen mehr oder weniger gleichberechtigten Status erlangte, wollte Franz Ferdinand anscheinend mit den stets widerspenstigen Ungarn hart ins Gericht gehen. Der Kaiser hielt das für keine gute Idee. Es schien ihm gefährlich zu sein. Die Ungarn legten sich oft quer. Sie waren permanent unzufrieden. Mit allem – ein wenig wie die Briten in der EU, und eigentlich auch wie die Ungarn immer öfter in der EU. Der Kaiser war der Meinung, man sollte sie trotzdem freundlich behandeln. Die Magyaren hätten ihren Stolz. Wenn man die Peitsche schwänge, würde dies zu Trotzreaktionen führen. Dann wäre die Monarchie in Gefahr.

Franz Ferdinand und Sophie hinterließen drei Kinder. Der Kaiser hatte Mitleid mit ihnen. Er gab ihnen ein Grundstück in Hietzing, in der Nähe von Schönbrunn. Und dort wohnen sie immer noch – ihre Nachfahren genaugenommen, auf immer kleineren Grundstücken. Ich kenne ein Mitglied der Familie, eine Frau, die ich öfter beim Yoga treffe und mit der ich ein Stück meines Heimwegs teile. Ich will sie nicht mit meinem Projekt belästigen. Aber sie sagt: Wenn man über Habsburg und Europa reden wolle, brauche man eine Person mit historischer Perspektive, jemanden, der es

---

2   Anmerkung des Verlages: Albrecht Hohenberg ist wenige Wochen nach Veröffentlichung der Erstausgabe dieses Buches, im März 2021, gestorben.

selber durchlebt hat, jemanden von der alten Garde. Ich solle doch mit ihrem Onkel Albrecht einen Termin vereinbaren. „Ich rufe ihn gleich an."

Spreche ich mit älteren Österreichern, fällt mir auf, wie viel sie erlebt haben. Dem Ersten Weltkrieg folgte ein blutiger Bürgerkrieg in den dreißiger Jahren. Im Jahre 1938 wurde Österreich von Hitler annektiert. Es folgte der Zweite Weltkrieg. Und als dieser vorbei war, teilten die Alliierten das Land in vier Zonen auf und verwalteten jeweils eine davon. Die Russen verließen das Land erst zehn Jahre später, in den 1950er Jahren, unter der Bedingung, dass Österreich neutral bleiben und zusammen mit der Schweiz die NATO-„Front" (Deutschland – Italien) brechen würde.

Bis heute gibt es Österreicher, die Angst davor haben, dass die Russen zurückkommen. Meine Tochter ging samstags oft reiten. Nach der russischen Annexion der Krim fragte uns der Eigentümer des Reitstalls immer wieder, ob wir glaubten, dass die Russen zurückkommen würden. Zunächst dachte ich, es handle sich dabei um einen Witz. Aber er meinte es ernst. Ein österreichisches Sprichwort besagt: „Den russischen Bären reizt man nicht." Ein Freund erzählte mir einmal, dass die Generation seiner Mutter darauf achtete, dass der Tank des Autos immer mindestens halbvoll war. Sollten die Russen kommen, so pflegte sie zu sagen, hätten sie auf jeden Fall ausreichend Benzin, um möglichst schnell weit nach Westen zu fahren.

Hohenberg wurde 1933 geboren. Er erinnert sich noch an die deutsche Besatzung. An die russische Zeit danach kann er sich noch besser erinnern. Er wuchs in Niederösterreich im Familienschloss Artstetten auf, dem einzigen übriggebliebenen Besitz seines Vaters. Alles andere wurde der Familie 1918 nach dem Zusammenbruch des Habsburgerreiches weggenommen: der offizielle Status als Adlige, ihre Privatlehrer, Bediensteten, Uhren. Auch das Adelsprädikat „von" verschwand aus ihrem Namen. Jetzt, ein Jahrhundert später, heißt er immer noch „Hohenberg", nicht „von Hohenberg". Habsburger, die einen ausländischen Reisepass haben, können das „von" ohne Weiteres verwenden. Aber Hohenberg ist Österreicher und hält sich genau an die Vorschriften. Aber der Mann, der jetzt Kaiser wäre, wäre das Habsburgerreich nicht zusammengebrochen, Karl, der älteste Sohn von Otto, machte das nicht. Er verwendete das Adelsprädikat auf seiner Website. Der österreichische Staat erfuhr davon und verhängte eine Geldstrafe in Höhe von 70 Euro. Karl ging dagegen in Berufung mit dem Argument, dass sich das „von" nicht auf ihn persönlich bezog. Aber er verlor.

In der Dorfschule in Niederösterreich wurde Albrecht Hohenberg offiziell wie die anderen Kinder behandelt. Aber natürlich wussten alle genau, wer er war. Er war der Einzige, der Schuhe anhatte.

In der Nazizeit wurde sein Vater mit anderen prominenten, ehemaligen Aristokraten, die damals nicht weniger bekannt waren als zu jener Zeit, als sie noch Aristokraten gewesen waren, im Lager Dachau interniert. Dort waren auch viele österreichische Politiker, vor allem Sozialisten und Kommunisten. Die Deutschen wollten sie nicht umbringen. Sie wollten mit der Internierung dieser Menschen vor allem vermeiden, dass ihnen die österreichische Elite in die Quere kam. Die Internierten teilten Zigaretten, knappe Lebensmittel und in den meisten Fällen den immensen Hass gegen die Faschisten. Hohenberg erzählt grinsend, dass die „roten" Beziehungen aus Dachau seinem Vater, dem gefallenen Aristokraten, später durchaus genützt hätten. Als die Russen kamen, hätten sie ihn in Ruhe gelassen. 1918 hatten die Kommunisten der Familie Hohenberg zwar den Besitz weggenommen, 1945 aber hätten sie für die Familie ein gutes Wort bei den Russen eingelegt. „Von Zeit zu Zeit kamen die Russen, die immer Hunger hatten, und plünderten unsere Vorräte. Manchmal wurden dutzende Soldaten im Schloss einquartiert. Aber dabei blieb es dann auch."

Albrecht Hohenberg sitzt in einem gemütlichen, kleinen Wohnzimmer mit weißen und beigen Möbeln und vielen Schirmlampen. Ich setze mich auf das Sofa und sehe, dass ich auf dem cremefarbenen Bodenbelag eine Spur von Erde und Laub hinterlassen habe. Ich hebe einige Blätter auf. Ich solle das doch bitte lassen, meint er, sie hätten einen Staubsauger.

„Een kopje koffie?" fragt er in gutem Niederländisch. Seine Frau, eine Gräfin von Cassis-Araone, ist zur Hälfte Niederländerin – von daher seine Sprachkenntnisse. Hohenberg studierte Architektur. In den 1950er Jahren wohnte er eine Weile in Utrecht bei der Familie seiner späteren Frau. Er habe immer ein Wörterbuch bei sich getragen. Wenn er ein Wort nicht kannte, habe er es nachgeschlagen.

Er möge die Holländer, sagt er. Dem Durchschnittsösterreicher seien sie um eine Spur zu direkt. „Aber ein sozialistischer Premierminister, der sich während einer Affäre um Prinz Bernhard direkt vor das Königshaus stellt, das verdient schon Respekt."

Welcher Premierminister das gewesen sei – Den Uyl?

„Das weiß ich nicht mehr."

Es gehe auch anders, sagt er. Er nennt als Beispiel ein Familienmitglied, dessen Kinder das Lycée Français in Wien besuchten. Dort hätten sie im Geschichtsunterricht alles über die Französische Revolution gelernt. Die Eltern hätten den Unterricht in Bezug auf alles, was nur im Entferntesten mit dem Adel zu tun hatte, als dermaßen schwarz-weiß und herablassend erfahren, dass sie zur Schuldirektion gegangen seien, um zu protestieren. Als ob alle Adligen schlecht wären und nur das Volk durch und durch gut. „Nicht jeder wird als Held geboren", sagt Hohenberg.

Und hat der Protest gefruchtet?

„Ja", sagt er, „der Unterricht wurde adaptiert."

Das nenne ich eine Leistung. Meine Kinder besuchen auch diese Schule. Auch wenn es eine internationale Schule ist, die Lehrpläne sind unglaublich französisch. Alle Schulbücher und Lehrer kommen aus Frankreich. Die Prüfungen werden in Frankreich korrigiert. Darüber hinaus ist es durchaus zweifelhaft, ob sich die Österreicher und Franzosen jemals hinsichtlich der Auswirkungen der Französischen Revolution einig werden. Diese Revolution war das Schreckgespenst der Habsburger. Ihre konservative Innen- und Außenpolitik zielte darauf ab, die Verbreitung der Revolution in Europa zu vermeiden. Marie-Antoinette, die französische Königin, die 1793 am Pariser Schafott endete, war eine Habsburgerin. Sie war eine der Töchter von Maria Theresia und wurde hier um die Ecke in Schloss Schönbrunn geboren. Als sie vierzehn Jahre alt war, wurde sie an den französischen Thronfolger in Versailles verheiratet. Maria Theresia hielt nichts von Krieg. Ihr Reich war groß und von mächtigen Rivalen umgeben. Um Konflikte zu vermeiden, ging sie strategische Allianzen ein. Eine ihrer Strategien bestand darin, für ihre Töchter und Nichten Ehen zu arrangieren.

Geschichte könne man nicht einfach ignorieren, meint Albrecht Hohenberg. Selber habe er nur einen Bruchteil der Geschichte erlebt. Er habe das Dollfuß-Regime erlebt, den Austrofaschismus, Hitler, Stalin und schließlich das demokratische Österreich. „Und ich sitze immer noch hier."

Ich frage, was man daraus lernen könne.

Und dann sagt er es noch einmal: „Dass nicht jeder als Held geboren wird." Er habe nie als Architekt in einem Büro gearbeitet, aber er habe das Land um das Schloss in der Steiermark verwaltet. Er habe 25 Menschen unter sich gehabt. „Alles funktioniert besser, wenn man präsent ist und wenn man jedem morgens die Hand gibt. Wenn jemand ins Krankenhaus gebracht werden soll, bringt man ihn hin. Ich habe nie große Dinge in meinem Leben getan, aber ich glaube schon, dass sie alle hinter mir stehen."

Die Habsburger leben über die ganze Welt verstreut. Die Familie Habsburg zählt gegenwärtig mehr als 600 Mitglieder. Viele Jahre hindurch war Otto, der Europa-Abgeordnete, Familienoberhaupt. Nach Ottos Tod übernahm sein Sohn Karl diese Funktion. Karl saß in den neunziger Jahren für die konservative ÖVP im Europaparlament. Das Verbot, sich in Österreich politisch zu betätigen, war inzwischen aufgehoben worden. Aber er geriet in den Dunstkreis eines Spendenskandals, woraufhin ihn die Partei nicht erneut nominierte. Seitdem reist Karl umher und unterstützt Wohltätigkeitsprojekte im Kaukasus und im Nahen Osten. Die Österreicher halten ihn nicht gerade für den schlauesten Habsburger.

Was bedeute es für Albrecht Hohenberg, ein Habsburger zu sein?

Er beantwortet diese Frage ohne Zögern: „Es ist eine Verpflichtung. Man ist sich immer bewusst, dass man mit gutem Beispiel vorangehen muss. Man kommt da nicht drum herum. Man lebt mit der Geschichte. Auch die nächste Generation."

Menschen küssten einem die Hand, sagt er. Jeder wisse, wer man ist. Aber ansonsten habe man nur wenig davon.

Er weiß noch, dass er Otto, dem Sohn des letzten Kaisers Karl, zum ersten Mal in Österreich begegnete. Bis Mitte der 1960er Jahre durfte Otto nicht nach Österreich einreisen. Man konnte ihn nur im Ausland treffen. Aber dann unterschrieb Otto ein Dokument, mit dem er auf jegliche Thronansprüche verzichtete. Im Jahre 1966 durfte er zum ersten Mal wieder einreisen – für einen einzigen Tag, nach Tirol. Ein Jahr später kam Otto wieder. Sie verabredeten sich in einem Wirtshaus im Burgenland. Bei einem Gulasch habe Otto laut Hohenberg gesagt: „Es geht nicht darum, die Monarchie wieder herzustellen. Nein. Ich bin kein Monarch. Unsere Aufgabe besteht darin, Europa zu vereinen. Unsere Vorfahren haben aufeinander geschossen. Dieser Unsinn muss aufhören."

Er erinnert sich an noch etwas, das Otto gesagt hat. Bestimmt würden sich viele Mitteleuropäer davon angesprochen fühlen: „In Europa müssen die Kirchen höher als die Banken sein." Otto sei christliches Denken wichtiger als Geld gewesen. Die habsburgischen Kaiser waren bis 1806 auch Kaiser des Heiligen Römischen Reichs. Viele sind immer noch religiös.

Hohenberg war viele Jahre Schatzmeister von Ottos Paneuropa-Bewegung. Otto sei seiner Zeit weit vorausgewesen, sagt er. Er habe viel gewusst. Mit Otto zu reden war wie ein Gespräch mit Einstein über Physik. Manche Menschen hätten Otto als pedantisch empfunden. Er habe arrogant gewirkt, wenn er in seinem Tweed-Sakko durch das Europaparlament gegangen sei. „Er hatte wirklich eine Mission. Er hatte erlebt, wie die Monarchie mit ihren vielen Völkern und Sprachen funktionierte. Natürlich gab es fortwährend Streit. Familienstreitigkeiten. Man stritt sich genauso wie heute in der EU. Die Ungarn gegen die Österreicher. Die Tschechen gegen die Deutschen. Und so weiter. Also sucht man nach Lösungen. So machen wir das jetzt auch in Europa."

Dass Emmanuel Macron Präsident von Frankreich wurde, empfindet Albrecht Hohenberg als Segen. Dieser Mann sei zumindest positiv eingestellt. Von Unheilspropheten, die Brüssel für alles die Schuld zuweisen, hält er nur wenig. Er sehe da durchaus eine Parallele mit der Zeit vor 100 Jahren: „Schriftsteller wie Stefan Zweig und Joseph Roth kritisierten das Kaiserreich ständig, aber als es zusammengebrochen war, tat es ihnen bald leid. Sie begannen, in einer sehr nostalgischen Art und Weise darüber zu schreiben. Aber es war zu spät. Jetzt kritisieren viele Menschen in einer ähnlichen Weise Europa. Aber eine Revolution wie vor hundert Jahren werden wir jetzt nicht erleben, es sei denn, die Sozialisten würden die Herrschaft über Radio und Fernsehen erlangen. Vor hundert Jahren hatten wir einen Krieg. Der brach dem Reich das Genick. Aber es wird keinen Krieg geben. Damals wollte Deutschland den Krieg, heute auf keinen Fall. Dazu kommt, dass keiner eine starke Armee hat. Mein Sohn ist Reserveoffizier. Er sagt, dass das Heer für nichts Geld habe."

Er hat fast zwei Stunden gesprochen. Vom Argwohn, den einige Mitglieder seiner Familie gegen Journalisten hegen, habe ich nichts gemerkt. Die Einzigen, denen er immer noch nicht traut, sind die Sozialisten. Aber da ist er nicht der Einzige in diesem Bezirk. Nirgendwo in Wien fahren die Konservativen bessere Ergebnisse ein als hier in Hietzing.

Er führe ein gutes Leben, sagt er. Das Haus sei mit niederländischem Geld gekauft worden, mit dem Geld der Fentener aus Vlissingen, der Familie seiner Frau.
„Wir brauchen nicht viel. Es ist nicht so schlimm wie bei Kaiserin Zita, die im Exil
in Spanien um Fisch bettelte und eine Ziege hielt, weil sie kein Geld hatte, um
Milch für ihre Kinder zu kaufen.“

Dennoch störe es ihn manchmal, sagt er, dass Österreich mit den Habsburgern
hausieren gehe, während die Republik den österreichischen Habsburgern fast alles genommen habe. Hundert Jahre nach Beginn des Ersten Weltkriegs organisiere
Österreich riesige Ausstellungen über die Habsburger. Hundert Jahre nach Ende
des Ersten Weltkriegs noch einmal. Ein anderes Mal sei es hundert Jahre her, dass
Franz Joseph starb. Und wieder gebe es riesige Jubiläumsfeiern, Festakte und Veranstaltungen. Und wenn auch das dann vorbei sei, komme die Gedenkfeier zum 300.
Geburtstag Maria Theresias. Das ganze Jahr hindurch gebe es Sisi-Shows, Konzerte
in Schönbrunn, kaiserliche Führungen an vielen Orten. Für einen astronomischen
Betrag könne man heutzutage sogar in Sisis ehemaligen Schlafzimmer übernachten.
Die Touristen fänden das alles großartig. „Aber für unsereins ist das schon ein wenig
bitter. Zuerst enteignen sie uns, und dann gebrauchen sie uns als Attraktion.“

Leise fügt er hinzu: „Aber das gehört denen ja nicht.“

Gleich darauf lacht er wieder. Sich nichts anmerken lassen – das dürfte in der Familie liegen. Jedenfalls fügt er fröhlich hinzu: „Aber die Franzosen waren schlimmer,
die haben die königliche Familie enthauptet.“

II

Die ersten Habsburger waren Ritter aus einer Gegend, die nunmehr zur deutschsprachigen Schweiz gehört. Allmählich erweiterten sie ihr Territorium durch Er-
oberungen, Eheschließungen und Allianzen. Es änderte ständig seine Form. Einige
Zeit gehörten auch Spanien und die Niederlande zum Habsburgerreich. Aber mein
Fokus liegt mehr auf der „modernen“ Zeit, auf den letzten rund hundert Jahren, in
denen die Habsburger die westlichen Gebiete bereits längst verloren hatten und ihre
Macht in Mittel- und Osteuropa sowie in Teilen des Balkans konsolidierten: dem 19.
und dem Beginn des 20. Jahrhunderts.

Der Kaiser regierte absolutistisch, keine Frage. Seine größte Sorge war, dass die
Französische Revolution auch bei seinen Untertanen Anklang finden würde. 1848
kam es in etlichen Städten zu Aufständen – in Wien, Prag, Budapest. Als die Situation zu eskalieren drohte, zogen der Kaiser und seine Familie eine Weile in die Provinz. Die Aufstände wurden jedoch niedergeschlagen. Franz Joseph, der in diesem
Jahr als Achtzehnjähriger den Thron bestieg, sah ein, dass Repressionen alleine nicht
reichen würden. Schweren Herzens führte er in den darauffolgenden Jahren Refor-

men durch. Zunächst einmal wurde für fünf Prozent der männlichen Bevölkerung das Wahlrecht eingeführt, später wurde der Kreis der Wahlberechtigten allmählich größer. Regionale Verwaltungsorgane wurden eingesetzt, die anfangs allerdings nur wenig zu sagen hatten. Dafür sorgte der Kaiser schon. Aber im Laufe der Zeit wurden sie immer mächtiger. Schließlich genehmigte Franz Joseph die Errichtung eines Verwaltungsgerichtshofes, vor dem Bürger Klage gegen den Staat einbringen konnten. Der Verwaltungsgerichtshof wurde zu einer starken Institution mit einer unabhängigen Stimme, auf die auch der Kaiser zu hören hatte.

Parallel zu den demokratischen Reformen andernorts in Europa leitete auch Franz Joseph ständig Staatsreformen in die Wege. In dieser Hinsicht war das Habsburgerreich wie die Europäische Union. Das Habsburgerreich wurde permanent tiefgreifenden Veränderungen unterzogen, um alle Völker und Sprachgruppen mehr oder weniger zufriedenzustellen. Die wichtigste Reform war jene von 1867, als der zentralistisch verwaltete Staat mit Franz Joseph an der Spitze von den Ungarn lahmgelegt wurde. Nach endlosen Verhandlungsrunden traf der Kaiser mit den Ungarn eine Vereinbarung: Das Habsburgerreich wurde zur Doppelmonarchie. Verwaltungstechnisch wurde das Habsburgerreich zweigeteilt. Ungarn wurde ein Königreich mit Franz Joseph als König. Der westliche Teil des Reiches blieb ein Kaiserreich mit Franz Joseph als Kaiser.

Der Kaiser betonte – typisch für ihn – immer wieder die Einheit des Reiches und die Tatsache, dass sowohl das Kaiserreich als auch das Königreich ihm unterstanden. Er bezeichnete das Ganze als „k.k.": „kaiserlich-königlich". Die stolzen Ungarn betonten dagegen immer wieder das Gegenteil: dass die zwei Teile nunmehr mehr oder weniger voneinander getrennt waren. Sie sprachen von „k.u.k.": kaiserlich *und* königlich. Das neue Abkommen über das Heer und die Marine musste sogar verschoben werden, weil Franz Joseph diesbezüglich auf die Bezeichnung „k.k." bestand, wogegen die Ungarn ein Veto einlegten. Wie so oft setzten sich die Ungarn schließlich durch. Es gab Stimmen, die sagten, dass die Beziehung zwischen dem Kaiserreich und dem Königreich darin bestünde, dass beide Teile gleiche Rechte hätten, wobei das Kaiserreich zwei Drittel der Kosten übernähme und das Königreich in drei Viertel der Fälle Recht bekäme.

Diese Wortklauberei erinnert ein wenig an die Verfassung der EU, die nicht Verfassung heißen durfte, oder an die „ever closer union", gegen die sich die Briten querlegten. Im Jahre 2016, kurz vor dem Brexit-Referendum, bestand der britische Premierminister Cameron darauf, diese Formulierung aus dem europäischen Vertrag zu streichen, weil die Briten nicht mehr daran glaubten. Einige Niederländer forderten dies später auch. Auch sie waren der Meinung, dass die EU kein immer engerer Zusammenschluss werden sollte. Aber der Begriff „ever closer union" verweist gar nicht auf eine Union, die immer enger werden soll. Man bezieht sich hier auf eine Aussage von Jean Monnet über Völker, die einander immer näherkommen,

über Menschen, die sich verbrüdern. Darum wird „union" in diesem Fall klein geschrieben.

Die Habsburger waren, genau wie wir, Meister in dieser Art Haarspalterei. So
spricht Robert Musil in *Der Mann ohne Eigenschaften,* seiner faustdicken Parodie auf
die Doppelmonarchie, immer über „Kakanien" (Shitland sozusagen) – ein Seiten-
hieb auf das Gezanke über k.u.k.

Das Lesen von Geschichtsbüchern über die Habsburger ist keine einfache Angele-
genheit. Sie sind genauso unlesbar wie Bücher über die EU. Das rührt daher, dass
die Völker des Habsburgerreiches wie auch die EU-Mitgliedstaaten ständig damit
beschäftigt waren, ihre Beziehung zueinander zu revidieren. Kaum hatte der Kaiser
einer Nation ihre Wünsche erfüllt, fühlte sich eine andere benachteiligt. Und dann
fing alles von vorne an. Sie konkurrierten um alles. Als den Ungarn erlaubt wurde, Ungarisch als Unterrichtssprache einzuführen, wollten die Tschechen das auch.
Sobald es dann soweit war, regten sich die Deutschsprachigen auf. Und danach die
Kroaten. Denn alles hing mit allem zusammen. Sobald eine Nation ein wenig mehr
Raum bekam, ging das zu Lasten einer anderen. Aus meiner Sicht sind es diese endlosen, sich über Jahre hinweg ziehenden, peristaltischen Bewegungen, die Bücher
über das Habsburgerreich so zäh und ermüdend machen. Genauso wie übrigens *Der
Mann ohne Eigenschaften.*

Viele ziehen diese Bewegungen ins Lächerliche, genauso wie wir das heutzutage
oft in Europa tun. Diese Klüngelei, all diese unausgegorenen Kompromisse, die erst
recht wieder zu Spannungen führen. Aber um wie viel früher wäre das Habsburgerreich auseinandergefallen, hätte es diese langwierigen und mühsamen Verhandlungsrunden nicht gegeben? Man war in gewissem Sinne dazu verurteilt.

Einer der vielen Kanzler, die der Kaiser buchstäblich verschlissen hat, Eduard von
Taaffe, meinte einmal, er regiere gar nicht. Was er mache, sei eine Politik des *Fortwurschtelns.*

Kommt Ihnen das bekannt vor?

Taaffe nannte es manchmal auch *Fortfretten:* Mehrheiten finden. Er konnte das
anscheinend sehr gut. Politikern, die ihn unterstützten, machte er Zugeständnisse.
Aber nie so viele, wie sie gerne gehabt hätten. Deshalb unterstützten sie ihn weiter,
in der Hoffnung, später mehr zu bekommen. Unter anderem wegen dieses ausge-
klügelten Systems der „wohltemperierten Unzufriedenheit" war Taaffe der unter
Franz Joseph längst regierende Kanzler. Der EU-Präsident kann viel von diesem
Mann lernen.

Das Königreich Ungarn war anders strukturiert als das Kaiserreich, zu dem der Rest
des Habsburgerreichs gehörte. Das Kaiserreich, die österreichische Reichshälfte
also, war in hohem Maße dezentralisiert. Minderheiten hatten dort viele Rechte.

Alle konnten fast immer die eigene Sprache verwenden – eine Ausnahme bildeten nur die höhere Verwaltung und die Armee, in der hauptsächlich Deutsch gesprochen wurde. Das Königreich Ungarn dagegen war stark zentralisiert. Die Magyaren machten nur 40 Prozent des Königreichs aus, aber sie hatten uneingeschränkt das Sagen. Minderheiten wie die Rumänen in Siebenbürgen hatten kaum etwas zu melden.

Wenn man das liest, kann man die Politik des heutigen Ungarn besser verstehen. Man könnte sich sogar fragen: *What's new?*

III

In Wien hat man oft das Gefühl, in einem habsburgischen Theaterstück gelandet zu sein. Nur dass die Schauspieler jetzt (manchmal) Jeans tragen.

Bei einem Abendessen bei unseren Nachbarn lerne ich einen Consultant namens Gregor Razumovsky kennen. Sein Spezialgebiet ist Osteuropa. Er kennt Brüssel, weil er als Berater für die Europäische Kommission gearbeitet hat. Er erzählt mir, dass er bei sich zu Hause Konzerte organisiere. Am Ende des netten Abends fragt er mich, ob er uns auf die Mailingliste setzen solle. Ich bedanke mich erfreut.

Eines Tages erhalte ich eine E-Mail von der Razumovsky-Gesellschaft mit der Einladung zu einem Kammermusikabend im Razumovsky-Salon mit Werken von

Schubert, Schumann, Brahms u. a. Eine Reservierung sei nicht vonnöten, *first come first serve*. Dann fällt mir auf, dass das O im Namen Razumovsky als Familienwappen ausgestaltet ist.

Gregor wohnt in der Nähe von Schloss Belvedere, schräg gegenüber der Residenz des niederländischen Botschafters, in einem riesigen Haus, das kaum zu sehen ist, weil ein Gerüst davorsteht. Es regnet in Strömen. Das Gerüst ist von schwerem Plastik eingehüllt. Windstöße heben ganze Planen zugleich hoch. Wir stehen vor der Haustür, das Wasser prasselt von allen Seiten auf uns ein. Der Name Razumovsky steht neben mehreren Klingeln.

In einem großen, holzvertäfelten Raum erwartet Gregor seine Gäste mit Wein und Salzgebäck. Seine Kinder gehen damit herum. Beim Eingang steht ein Körbchen, in das die Gäste Geld für die Musiker legen. Das Konzert findet in einem weiß ausgemalten Nebenraum mit hohen Decken, einem einzigen Familienporträt und einem kleinen Podium mit einem Flügel statt. Hier hätten, so Gregor, schon früher immer Konzerte stattgefunden. Seine Familie habe es immer als Teil ihrer Mission betrachtet, jungen Künstlern und Musikern eine Bühne zu geben. Nicht zuletzt mit diesen Konzerten im Hinterkopf hätte seine Großmutter, Gräfin Marie Razumovsky, das Haus 1902 bauen lassen. Nach der Enteignung sei dies alles selbstverständlich gestoppt worden. Während des Zweiten Weltkriegs seien die Deutschen im Palais Razumovsky einquartiert gewesen. Danach sei es von den Russen verwendet worden. Es sei nicht bekannt, wer in den fünfziger Jahren in den Appartements gewohnt habe. Und auch als die Familie das Gebäude restituiert bekommen habe, erzählt Gregor, wären die Mieter durch den Staat geschützt gewesen. Hier, im alten Konzertsaal, habe bis 2000 ein Schuster gewohnt. Der Mann wollte nicht ausziehen. Also hätten sie warten müssen, bis der Schuster gestorben sei. Gregor habe anschließend alles ausgemistet und neu ausgemalt. Jetzt könne, endlich, die Familientradition fortgesetzt werden.

Er erzählt diese Geschichte so, als ob wir sie eigentlich schon kennen müssten. Ich kann ihm das nicht übel nehmen. In Wien hat jeder Geschichten wie diese. Eine Freundin von uns ist schon seit Jahren damit beschäftigt, im Namen ihrer Familie Besitztümer in Tschechien zurückzubekommen. Die Familie einer anderen Freundin ist, wenn ich es richtige verstehe, gespalten in jene, die fanatisch eine Restitution anstreben, und jene, die an nichts mehr erinnert werden wollen und diese Vergangenheit ein für alle Mal hinter sich lassen wollen.

Es ist ein schönes Konzert. Ich komme nach Hause und google den Namen Razumovsky. Und da steht es auch schon: „Direkter Nachfahre des letzten Hetmans der Ukraine." „Hetman" muss ich auch nachschlagen. Es bedeutet „Staatsoberhaupt". Die ukrainische Linie der Familie ist ausgestorben. Aber die österreichische Linie, also jener Teil der Familie, der zu Beginn des 19. Jahrhunderts nach Wien kam, ist gesund und munter.

Eine Nachbarin erklärt mir später genauer, was es damit auf sich hat. „Wäre die Ukraine eine Monarchie, so wäre Gregor jetzt König."

Stattdessen hat Gregor jetzt eine Facebookseite für seinen Salon, den er für Feiern und Feste vermietet. Er verlangt 1500 Euro pro Tag, 750 Euro für einen halben Tag. Auch gibt er ukrainischen Zeitungen Interviews zu politischen Themen.

IV

Eines der vielen Dinge, die ich über das Habsburgerreich nicht wusste, ist, dass die Ukraine dazugehörte. Oder besser gesagt: der westliche Teil der Ukraine: Galizien.

Wenn man in Brüssel in der U-Bahn sitzt, hört man viele Sprachen. Viele davon verstehe ich. Wien ist größer als Brüssel, und mindestens genauso international. Aber wenn man in der U-Bahn sitzt, versteht man abgesehen von den Deutschsprachigen kaum jemanden. Die meisten sprechen eine slawische Sprache.

Kurz vor dem Ersten Weltkrieg wohnten zwei Millionen Menschen in Wien. Die Stadt war das Verwaltungszentrum des Habsburgerreiches, einer der europäischen Großmächte. Das zog Menschen an. Wer Karriere machen wollte, kam nach Wien. Aber nach dem Zerfall der Donaumonarchie war die Stadt nur noch die Hauptstadt einer kleinen Alpenrepublik. Sie wurde irrelevant. Während des Kalten Krieges war es ein verschlafener Ort ganz am Rande Westeuropas im Schatten des Eisernen Vorhangs. Als 1989 die Mauer fiel, war die Einwohnerzahl auf knapp 1,5 Mio. geschrumpft.

Aber seitdem ist die Stadt wieder gewachsen. Migration aus dem Osten führte dazu, dass Wien inzwischen 1,9 Millionen Einwohner zählt. Wenn ein Dach undicht ist, kommt ein polnischer Dachdecker. Das Kindermädchen der Nachbarn kommt aus der Slowakei. Unser Biedermeierhaus hat solch dicke Wände, dass das WLAN nicht gut funktioniert – und der Mann, der überall WLAN-Booster installiert, ist ein Ungar. Ich lese irgendwo, dass von insgesamt 21.000 Pflegekräften in Wien 20.000 aus Osteuropa kommen. Zwei Wochen in Wien, zwei Wochen zu Hause. Sie kommen mit Flix-Bussen. Im Jahre 2020, während der Corona-Lockdowns, wurden spezielle Regelungen geschaffen, um ihre Anfahrt weiterhin zu ermöglichen. Sonst wäre das Pflegesystem zusammengebrochen.

Ein geografischer *Fun Fact*: Von Wien aus ist es zur ukrainischen Grenze näher als in die Schweiz.

In unserer Straße steht schon seit einiger Zeit ein großes, leeres, weißes Haus zum Verkauf. Aus dem Fenster meines Arbeitszimmers kann ich durch die Bäume die Wände sehen. Laut den Nachbarn sei dies das teuerste Haus Wiens. 24 Millionen

Euro verlange man. Es wird von hohen Mauern umgeben. Nur straßenseitig kann man einen Blick auf eine Art Scheune oder Nebengebäude mit einem großen Fenster werfen. Es hängen einige Geweihe drin. Ansonsten ist der Raum leer.

2015 sehe ich eines Tages, dass dieser Raum plötzlich voller Menschen ist. Die Geweihe sind weg. Es stehen nun Tische mit Laptops herum. Männer in T-Shirts und mit kurz geschorenen Haaren sitzen auf weißen Plastikstühlen. Einige hängen vor der Tür herum. Es sieht ein wenig wie ein schwerbewachter UN-Posten in einem Bürgerkriegsland aus. Die Männer sind verkabelt und haben anscheinend etwas mit den plötzlich überall parkenden, schwarzen Geländewägen zu tun. Infolgedessen müssen wir ab und zu endlos in der Gegend herumfahren, um einen Parkplatz zu finden. Die Nachbarn fangen an, sich darüber zu beklagen. Das weiße Haus habe doch eine unterirdische Garage, meint einer, wieso verwendeten diese Typen die nicht?

Ich werde allmählich neugierig. Nach einigen Wochen komme ich auf dem Gehsteig an einem der Männer vorbei. Ich frage ihn, wer denn hier wohne. Er antwortet auf Französisch, dass er kein Deutsch verstehe. Also frage ich ihn auf Französisch. Er antwortet mit einem Grinsen. Er hat nicht vor, etwas zu sagen.

Wien mag eine Weltstadt sein, zugleich ist es aber auch ein Dorf. Einige Tage später erfahre ich über mehrere Ecken, wer in das weiße Haus eingezogen ist. Es handle sich um Dmytro Firtasch, einen Öl- und Gas-Oligarchen aus der Ukraine.

Die französischsprachigen Securities seien augenscheinlich der französischen Fremdenlegion zuzurechnen. Irgendwann im Winter sei der Oligarch, der sich zu spät vom ehemaligen Präsidenten Wiktor Janukowitsch distanziert habe, nach Österreich geflüchtet. Einige seiner Firmen hatten hier bereits ihren Sitz gehabt. Das ist nichts Ungewöhnliches: Viele Ukrainer haben Immobilien und andere wirtschaftliche Interessen in diesem Land. Das ist der alte habsburgische Reflex. Immer noch. Bei einem Machtwechsel in Moldawien stellt sich auf einmal heraus, dass sich das halbe ehemalige Regime in Wien niedergelassen hat. Wien ist nach Belgrad die größte serbische Stadt der Welt. Viele Penthouses im Zentrum werden heutzutage an Russen verkauft. Bei uns in der Straße parken ständig Autos mit ungarischen und tschechischen Kennzeichen.

Führende Persönlichkeiten aus der ukrainischen Politik, so lese ich in der Zeitung, kämen regelmäßig vorbei, um mit meinem neuen Nachbarn zu sprechen. Wie lange er hier bleiben werde, sei unklar. Firtasch wurde 2015 in Wien verhaftet und verbrachte 10 Tage in Haft. Die Vereinigten Staaten baten wegen einer alten Korruptionssache in Indien um seine Auslieferung. Firtasch zahlte 125 Millionen Euro Kaution, die höchste Summe, die jemals in Österreich bezahlt wurde. Ein Richter beschäftigt sich seitdem mit der Frage, ob man ihn gehen lassen soll oder nicht. Das kann noch eine Weile dauern. Es handelt sich um prekäre Entscheidungen in einem Land, das sowohl mit dem Osten als auch mit dem Westen enge Beziehungen hat und haben *will*. In der Zwischenzeit darf der Oligarch das Land nicht verlassen. Er muss sich der Polizei zur Verfügung halten. Es wird behauptet, er habe zu seiner Sicherheit in der Stadt mehrere Häuser gemietet. Er schlafe mal hier und mal da. Wenn er da ist, merkt man es sofort: Überall stehen gedrungene Männer in schwarzen Lederjacken auf der Straße.

Ich bitte um ein Interview mit meinem Nachbarn. Aber über einen Anwalt winkt er ab.

Später sehe ich ihn einmal in einem Restaurant am Wiener Naschmarkt, umgeben von Bodyguards mit Plastikteilen in den Ohren. Ich überlege, auf ihn zuzugehen. Aber die Gesellschaft sieht so zwielichtig aus, dass mir die Lust vergeht. Später wird sich herausstellen, dass Firtasch Verbindungen zu Rudy Giuliani, dem Anwalt und Problemlöser von Donald Trump, hat. Giuliani würde Firtasch dabei helfen, den Klauen der amerikanischen Justiz zu entkommen, schreiben österreichische Zeitungen. Im Gegenzug hätte Firtasch die ukrainische Regierung unter Druck gesetzt, um schmutzige Details über Hunter Biden, den Sohn von Trumps demokratischem Rivalen, ans Tageslicht zu bringen.

Während des Kalten Krieges war Wien ein Tummelplatz für Spione aus Ost und West. Ab und zu las man in der Zeitung, dass wieder jemand umgelegt worden sei. Graham Greenes *The Third Man* spielt hier. Es gibt sogar ein Museum über diese

Zeit. Jetzt, wo die Spannungen mit Russland größer werden, wird Wien – immer noch die Stadt zwischen Ost und West – für Geheimdienste wieder interessant. Wir fragen uns manchmal, welch interessante Nachbarn wir wohl noch bekommen werden.

Kapitel 3

Ein aristodemoplutobürokratischer Mischmasch.
KARL KRAUS über die Doppelmonarchie in *Die letzten Tage der Menschheit* (1922)

I

Viktor Adler, jener Mann, der zwanzig Jahre lang Vorsitzender der sozialistischen Partei im Habsburgerreich und 1918 ganze zwei Wochen Außenminister war, nannte die Regierung unter Franz Joseph einmal einen „durch Schlamperei gemilderten Absolutismus." Es war liebevoll gemeint.

Wenn man neu in Wien ist und das liest, kann man sich darunter kaum etwas vorstellen. Der sozialistische Führer? Der Mann, der zwanzig Jahre lang versuchte, dem Kaiser, der seinen Thron und seine Autorität als „von Gott gegeben" betrachtete, mehr Rechte für die Arbeiter abzutrotzen? *Liebevoll?*

Ja. Und Adler war nicht der Einzige. Als die kaiserliche Familie 1918 in die Schweiz flüchtete, wurde Karl Renner der erste Kanzler der Ersten Republik Österreichs, jenes deutschsprachigen Rumpfstaates, der nach den Unabhängigkeitserklärungen der habsburgischen Völker übrigblieb. Renner, ein deutschsprachiger Bauernsohn aus Mähren, einem Teil der heutigen Tschechischen Republik, war Sozialdemokrat. Seine Regierung erließ mehrere Gesetze, durch die sich die Arbeitsbedingungen der Arbeiter verbessern sollten. Eingeführt wurden der Achtstundentag, die Arbeitslosenunterstützung und der bezahlte Urlaub. Dennoch nannte auch Renner den neuen Staat „eine Republik ohne Republikaner".

Von der Schweiz aus unternahm der geflüchtete Kaiser Karl einige Versuche, über Ungarn, wo er König gewesen war, nach Österreich zurückzukehren. Mehrere Hilfskomitees loyaler Bürger, ehemalige Beamte und Freunde halfen ihm. Die österreichische Regierung vermittelte Karl mehr oder weniger den Eindruck, dass ihm die Tür immer noch offen stünde, wenn er nur Geduld hätte. Aber Karl war ungeduldig. Seine energischen Bemühungen, diese Tür zu öffnen, waren fast lächerlich und unbeholfen – und sie misslangen allesamt. Daraufhin wurden die Besitztümer der Familie konfisziert. Karl wurde die Einreise nach Österreich verboten. Andere männliche Habsburger durften nur einreisen, wenn sie auf alle Thronansprüche verzichteten und den Status gewöhnlicher Bürger akzeptierten. Aber bereits 1935 bekamen die Habsburger ihre Besitztümer zurück. Und kurz vor dem Anschluss 1938 ernannten nicht weniger als 1600 österreichische Gemeinden Karls Sohn Otto zum Ehrenbürger.

Die Menschen waren den Habsburgern gegenüber also gar nicht so negativ eingestellt. Die Nazis spürten das und wollten sie zur Sicherheit aus dem Weg räumen. Sie verurteilen Otto in Abwesenheit zum Tode und beschlagnahmten seinen Besitz und den der anderen Habsburger erneut. Viele Anhänger Ottos wurden verhaftet und exekutiert. Die in Österreich verbliebenen Habsburger, darunter der Vater von Albrecht Hohenberg, wurden eingesperrt.

Die Geschichte wird immer von den Gewinnern geschrieben. Sie bestimmen nicht nur die Zukunft, sondern auch, welche Version der Vergangenheit den Weg in die Geschichtsbücher findet. In Bezug auf die Habsburger wurde folgende Version festgeschrieben: ein Kaiserreich, das jahrhundertelang mehrere Völker unterdrückt hatte, bis diese Völker endlich aufstanden und sich vom imperialen Joch befreiten. Dafür war zu Beginn des 20. Jahrhunderts die Zeit reif. Industrialisierung, Verstädterung, Bildung und Wahlrecht führten zu einem wachsenden Selbstbewusstsein und einer stärkeren Selbstbehauptung der unteren Bevölkerungsschichten. Um diese Zeit fiel auch das Osmanische Reich auseinander. Der deutsche Kaiser wurde zur Abdankung gezwungen. Zar Nikolaus wurde abgesetzt und zusammen mit seiner Familie ermordet.

So sei der Zeitgeist gewesen, lernen wir in der Schule: der Zeitgeist von Woodrow Wilson und seinem 14-Punkte-Programm, vom Selbstbestimmungsrecht der Völker, die ab sofort wählen durften, von wem sie regiert werden wollten. Die Menschen hätten dies so gewollt, stand in unseren Geschichtsbüchern, denn sie wollten nicht mehr von fremden Tyrannen beherrscht werden.

Wenn ich in der Schule etwas über die Habsburger gelernt habe, dann das. Deshalb sind die Habsburg-Nostalgie in Wien, der vergleichsweise gute Ruf des Kaiserreiches und die Ehrfurcht, die immer noch viele den Nachfahren der Habsburger und deren Entourage entgegenbringen, zunächst einmal eine ziemliche Überraschung für mich.

II

An einem unwirtlichen Wochenende ziehe ich mich mit einem Buch über den Tagesablauf des Kaisers auf mein Sofa zurück. In Martina Winkelhofers Buch *Der Alltag des Kaisers* geht es um Kaiser Franz Joseph und die Art und Weise, wie er mit den Menschen, die unmittelbar für ihn arbeiteten – etwa 2000 insgesamt – in der Hofburg wohnte. Die Hofburg war und ist immer noch ein riesiger Gebäudekom-

plex im Zentrum der Altstadt. Er umfasst mehrere aneinander stehende Gebäude mit kleinen Durchgängen, Pforten und Innenhöfen dazwischen. Dort, in diesem Wirrwarr, wohnte die kaiserliche Familie mit Generälen, Putzfrauen, Köchen und Buchhaltern. Für den Kaiser zu arbeiten bedeutete im 18. Jahrhundert soziale Absicherung. Wohnraum war knapp, weil immer mehr Menschen in die Stadt zogen. Die Mieten stiegen. Ungelernte Arbeiter konnten leicht Arbeit finden, aber eine Einzimmerwohnung kostete bald einmal mehr als einen Monatslohn. Manchmal teilten sich zwei Familien ein Zimmer von nicht einmal fünfundzwanzig Quadratmetern.

Wer für den Kaiser arbeitete, hatte dieses Problem nicht: Der Wohnraum wurde zur Verfügung gestellt. Darüber hinaus gab es genug zu essen. Was in den Küchen für die kaiserliche Familie gekocht wurde, bekam auch der Hofstaat zu essen. Wenigstens die Haupt- und Nachspeise. Zwar mit anderem Besteck und auf anderen Tellern, aber wenn Franz Joseph ein Schnitzel serviert bekam, aß auch der Gärtner an diesem Tag Schnitzel. Kein Wunder, dass sehr viele Menschen für den Kaiser arbeiten wollten. Junggesellen mit einer Anstellung in der Hofburg galten als gute Partie.

War man erst einmal „drin", hatte man es geschafft. Die Hofburg war eine Art Familie. Es wurden kaum Menschen entlassen. Franz Fuchs beispielsweise, der kaiserliche Laternenanzünder, war faul, nachlässig und zudem regelmäßig betrunken. Manchmal erschien er gar nicht zur Arbeit und manchmal hantierte er mit seinem langen Feuerstock so gefährlich herum, dass er das Gebäude fast in Brand steckte. Aus einem internen Bericht, der immer noch im Archiv liegt, geht hervor, dass Fuchs mehrere Abmahnungen erhielt. Er wurde aber nie entlassen. Nein, stattdessen wurde er in die Küche versetzt, wo er den Spieß, an dem das Fleisch angebraten wurde, drehen musste. Zwar hatte er nun wieder mit Feuer zu tun, aber jetzt waren immer Köche und anderes Küchenpersonal in der Nähe, die ihn im Auge behalten konnten.

Die Art und Weise, wie der Kaiser mit seinem Personal umging, sagt vielleicht auch etwas darüber aus, wie er politisch agierte. Er hätte Franz Fuchs entlassen können. Oder Schlimmeres noch.

„Der Dienst bei Hof wurde in der Regel langsam, ohne besonderen Eifer, oftmals nachlässig, manchmal sogar fahrlässig erbracht.", schreibt Winkelhofer. „Verbote und Ermahnungen wurden gebetsmühlenartig wiederholt, Verwarnungen über Verwarnungen ausgesprochen – Konsequenzen jedoch in seltenen Ausnahmefällen ausgesprochen."

Einer der meist besuchten Orte in Wien sind ohne Zweifel die Kaiserappartements in der Hofburg. In den Küchen, unten im Gebäude, ist Gold- und Silbergeschirr ausgestellt. Das meiste ist noch vollständig. Der Tisch im Esszimmer oben ist gedeckt. Als der Kaiser noch jünger war und weniger zurückgezogen lebte, hatte er fast jeden Tag Gäste. Es wurden immer dreizehn Gänge aufgetischt, von allem ein wenig. Franz Joseph hasste diese Diners. Sie waren steif und protokollarisch. Er wollte schnell wieder an die Arbeit und aß daher immer blitzschnell. Es gab eine Regel am Hof: Sobald der Teller des Kaisers leer ist, wird abgeräumt und der nächste Gang serviert. Gäste, die sich mehr unterhielten als aßen, sahen ihre vollen Teller bald wieder verschwinden. Manchmal war das Essen nach fünfzig Minuten bereits wieder beendet.

Was für eine Vergeudung, könnte man meinen. Aber nein: Aus Archivmaterialien geht hervor, dass die Reste der täglichen Mahlzeiten in der Hofburg nicht einfach weggeworfen wurden. *Nichts* wurde weggeworfen. Alles, was übrig blieb, wurde eingepackt und an die Bürger und Restaurants der Stadt verkauft. Wenn am vorhergehenden Abend ein Ball mit großen Büffets (eine Gewohnheit, die sich bis heute gehalten hat) stattgefunden hatte, war die Vorgehensweise dieselbe. Der Ertrag wurde in einen Sondertopf für das Personal eingezahlt, mit dem Menschen, die krank waren oder in Schwierigkeiten gerieten, geholfen wurde. Am kaiserlichen Hof wurde nichts entsorgt. Sogar die alte Kleidung des Kaisers wurde verkauft, auch wenn dies erst erfolgte, wenn sie wirklich abgenutzt war – ein Bediensteter suchte eines Tages verzweifelt eine wollene Hose des Kaisers, von der sich herausstellte, dass sie fast zur Gänze von Motten zerfressen worden war. Auch der Ertrag aus dem Verkauf dieser alten Kleider ging an das Personal.

Die Habsburger liebten Pracht, Prunk und Etikette. So wird es uns überliefert. Und das sieht man, wenn man heute die Hofburg, Schönbrunn oder andere alte Pa-

läste besucht. Goldene Schwerter. Eine Krone mit riesigen Edelsteinen. Das Kaiserreich war von jeher eine Hausmacht, die untrennbar mit dem Prestige der Familie
verbunden war. Vor allem im Mittelalter, als es noch keine festen Grenzen und keine
Verwaltung gab, war Symbolik wichtig. Aber der Kaiser war zugleich ein altmodi-
scher Patriarch. Das bedeutete, dass er sich auf die fast blinde Ergebenheit der Menschen, die für ihn arbeiteten, verlassen konnte. Im Gegenzug genossen sie finanzielle
und soziale Sicherheit.

Franz Joseph nahm Letztgenanntes ziemlich ernst. Wenn ein Mitglied des Hofstaates um Geld oder um einen Gefallen bat, sagte er angeblich nie Nein. Jeder
wusste das. Deshalb war der Kaiser ein Alptraum für seine Finanzminister. Im Laufe
der Jahre verbrauchte er einige von ihnen, und alle versuchten, die Ausgaben des
Kaisers zu reduzieren. Aber Einschränkungen hin oder her – Franz Joseph blieb
freigiebig. Dass Menschen ihn um Hilfe baten, war schwer zu unterbinden: Anders
als der französische König, der sich deutlich von seinem Volk distanzierte, empfing
Franz Joseph jeden Tag einfache Menschen. Auf der einen Seite waren die habsbur-

gischen Kaiser abgehoben, auf der anderen Seite waren sie sich aber dessen bewusst, dass ihre Legitimität vom Volk abhing und dass sie ihre Macht nur behalten konnten, wenn die Menschen sie respektierten, ja sogar liebten. Aus diesem Grund sollten sie sichtbar und zugänglich sein.

Die Finanzminister sparten also in anderen Bereichen. Einer dieser Bereiche war das Mobiliar. Der Kaiser besaß im ganzen Reich Paläste und Schlösser. Dann und wann reiste er nach Prag, Budapest oder Salzburg. Ein Teil des Hofstaates fuhr mit ihm mit. Die Reisen des Kaisers glichen kleinen Völkerwanderungen, die bis ins letzte Detail vorbereitet wurden. Der äthiopische Kaiser Haile Selassie schickte immer den Chef des Kissendepots voraus, wenn er auf Reisen ging. Dieser maß alle Stühle und Pulte aus, die der Kaiser auf seiner Reise verwenden würde, und sorgte dafür, dass auf jedem von ihnen ein entsprechendes Kissen lag. So konnte niemand sehen, wie klein der Kaiser in Wirklichkeit war. Auch in der Hofburg gab es eine Spezialabteilung, die die kaiserlichen Reisen vorbereitete. Schon Monate im Voraus wurden Listen mit der Anzahl der mitzunehmenden Kleiderständer, Waschbecken,

Fußbänke und Betten vorbereitet. Die Paläste waren zwar mit Möbeln ausgestattet, aber nicht in ausreichendem Maße. Daran wurde gespart. Also wurden die Möbel je nach Bedarf von einem Palast zum anderen transportiert. Was gebraucht wurde, wurde rechtzeitig aus dem Depot geholt und vorab zum Reiseziel des Kaisers gebracht. Alles stand bereit, wenn Seine Majestät ankam. Dieses Hofmobiliendepot gibt es immer noch. Heute ist es ein Museum – eines meiner Lieblingsmuseen in Wien. Man flaniert einfach zwischen aufgestapelten Esstischstühlen und Sofas. Meistens ist kein Mensch da. Und man bekommt einen besseren Blick hinter die Kulissen als bei sämtlichen überzogenen Sisi-Shows.

III

Eines Tages bin ich in Rom. Ich habe mich via Twitter mit Eduard Habsburg, dem ungarischen Botschafter beim Vatikan, verabredet. Er ist ein lebhafter Typ und einer der wenigen Habsburger, die in den sozialen Medien aktiv sind. In seiner Timeline finden sich nicht nur Bischöfe, Nonnen und Konferenzen über verfolgte Christen. Er filmt sich auch selbst, während er Gulasch zubereitet. Und bevor er sich den Film *The Rise of Skywalker* anschaute, machte er eine kurze Umfrage unter seinen Followern: „Rise of Skywalker *was a) fantastic b) meh c) a piece of garbage.*"

Was mich interessiert, ist die Frage, wie die Habsburger, die seit dem 15. Jahrhundert nach dem Motto A.E.I.O.U., sprich *Austriae Est Imperare Orbi Universo* oder „Alles Erdreich ist Österreich untertan", heute die Welt sehen. Ist dieses Zeitalter für sie endgültig vorbei? Oder lebt davon im heutigen Europa noch etwas fort, wie Otto Habsburg meinte? Und welche seltsamen Gewohnheiten haben sie sich aus dieser Zeit bewahrt?

Aber leider: Eduard Habsburg sagt den Termin kurzfristig per WhatsApp wieder ab. Er habe meine Anfrage seinem Arbeitgeber, dem Ministerium in Budapest, vorgelegt. Es stünden Wahlen an und Diplomaten hätten sich mit Aussagen zur Europäischen Union zurückzuhalten. Zum Glück bin ich nicht extra dafür nach Rom gereist.

Er ruft mich an, als ich gerade durch den Park der Villa Borghese gehe. Ich versuche, ihn zu überreden, den Termin doch noch wahrzunehmen. Ich erkläre, dass ich weder auf Aussagen zur Migrationspolitik Orbáns noch zu Orbáns Kämpfen mit Brüssel im Zusammenhang mit der Rechtsstaatlichkeit aus bin. Es gehe mir um die Parallelen und Unterschiede zwischen dem Habsburgerreich und der EU und darum, wie er das sehe. Er dürfe seine Antworten politisch so einkleiden, wie er wolle.

Aber es hilft alles nichts. Europa scheint in Budapest ein zu empfindliches Thema zu sein. Wir reden noch ein wenig, während die Vögel über mir in den Palmen kreischen. Dann legen wir auf. Ich hoffe, dass der *Ambasciatore* es mir nicht übel nimmt, wenn ich eine einzige kurze Aussage zitiere. Er stimmt seinem entfernten Onkel Otto in hohem Maße dahingehend zu, dass die EU in bestimmter Weise dasselbe versuche wie das Habsburgerreich damals: dafür zu sorgen, dass sich verschiedene Völker nicht mehr an die Gurgel gehen. Auf meine Frage, was der größte Unterschied zwischen den beiden sei, sagt er: „Dass die EU keinen Kaiser hat."

IV

Wie auch die Europäische Union war das Habsburgerreich ein Binnenmarkt und eine Zollunion. Es hatte auch eine einheitliche Währung.

Kurz vor dem Ersten Weltkrieg wohnten etwa 13 Prozent der europäischen Gesamtbevölkerung im Habsburgerreich. Der Binnenmarkt deckte etwa ein Zehntel des europäischen Bruttoinlandsprodukts ab und umfasste das heutige Österreich, die heutige Tschechische Republik, die Slowakei, Kroatien und Ungarn sowie Teile von Italien, Polen, Rumänien, der Ukraine und dem vormaligen Jugoslawien. Erst in der zweiten Hälfte des 19. Jahrhunderts kam dieser Markt wirklich auf Touren. Um 1860 boomte die Wirtschaft. Alleine zwischen 1867 und 1869 wurden in Wien 36 neue Banken zugelassen. Im Jahre 1872 waren 1005 Notierungen neuer Unternehmen an der Wiener Börse zu verzeichnen. Einige Menschen verdienten sich in dieser Zeit sprichwörtlich eine goldene Nase. Es waren die Jahre, in denen die prestigeträchtige Ringstraße in Wien entstand und in denen die Staatsoper, das Parlament sowie riesige Häuser für reiche Familien wie die Ephrussis erbaut wurden. Der Staat und private Unternehmen begannen in diesen Jahren wie verrückt ins Eisenbahnnetz zu investieren. In die Franz-Josefs-Bahn zum Beispiel, die von

Wien nach Prag sowie zu beliebten Kurorten im südlichen und westlichen Böhmen führte. Es wurde auch eine direkte Bahnverbindung zum habsburgischen Hafen am Mittelmeer, nach Triest, heute die östlichste Ecke Italiens, geschaffen. Dies stellte sich als gute Investition heraus: Sobald der Sueskanal 1869 eröffnet worden war, startete der Österreichische Lloyd mit direkten Dampfschiffverbindungen von Triest nach Colombo und Hongkong. All diese neuen Bahnstrecken und Verbindungen sorgten für revolutionäre Veränderungen im Habsburgerreich. Plötzlich konnte man billiger und schneller als je zuvor von einem Ende zum anderen reisen.

2007 untersuchten zwei Wissenschaftler der London School of Economics und der Warwick University, ob Sprachgrenzen und ethnische Grenzen Einfluss auf die Entwicklung des Binnenmarkts des Habsburgerreichs hatten. Sie analysierten dazu die Daten des Getreidehandels in zwanzig wichtigen, über das ganze Habsburgerreich verteilten Städten. Getreide ist ein dankbares Untersuchungsobjekt. Jeder braucht es. Es ist leicht zu transportieren und es bedarf keiner komplizierten Verarbeitungsprozesse. Stellt man also beim Getreidehandel Barrieren fest, haben diese wahrscheinlich nur wenig mit dem Entwicklungsniveau einer Region oder mit technologischen und geografischen Unterschieden zu tun. Die Ausgangsthese des Forscherteams: In einem perfekt funktionierenden Binnenmarkt müsste ein Kilo Getreide überall mehr oder weniger dasselbe kosten. Aber war dies auch so?

Die Forscher fanden heraus, dass je stärker der habsburgische Markt durch schnelle und billige Transportmöglichkeiten zusammenwuchs, die Grenzen zwischen den verschiedenen Sprachgemeinschaften und ethnischen Gruppen umso sichtbarer wurden. Diese Grenzen tauchen um 1880 auf und werden danach immer deutlicher. Innerhalb dieser Grenzen nimmt die regionale Integration stark zu. Beim Zerfall des Habsburgerreichs 1918 entsprechen diese Grenzen genau den Bruchlinien.

Der Bericht „On the origins of border effects: insights from the Habsburg customs union" ist auf der Website des Centre for Economic Policy Research abrufbar.

Die Forscher konnten zwei Korrelationen identifizieren. Die erste bestand darin, dass je stärker der Binnenmarkt des Habsburgerreichs wurde und je weniger Handelsbeschränkungen es gab, desto deutlicher wurden die Sprachgrenzen. Beziehungsweise war es teils auch ein relatives Phänomen: *Weil* es wenig andere Hemmnisse gab, sah man die Unterschiede zwischen ethnischen Gruppen bzw. Sprachgruppen, die es schon immer gegeben hatte, besser als früher. Die zweite Korrelation war, dass lokale und regionale Gruppen manchmal dazu neigten, Getreide bei Mitgliedern der eigenen Sprachgruppe bzw. ethnischen Gruppe zu kaufen und andere Gruppen zu boykottieren. Anscheinend geschah dies in den letzten dreißig, vierzig Jahren des Habsburgerreichs in verstärktem Ausmaß.

Was bedeutet das nun? War das Habsburgerreich zum Untergang verdammt? Ist ein gut funktionierender Binnenmarkt in einem so großen, ethnisch und linguistisch heterogenen Gebiet nur beschränkt möglich?

Die Antwort auf diese Frage kennen wir nicht. Aber auch im heutigen Europa – 27 Länder, 23 offizielle Sprachen – sind die Preise für die gleichen Produkte immer noch sehr unterschiedlich. Während der Eurokrise, als Anleger ihr Geld aus dem Süden Europas abzogen und im Norden investierten, war ein Euro in Italien weniger wert als ein Euro in Deutschland. Auch sieht man, dass der europäische Binnenmarkt in wirtschaftlich schwierigen Zeiten, bei Katastrophen (Corona!) oder bei Streitigkeiten zwischen zwei Ländern leicht fragmentiert: Politiker rufen sofort dazu auf, regionale bzw. nationale Produkte zu kaufen, oder versuchen, nationale Unternehmen mit Sonderregelungen zu unterstützen. Grenzen, die gestern noch offen waren, werden quasi über Nacht wieder geschlossen. Das war damals so. Und das ist heute immer noch so.

V

„Innerhalb der EU wächst eine Kluft zwischen Ost und West. Und außerhalb der EU wird die Kluft zu Russland tiefer. Will man beide überwinden, sollte man nach Mitteleuropa schauen. Diese Region kämpft bereits seit Jahrhunderten damit." Emil Brix, ehemaliger österreichischer Botschafter in London und Moskau und jetzt Direktor einer der weltweit ältesten diplomatischen Akademien (jener in Wien), ist davon überzeugt, dass die Zukunft Europas – und somit auch jener der Europäischen Union – in Mitteleuropa entschieden wird. Besser gesagt: im Gebiet des ehemaligen Habsburgerreiches. Mitten in Europa. Nicht nur liegt das Zentrum der Europäischen Union nach den letzten Erweiterungsrunden irgendwo zwischen Prag und Wien, auch die Probleme der EU haben immer mehr ihren Ausgang in Mitteleuropa. Mit seinem Landsmann Erhard Busek schrieb Brix darüber 2017 ein Buch: *Mitteleuropa revisited*.

Mit einem eleganten mitteleuropäischen Handkuss, der hierzulande durchaus noch sehr verbreitet ist, begrüßt Brix seinen Besuch. Die Diplomatische Akademie ist in einem riesigen, beeindruckenden Gebäude in der Taubstummengasse untergebracht. Die Ausbildungsstätte wurde 1753 von Maria Theresia gegründet, um ihren künftigen Gesandten auf dem Balkan und noch weiter weg östliche Sprachen und Sitten beizubringen. Auch heute wird so mancher mittel- und osteuropäische Diplomat und Politiker hier ausgebildet. Der Fokus auf den Balkan ist in Wien immer noch so stark wie zu Zeiten der Habsburger. Auch werden hier Seminare und Vorträge über internationale Politik gehalten, die ein immer stärkeres Augenmerk auf Mitteleuropa, den Balkan und Osteuropa richten. Ich besuche die Diplomatische

Akademie oft. Hier werden die gleichen Diskussionen über Europa geführt wie in Brüssel, Paris oder Berlin. Aber die Herangehensweise ist eine andere. Tschechen, Österreicher oder Polen haben eine andere Geschichte als Westeuropäer, andere Erfahrungen und andere Traumata. Darum betrachten sie Europa auf eine andere Art und Weise als Westeuropäer das tun. Man lernt hier immer etwas dazu.

Was mir auffällt: Wir Westeuropäer wollen immer nach vorne schauen, während man in Mitteleuropa öfter auf historische Konstanten zurückgreift. Wir reden in der EU über Innovation und Digitalisierung. Mitteleuropäer sind konservativer. Sie wollen auf keinen Fall vorschnell agieren. Ihre Dynamik ist eine komplett andere als die unsere.

Mitteleuropa feiert ein Comeback. Während des Kalten Krieges bestand es nicht mehr. Damals gab es nur noch Ost versus West. In der Mitte war nichts. Auf der einen Seite herrschte die Pax Americana, auf der anderen Seite die Pax Sovietica. Die Mauer war die Grenze. Nach dem Fall der Mauer 1989 wollten die osteuropäischen Länder so schnell wie möglich Mitglied der NATO und der Europäischen Union werden – in dieser Reihenfolge, um so möglichst gut vor Russland geschützt zu sein. Weil sie zum Westen gehören wollten, hörten sie genaugenommen damit auf, „Osteuropäer" zu sein. So verschob sich Osteuropa immer weiter nach Osten, und gab es wieder Platz für die Mitte. Jahrzehntelang war dieses Mitteleuropa kaum präsent, weil es zwischen Ost und West kaum Probleme gab. Aber jetzt ist wieder eine Kluft da. Reflexartig lässt die Mitte immer öfter von sich hören.

Mitteleuropa wolle sich nicht für Ost oder West entscheiden, sagt Brix. Länder wie Österreich, Polen, Ungarn und Tschechien liegen zwischen Deutschland und Russland bzw. auf der Bruchlinie zwischen Ost und West. Sie hätten immer mit der Frage gerungen, ob sie eher dem einen oder doch dem anderen angehörten. Dazu käme noch, dass viele Mehrheiten und Minderheiten, Sprachgruppen und kulturelle und religiöse Entitäten so regiert hätten werden müssen, dass sie einander nicht an die Gurgel sprangen. Das „Managen" dieser zwei Klüfte, der einen extern, der anderen intern, sei eine historische Konstante in der gesamten Region. Das Habsburgerreich, ein riesiger Vielvölkerstaat mit Wien als Hauptstadt, habe diese Klüfte überwunden. Jahrhundertelang habe es viele Nationen mehr oder weniger friedlich unter einem Dach vereint.

Das Habsburgerreich sei ein Puffer in der Mitte gewesen, sagt Brix. „Reine Konfliktprävention. In gewisser Hinsicht versucht die EU das Gleiche. Die EU kämpft mit genau den gleichen Dilemmas wie die Habsburger. Alle damaligen Probleme bestehen auch heute noch. Intern rumort es in der Union. Länder werden selbstbewusster, Nationalismus kommt auf. Regionen fordern mehr Selbstverwaltung. Kulturelle und religiöse Meinungsverschiedenheiten werden verbissener. Siehe auch den Konflikt der Europäischen Union mit Polen und Ungarn über die europäischen Werte. Es wäre gut, wenn sich die Westeuropäer intensiver mit Mitteleuropa und dessen Geschichte auseinandersetzten. Sie können viel von den Habsburgern lernen, denn das Kaiserreich hatte genau die gleichen Probleme."

Das Habsburgerreich sei wegen ethnischer Unterschiede zerfallen, sagt er. *Identity Politics*. Die Habsburger hätten sich, genau wie die EU, ständig um ihr internes Gleichgewicht gekümmert. Während des Ersten Weltkriegs sei es nicht mehr gelungen, das Reich zusammenzuhalten. Der Krieg sei zwar nicht die Ursache gewesen, aber er hätte dem Reich sehr wohl den Todesstoß gegeben.

Die Habsburger hätten intern nie ein gutes Gleichgewicht zustande gebracht. Nicht, weil dies unmöglich gewesen wäre, oder weil sie es nicht versucht hätten. Vielmehr sei der Grund darin zu suchen, dass die Habsburger, wie die EU heute, nicht in einem Vakuum operierten. Der geopolitische Kontext veränderte sich ständig. Umliegende Länder änderten immer wieder ihre Haltung und Einstellung. Nahm das zaristische Russland einen bestimmten Standpunkt ein, bestand immer die Gefahr, dass die slawischen Völker im Kaiserreich davon beeinflusst wurden. Dies musste der Kaiser bei seiner Reaktion berücksichtigen. Was Deutschland tat oder nicht tat, hatte Auswirkungen auf die Deutschsprachigen im Habsburgerreich. Was sich außerhalb der Grenzen ereignete, brachte das interne Gleichgewicht ins Wanken. Heutzutage sei dies nicht anders. Italien und Ungarn wollen keine Sanktionen gegen Russland, aber Polen und die baltischen Staaten können die Russen nicht ausstehen. Auch während der Flüchtlingskrise, ein weiteres Ereignis von „außen", reagierten die EU-Länder sehr unterschiedlich.

„Der Kaiser", sagt Brix, „versuchte immer wieder, mit Anpassungen und Reformen die Stabilität wiederherzustellen. Dazu musste er trachten, die Zustimmung möglichst vieler Gruppen zu erhalten." Außenpolitik sei für die Habsburger oft Innenpolitik gewesen, und umgekehrt – in der EU sei dies nicht anders.

1806 hatten die Habsburger das Heilige Römische Reich verloren. Dadurch änderte sich die Beziehung zwischen den verschiedenen Sprachgruppen des Kaiserreichs. Die Deutschsprachigen wurden dominanter. Das machte die anderen sofort nervös. Sie wollten Kompensation. Auch das Entstehen der Doppelmonarchie mit

Ungarn zerstörte das Gleichgewicht: Dass die Ungarn 1867 plötzlich mehr Rechte und einen höheren Status erhielten, machte die anderen eifersüchtig. Das wollten sie natürlich auch. So verlangten die Völker bei jedem Anlass mehr Sprachrechte, religiöse Freiheit, Land oder Mitbestimmung. Der Kaiser begann oft damit, zunächst die größeren Nationen zufriedenzustellen. Danach bekamen die kleineren auch noch etwas. So drehte sich alles um Volksgruppen und um die Frage, wie diese weiterhin fair und friedvoll in einem großen multinationalen Reich zusammenleben konnten. Genau wie in der EU.

„Die Frage ist doch immer: Wie halten wir das alles zusammen?" meint Brix. „Wie sorgen wir dafür, dass jeder mehr oder weniger zufrieden bleibt? Wie viel politische, religiöse oder kulturelle Autonomie können wir den einzelnen Teilen geben, ohne dass das Ganze explodiert? Wir sehen gerade, wie ein singuläres Ereignis, wie der Brexit, die ganze europäische Ordnung durcheinanderbringt."

Vor dem Brexit gab es drei große Länder in der EU: Deutschland, Frankreich und das Vereinigte Königreich. Die Deutschen sind Legalisten, die Franzosen Etatisten. Die Briten sind Liberale. Diese drei kulturellen Strömungen prallten in Brüssel immer wieder aufeinander. Jetzt ist die liberale Betrachtungsweise weggefallen. Dadurch sind Frankreich und Deutschland verhältnismäßig mächtiger geworden. Wenn die beiden zusammen etwas wollen – wie den Corona-Wiederaufbaufonds –, dann ist es für kleinere Länder jetzt noch schwieriger, sich dem entgegenzustellen. Sie können höchstens Akzente setzen und Dinge abschwächen. Die kleinen liberalen Länder in Nordeuropa haben sofort eine Gruppe gebildet, um genau das zu tun, als Gegengewicht zu der stärkeren französisch-deutschen Achse. Auch die südlichen Länder treten vermehrt als Block auf, genauso wie Mitteleuropa. Österreich versucht sich manchmal in der Rolle des informellen Führers dieses Clubs.

Im Arbeitszimmer von Bundeskanzler Sebastian Kurz[3] hänge ein Kunstwerk. Es handelt sich um eine auf den Kopf gestellte Karte des alten Europas, auf der Symbole des neuen Europas eingezeichnet sind. Er sei sich der sich verschiebenden Machtverhältnisse am Kontinent und des Drucks von außen sehr bewusst. Kurz versuche sich immer mehr als neues Oberhaupt der konservativen Familie in Europa in Stellung zu bringen – eine Rolle, die Angela Merkel lange innegehabt habe. Dabei stütze sich der Kanzler, mehr als Merkel das je getan habe, stark auf Osteuropa.

Nicht nur der Brexit, auch Trump und Putin haben großen Einfluss auf die EU, sagt Brix. Man könne es mit dem damaligen Einfluss des Zaren und des deutschen Kaisers auf den habsburgischen Kaiser vergleichen. Der große Unterschied bestehe jedoch darin, dass die EU wenig Selbstvertrauen habe. Sie sei noch nicht so weit, sich als Machtfaktor zu sehen. „Wir sind Luftradler, wie Robert Musil einmal

---

3   Anmerkung des Verlages: Sebastian Kurz ist im Oktober 2021 vom Amt des Bundeskanzlers zurückgetreten.

schrieb: Wir treten in die Pedale und die Räder drehen sich in der Luft – aber wir kommen nicht weiter."

Manche sagen, dass es bei den Diskussionen in der EU immer mehr um Werte gehe. Ich frage Brix, ob er das auch so sehe.

Auch hier ist seine Antwort wieder: „Ach, das war doch früher auch der Fall."

Für Brix ist und bleibt die wichtigste Frage, damals wie heute, ob der Liberalismus eine Zukunft hat. Und wenn ja, wie weit er gehen kann. „Diese Frage wird immer zuerst in Mitteleuropa beantwortet. So war das Habsburgerreich am Ende ein einziges großes liberales Experiment. Vor 1914 gab es eine Phase starker Globalisierung. Aber das System konnte damit nicht umgehen. Es kamen zu viele Direktiven von oben. Es war zu dekadent. Aus den Provinzen gab es keine Unterstützung. Das ist eine Lektion für die EU. Das Funktionieren einer politischen Union in Europa, ist eine Illusion. Die Habsburger haben gezeigt, dass dies nicht möglich ist. Sie haben es versucht, und zwei Weltkriege waren die Folge."

Ob er damit nicht ein wenig übertreibe? Das sieht er nicht so. „Denn die Lektion lautet: Nationale politische Führer müssen Schritt halten können. Große Theorien funktionieren nicht. Dafür wird man nie alle gewinnen können. Das Einzige, was in einem Vielvölkerstaat oder einem komplexen Föderalsystem wie der EU funktioniert, ist *muddling through,* sich durchzuwurschteln, kleine Schritte zu setzen. Vorsichtig zu manövrieren. Große Schritte wie der Euro oder Schengen haben der EU bereits in vielen Ländern viele Sympathien gekostet."

Aber die Regierungschefs haben diese Schritte doch selbst gesetzt?

„Durchaus. Aber sie haben die eigene Bevölkerung nicht bzw. nicht genug eingebunden."

Viele haben doch gar nicht einmal versucht, die Bevölkerung einzubinden?

„Das stimmt. Aber das wussten wir von vornherein."

Warum wird die EU aus Ihrer Sicht nie eine liberale Gesellschaft?

„Weil nicht alle Teile bereit dafür sind. Vergessen Sie bitte nicht: Die Ideale der Französischen Revolution, Freiheit, Gleichheit und Brüderlichkeit, haben diese Region kaum erreicht. In ganz Mitteleuropa gibt es genau eine Statue von Napoleon: in Ljubljana. Napoleon hatte den Slowenen Freiheit versprochen, aber er hat sie ihnen nie gegeben. Was in diesem Teil Europas zählt, sind Traditionen. Aus diesen Traditionen heraus versucht man miteinander zusammenzuleben, so gut und so schlecht, wie es eben geht. Nun könnte man sagen: Hier spricht ein typischer Vertreter des konservativen Mitteleuropas. Aber Achtung: Auch in Westeuropa verliert die Französische Revolution hier und dort an Glanz. Westeuropäer sind frei und sie sind vielleicht auch Brüder, aber an der ‚Gleichheit' hapert es in den letzten Jahren immer mehr."

Sie klingen nicht besonders zuversichtlich. Endet die EU wie das Habsburgerreich?

„Nein. Ich denke nicht, dass die EU zerfällt. Was Habsburg Probleme bereitete, war die Tatsache, dass das Zentrum in Wien dem Rest seine Politik auferlegte. Das Korsett war zu eng. In der EU ist es etwas weniger eng. Brüssel gelingt es nicht, eine stark zentralistische Politik durchzusetzen, die für alle Regionen, Städte, Länder und religiösen Gruppen akzeptabel ist. Für die EU ist es entscheidend, dass sie keine *deutsche* EU werden darf. Die deutsche Dominanz und die Abneigung dagegen waren immer wichtige Themen in Europa. Das war immer eines der zentralen Probleme in Mitteleuropa. Schon zu Zeiten der Habsburger. Damals waren viele Bürger der Meinung, dass die Deutschsprachigen mehr Rechte hätten als sie. Die Deutschsprachigen beherrschten beispielsweise den Staatsapparat. Personen mit einer slawischen Muttersprache fühlten sich immer als Bürger zweiter Klasse. Dieses Gefühl haben Mitteleuropäer schnell: dass jeder ihnen eins auswischen will, dass jeder sie benachteiligt. Es herrscht hier eine starke Opfermentalität."

Sind Mitteleuropäer schnell beleidigt?

„Opfermythen halten sich hier hartnäckig. Das macht die Minderheitenproblematik so mühsam. Das Habsburgerreich gibt es schon seit hundert Jahren nicht mehr, aber Ungarn sagen immer noch schnell: ‚Österreich will uns beherrschen.' Österreicher dagegen sind mit der genau umgekehrten Vorstellung aufgewachsen, nämlich dass die Ungarn in der Doppelmonarchie immer ihren Willen durchsetzten. Diese Reflexe verschwinden nicht. Wenn die EU ehemalige Ostblockländer kritisiert, steigen die Menschen gleich auf die Barrikaden; es erinnert sie an die kommunistische Zeit, an die verhassten Ukasse aus Moskau. Als wäre Brüssel Moskau. Das ist etwas, worüber wir uns in der EU Sorgen machen sollten."

Polen und Ungarn verwenden dieses Argument auch.

„Ja, und am Ende des Tages sieht man sich mit politischen Problemen konfrontiert, für die es keine Lösung gibt."

Und wie geht es dann weiter?

„Es ist interessant zu beobachten, wie die EU damit umgeht: Sie spielt den Ball den Gerichten zu. Die Habsburger haben genau das Gleiche gemacht. Als die Rechte der Sprachgruppen strittig waren oder andere politisch wichtige Themen an die Öffentlichkeit traten, schalteten die Habsburger die Richter ein. Es gab drei Höchstgerichte in Wien, die sich mit Fragen beschäftigten, für die es keine politische Lösung gab. In der EU ging die Kommission vor Gericht, als sich die Visegrád-Länder weigerten, Flüchtlingsquoten zu akzeptieren. Ob diese Vorgangsweise schließlich etwas bringt, weiß ich nicht. Aber man gewinnt Zeit. Das ist wichtig."

Sie waren Botschafter in Moskau. Welche Rolle spielt Russland beim Comeback von „Mitteleuropa"?

„Russland ist ein Nachbarland der EU. Die beiden haben eine völlig unterschiedliche Auffassung von Außenpolitik. In Moskau nähert man sich der Außenpolitik, und vor allem der Europapolitik, aus einer historischen Perspektive. Das beginnt bei der Invasion der Mongolen und geht über den Wiener Kongress, die Nazi-Offensive und die amerikanische NATO-Bedrohung während des Kalten Krieges bis in die Gegenwart. Die Vergangenheit bestimmt die heutige russische Europapolitik. Brüssel schaut auf Ziele und konkrete Projekte, um den Konflikt mit Russland zu lösen. Da spielt die Geschichte kaum eine Rolle. Vielleicht ist das auch gut so. Aber viele Mitteleuropäer wollen oder können nicht zwischen Russland und der EU wählen. Bei einem Konflikt sind wir mittendrin. Wir verstehen die Russen durchaus. Wir hier denken auch ein wenig so."

Präsident Putin tanzte auf der Hochzeit einer österreichischen Ministerin. Österreich verwies nach der Skripal-Affäre keine russischen Diplomaten des Landes. Als Sebastian Kurz gerade Kanzler geworden war, reiste er mit der Hälfte der Regierung nach Moskau. Sind die Beziehungen zu Russland nicht etwas zu herzlich?

„Uns hat schon immer ein besonderes Band mit Russland verbunden. Immer wenn ein Konflikt mit Russland droht, treten die Österreicher für eine diplomatische Lösung ein. Sonst, so befürchten wir, komme es zum Krieg. Die Diplomatische Akademie in Wien ist nicht umsonst die älteste der Welt. Auch ist es kein Zufall, dass die europäischen Großmächte, darunter Russland, den historischen Kongress über den Frieden am europäischen Kontinent 1814–1815 in Wien abhielten. Wir mögen keine extremen Standpunkte. Wenn andere welche einnehmen, versuchen wir, sie miteinander zu versöhnen."

Ihr Land ist seit dem Zweiten Weltkrieg neutral.

„Ja. Und dieser Zustand ist nach wie vor perfekt für uns."

VI

Dann und wann hört man, dass Europa erst seit Kurzem wieder Geopolitik betreibe. Notgedrungen. Früher erledigten die Amerikaner und die Russen das für uns, wie auch Brix meint. Jetzt, da die Amerikaner von den Chinesen und nicht mehr von den Russen besessen seien, stehen wir immer öfter alleine da.

Aber stimmt das denn? Gab es nicht schon immer mitten in Europa ein ausgewachsenes geopolitisches Dilemma? Und fällt uns dies erst jetzt wieder auf? Der französische Kulturwissenschaftler Jacques Le Rider schrieb einmal dazu: „Ever since the collapse of the Austro-Hungarian Empire in 1918, Eastern Europe has been an economic and power vacuum waiting to be filled, formerly by German and/or Russia, but since 1989 by Germany and/or the EU. This is almost a law of physics. Nature abhors a vacuum. The most likely outcome is German domination under EU auspices."

Das ist schön formuliert. Der britische Geograph und Lehrer James Fairgrave erfand zu Beginn des vorigen Jahrhunderts für dieses Vakuum in der Mitte von Europa einen noch besseren Begriff. Er nannte es *Crush Zone*. Ein umkämpfter, zentraler Ort in der politischen Geographie, an dem Großmächte immer wieder aufeinanderprallen – etwas, das nur die stärkste politische Einheit lange überleben kann.

Kapitel 4

No other part of Europe faces as many enemies.

Graf RAIMONDO MONTECUCCOLI (habsburgischer General) in *Austria's Wars of Emergence*, Michael Hochedlinger (2003)

I

Es mutet fast klischeehaft an, aus *Die Welt von Gestern* zu zitieren. Die Autobiografie von Stefan Zweig erschien 1942, in jenem Jahr, in dem der Autor und seine Frau Selbstmord begingen. Zweig ist in letzter Zeit wieder en vogue. Manch düsteres Essay oder Buch über die Zukunft Europas (oder über das Fehlen einer solchen) beginnt heutzutage mit einem pointierten Zitat aus seinen Büchern, vor allem in Bezug auf die 1930er Jahre.

Rechte Populisten sind, heute genauso wie damals, Meister darin, den Menschen Angst zu machen und unabhängige Institutionen und die Elite anzugreifen. Sie stellen den Anspruch, für „das Volk" zu sprechen. In sozialen Medien werfen meist anonyme Typen auch mir regelmäßig vor, dass ich eine „Verräterin" sei – Worte, die auch damals verwendet wurden.

Zweig, der 1881 im habsburgischen Wien geboren wurde, erlebte nahezu jede Katastrophe, die das 20. Jahrhundert zu bieten hatte. Wenn man seine Texte liest, stechen einem die gesellschaftlichen und politischen Parallelen zwischen der Zwischenkriegszeit und heute sofort ins Auge. Sogar die Lösungen, die Zweig als „Gegengift" gegen Defätismus, Misstrauen und (Massen-) Hysterie vorschlägt, kommen uns bekannt vor: Austausch von Studierenden, eine gesamteuropäische Zeitung oder ein europäischer Faktenchecker, der Unsinn und Lügen in den Medien aufspürt und widerlegt. Wenn man das liest, fragt man sich unweigerlich sofort: Ist das nicht genau das, was in den letzten Jahrzehnten auf die Beine gestellt wurde?

Erasmus zum Beispiel, das Austauschprogramm für Studierende, ist eine der besten Initiativen, die die EU jemals ins Leben gerufen hat. Und für Menschen, die nicht nur die nationale Interpretation der Brüsseler Diskussionen hören wollen, sondern auch jene von Rom oder Stockholm, bestehen Online-Publikationen wie Euractiv, Politico oder EUobserver. Sogar der Euro hat seine eigene „Zeitung", eurointelligence.com, mit täglich aktualisierten Links zu Artikeln auf Spanisch, Deutsch und manchmal sogar Niederländisch. Zweigs dritte Idee, ein Faktenchecker, der Fehler in den Medien korrigieren soll, besteht ebenfalls. StratCom, angesiedelt beim Europäischen Auswärtigen Dienst, hat so viel Arbeit, dass das Personal schon mehrmals aufgestockt wurde.

Aber was mich bei Zweig noch mehr berührt, ist die Art und Weise, wie er die Welt beschreibt, bevor sie sich zu verändern begann. Es war die Zeit vor dem Ersten Weltkrieg. Er nennt sie „das goldene Zeitalter der Sicherheit".

Auf der ersten Seite seiner Memoiren schreibt er: „Alles in unserer fast tausendjährigen österreichischen Monarchie schien auf Dauer gegründet und der Staat selbst der oberste Garant dieser Beständigkeit. […] Jeder wußte, wieviel er besaß oder wieviel ihm zukam, was erlaubt und was verboten war. Alles hatte seine Norm, sein bestimmtes Maß und Gewicht. Wer ein Vermögen besaß konnte genau errechnen, wieviel an Zinsen es alljährlich zubrachte, der Beamte, der Offizier wiederum fand im Kalender verläßlich das Jahr, in dem er avancieren werde und in dem er in Pension gehen würde. Jede Familie hatte ihr bestimmtes Budget, sie wußte, wieviel sie zu verbrauchen hatte für Wohnen und Essen, für Sommerreise und Repräsentation, außerdem war unweigerlich ein kleiner Betrag sorgsam für Unvorhergesehenes, für Krankheit und Arzt bereitgestellt. Wer ein Haus besaß, betrachtete es als sichere Heimstatt für Kinder und Enkel, Hof und Geschäft vererbte sich von Geschlecht zu Geschlecht; während ein Säugling noch in der Wiege lag, legte man in der Sparbüchse oder der Sparkasse bereits einen ersten Obolus für den Lebensweg zurecht, eine kleine ‚Reserve' für die Zukunft. Alles stand in diesem weiten Reiche fest und unverrückbar an seiner Stelle und an der höchsten der greise Kaiser; aber sollte er sterben, so wußte man (oder meinte man), würde ein anderer kommen und nichts sich ändern in der wohlberechneten Ordnung. Niemand glaubte an Kriege, an Revolutionen und Umstürze. Alles Radikale, alles Gewaltsame schien bereits unmöglich in einem Zeitalter der Vernunft."

Das ist es, was ich bei Zweig vor allem wiedererkenne. Weil auch ich in genau so einer Welt aufgewachsen bin. In einer Welt, in der man sich sicher fühlte. In der man Dinge planen konnte. In der man dachte, dass es den Kindern genauso gut wie einem selbst oder sogar besser gehen würde. Es gab ein allumfassendes, von der Geschichte in die ferne Zukunft reichendes System. Die Gegenwart war nur eine Phase.

Diese Unbedarftheit ist ein gefährliches Mindset. Wer so denkt, ist verwundbar. Zweig skizzierte ein 19. Jahrhundert, das davon überzeugt war, dass es auf dem einzigen, direkten Weg zur besten aller Welten unterwegs wäre. Die Menschen blickten mit einer gewissen Überheblichkeit auf eine Vergangenheit voller Kriege, Hungersnöte und Revolutionen zurück. Das sei eine Zeit gewesen, in der die Menschheit noch nicht erwachsen, noch nicht genügend „aufgeklärt" gewesen sei. Die Menschen hätten mehr an den Fortschritt als an die Bibel geglaubt.

Aber eines Tages sei das Wort „Sicherheit" urplötzlich aus unserem Vokabular gestrichen worden. Als ob es nur eine geisterhafte Erscheinung gewesen wäre. Wir belächelten die optimistischen Wahnbilder einer Generation, die voller Idealismus gewesen sei, die gedacht habe, dass technologischer Fortschritt für die Menschheit unvermeidlich in eine ebenso schnelle moralische Erhebung münden würde.

Was er damit eigentlich sagt: Friede und Sicherheit haben uns eingelullt. Es ist nicht nur so, dass wir den Faschismus nicht mehr als solchen erkennen. Wir kennen *uns selbst* nicht mehr gut – den Menschen und was ihn antreibt.

Genau das ist wahrscheinlich die Parallele zu unserer Zeit. Nach dem Zweiten Weltkrieg verabschiedete sich Europa aus der Geschichte. Der Kontinent lag in Trümmern. Die Amerikaner übernahmen unsere Geopolitik. Unter dem Schutz ihres Sicherheitsschirmes, in ihrem Windschatten, leckten wir unsere Wunden. Wir bauten unsere Sozialstaaten auf und versuchten, bessere Menschen zu werden. Nach dem Mauerfall dachten wir, dass der Rest der Welt so werden würde wie wir. Dass Zivilisation und der Fortschritt ein linearer Prozess wären, den nun auch andere durchlaufen würden.

Was wir jetzt erleben, ähnelt dem, was 1914 geschah: die Erkenntnis, dass das schlichtweg nicht stimmt. Dass wir naiv waren. Dass wir uns selbst nicht mehr richtig kennen.

II

Aber warum war das Leben im Habsburgerreich relativ sicher und vorhersagbar? Um diese Frage zu beantworten, lohnt sich ein Blick in das 18. Jahrhundert. Damals legte Kaiserin Maria Theresia, die große Reformerin, den Grundstein für die letzten rund anderthalb Jahrhunderte des Kaiserreichs.

Maria Theresia wurde 1717 geboren und bestieg 1740 den Thron. Ihr Vater, Karl VI., starb überraschend. Männliche Nachfolger gab es nicht. Maria Theresia wurde nie offiziell zur Kaiserin gekrönt, um niemanden vor den Kopf zu stoßen – sie war ja schließlich eine Frau. Sie war jedoch Königin von Ungarn und Böhmen. Aber ein habsburgischer Kaiser war in dieser Zeit zugleich auch Kaiser des Heiligen Römischen Reiches, eines losen, aber prestigeträchtigen Verbands von Fürstentümern, Bistümern und Stadtstaaten. Auch dafür fand man eine Lösung: Ihr Mann, Franz Stephan von Lothringen, übernahm den Kaisertitel. So war seine Ehre als „der Mann von" gerettet, und ihr Status als Regentin über das Habsburgerreich blieb unangetastet – es blieb alles in der Familie. Maria Theresia und Franz Stephan bekamen innerhalb von 19 Jahren 16 Kinder. Einige davon starben. Eine der Überlebenden war Maria Antonia, die später als Marie-Antoinette den französischen König heiraten und am Schafott enden würde.

Maria Theresia erbte ein ziemlich solides Kaiserreich im Herzen Europas. Es war nach endlosen Kriegen zu einem der Pfeiler der europäischen politischen Ordnung geworden. Es war bereits die Rede von der „österreichischen Notwendigkeit": einem mächtigen Bund zwischen Krone, Aristokratie und katholischer Kirche. Würde das Habsburgerreich plötzlich verschwinden, entstünde ein gefährliches geopolitisches Vakuum in Europa. Aus diesem Grund hatten umgebende Rivalen wie der Sultan und der Zar Interesse daran, dass das Reich zwar nicht allzu stark war, aber zugleich doch mehr oder weniger stabil blieb. Sonst liefen sie Gefahr, in dieses Vakuum hineingezogen zu werden.

Die Kaiserin nutzte diese „Notwendigkeit" dankbar. Sie verachtete den Krieg sehr, auch wenn sie dann und wann selbst einen führte. Viel lieber schloss sie aber Pakte mit den sie umringenden Mächten, mit den großen und mit den kleinen. Eine ihrer bewährten Methoden waren die Eheschließungen ihrer Töchter und Nichten. Die Verehelichung von Marie-Antoinette war eine strategische Meisterleistung: Auf diese Weise brauchten die Habsburger vorläufig keinen Krieg mehr gegen ihren Erzfeind Frankreich zu führen. Auf dieselbe Art und Weise fiel den Habsburgern manches Land in den Schoss – in Spanien z.B. und in Italien –, ohne dass sie dafür auch nur einen Schuss abfeuern mussten. Maria Theresias Motto war *Bella gerant alii; tu, felix Austria, nube:* „Lass' die anderen nur Krieg führen; Du, glückliches Österreich, heirate!"

Maria Theresia war keine Vertreterin der Aufklärung. Ganz bestimmt nicht! Sie war eine altmodische, konservative Katholikin. Die Idee von Freiheit, Gleichheit und Brüderlichkeit war ihr absolut fremd. Was sie sich wünschte, waren Ordnung und mehr interner Zusammenhalt. Das Reich war noch mittelalterlich organisiert. Durch die barocke Verschwendungssucht ihrer Vorgänger waren die Kassen fast leer. Und die Loyalität ihrer Untertanen war durch mehrere Kriege stark auf die Probe gestellt worden. Kriege, so lernte Maria Theresia daraus, können für ein multinationales Reich gefährlich sein: Bei jeder Auseinandersetzung mit Außenstehenden werden die Loyalitäten *innerhalb* des Reiches ebenfalls auf die Probe gestellt. Manche Völker hatten schließlich eine Affinität zu Völkern auf der anderen Seite der Grenze – aufgrund gemeinsamer Interessen, alter Bande oder weil sie dieselbe Religion hatten oder dieselbe Sprache sprachen. Deutschsprachige, Slawen oder Italiener: Alle reagierten stets unterschiedlich auf Erschütterungen von außerhalb.

Eine Lektion, die wir in der EU im 21. Jahrhundert auch wieder lernen.

Die Kaiserin ging davon aus, dass Untertanen loyal sein würden, wenn man ihnen ein gutes Leben bot. „Wir sind in dieser Welt, um anderen Gutes zu tun" ermahnte sie ihre Tochter Marie-Antoinette. Die Aufgabe der Tochter sei „eine der größten, wir sind nicht für uns selbst da und um uns zu amüsieren".

In Versailles hat man diesen Rat, wie wir wissen, nicht wirklich ernst genommen. Maria Theresia aber versuchte, aus dem Habsburgerreich eine Art Sozialstaat *avant la lettre* zu machen. Sie holte sich für die Umgestaltung des Reiches in eine moderne, reibungslos funktionierende Bürokratie Hilfe von Experten aus ganz Europa. Viele Österreicher, aber auch Menschen aus anderen Nationen, sind ihr bis heute dafür dankbar. Maria Theresia führte als erste die Schulpflicht ein, gründete Berufslehrgänge und Universitäten, ein Steuersystem und ein Kataster. Alle Straßen im Habsburgerreich erhielten einen Namen. Alle Häuser erhielten eine Hausnummer. Sie gründete das Geheime Hausarchiv, in dem fortan alle wichtigen Dokumente des Reiches aufbewahrt wurden. Das Archiv existiert bis heute. Die bis dahin bestehende Verwaltung wurde über den Haufen geworfen, komplett neu organisiert und vereinheitlicht – mit Regeln, Normen, einer Finanzaufsicht etc. Es wurden Richtlinien für Bewerbungen und die Gewährung freier Tage beim Heer eingeführt. Unabhängige Gerichte wurden eingesetzt, Bibliotheken wurden gegründet, es gab Volkszählungen und es wurde eine ganze Reihe von Gesetzen für alle möglichen Bereiche erlassen.

Religiöse Toleranz hingegen empfand die Kaiserin eindeutig als weniger wichtig. In bestimmten Provinzen ließ sie Protestanten, die sich weigerten, zum Katholizismus zu konvertieren, nach Siebenbürgen – dem heutigen Rumänien – deportieren. Juden mussten einen Bart tragen. Wenn sie sich doch rasierten, wurde eine Strafe verhängt. Reichen Juden aus dem östlichen Galizien, die manchmal keine Familiennamen hatten, ließ sie Namen von Edelsteinen geben. Arme galizische Juden dagegen wurden nach Farben benannt – so kamen die Vorfahren von Joseph Roth also zu ihrem Familiennamen.

Maria Theresias Sohn, Joseph II., war in dieser Hinsicht wesentlich flexibler. Er war ein radikaler Reformer als seine Mutter. Er trennte Kirche und Staat, konnte seine Mutter davon überzeugen, die Folter abzuschaffen und brachte nach ihrem Tod viele Dinge zu Ende, die sie nur halb oder nicht gut erledigen hatte können.

Als es Ende des 18. Jahrhunderts in Frankreich zur Revolution kam, strotzte das Habsburgerreich vor Gesundheit. Es war gesünder denn je und vermutlich gesünder, als es jemals sein würde. Es sei, so der Habsburg-Historiker Robin Okey, eine seltsame Mischung aus Autoritarismus und Wohlwollen gewesen.

Ein Jahrhundert später, Ende des 19. Jahrhunderts, war die habsburgische Verwaltung so stark, dass sie im Grunde genommen das ganze Reich aufrechterhielt. Bis dahin hatte die Politik immer die Beamten gesteuert. Aber jetzt wurde die politische Steuerung immer schwieriger, da die verschiedenen Sprachgruppen und Völker mächtiger und selbstbewusster wurden. Es waren Beamte, die den Laden zusammenhielten.

III

Natürlich nehmen die Österreicher den 300. Geburtstag Maria Theresias zum Anlass, um sich ordentlich ins Zeug zu legen. Sie organisieren nicht weniger als vier Ausstellungen über die Kaiserin. Drei davon sind vor allem für Touristen interessant. Viele Gemälde der Kaiserin mit ihrer Familie, viel Maria-Theresia-Rokoko, leicht verständliche Infos über ihre Allianzen und ihr außenpolitisches Prestige sowie Pläne und Modelle von Schloss Schönbrunn, das sie bauen ließ. In den Stallungen von Schönbrunn sind die Kutschen der Kaiserin ausgestellt, mit lebensgroßen Pferdefiguren davor und verkleideten Puppen darin – das übliche habsburgische Theater, das die Österreicher so gut beherrschen.

Die vierte Ausstellung wird wahrscheinlich am wenigsten besucht, denn dazu muss man die Stadt verlassen. Aber sie ist auch die interessanteste: eine Ausstellung über Modernisierung und Reformen.

Schloss Niederweiden liegt in einer flachen, windigen Landschaft, etwa eine halbe Stunde außerhalb von Wien, nahe an der Grenze zur Slowakei. Es hat nur wenig Österreichisches an sich und ähnelt mehr einem groß geratenen Landhaus in der Normandie. Maria Theresia und ihr Mann verwendeten Niederweiden manchmal als Jagdschloss. Es ist niemand im Gebäude, als ich eintrete. Im Parterre befindet sich ein kleines Café mit Aussicht auf einen Garten voller akkurat gestutzter Hecken. Es duftet nach Apfelstrudel.

Oben gehe ich durch frisch restaurierte Säle voller Dokumente, die den Beginn der habsburgischen Bürokratie markieren. Schon alleine zum Thema Bildung gibt es mehrere Säle. Die Statuen des Theresianums, des bis heute prestigeträchtigsten deutschsprachigen Gymnasiums in Wien – die Kinder unserer Nachbarn besuchen es. Die ersten Lesetafeln und Rechenbücher, die in den Volksschulen verwendet wurden. Instruktionen für die Lehrer. Ein handgeschriebener Brief, mit dem die Kaiserin den ersten Leiter der nagelneuen Militärakademie ernennt. Die Statuen der allerersten Kunstakademie. Porträts jener Niederländer, die die Kaiserin eigens mit der Aufgabe nach Wien holte, das Bildungssystem für sie auf die Beine zu stellen – Gerard van Swieten, der für die Universität zuständig war, Nikolaus von Jacquin, der den botanischen Garten entwarf. Reden, Urkunden. Und so weiter und so fort.

Wir wuchsen mit dieser Art von Institutionen auf. Wir haben ihre Existenz nie hinterfragt, sie waren einfach schon immer da. Aber hier laufe ich buchstäblich an ihrem Entstehungspunkt vorbei, das knarrende Parkett von Schloss Niederweiden unter meinen Füßen. Die Fensterläden sind geschlossen, damit das Tageslicht den Dokumenten nichts anhaben kann.

In einem anderen Saal ist eine komplette Diskussion dokumentiert, die am Ende des 18. Jahrhunderts in Bezug auf die Folter geführt wurde. Maria Theresia hatte sie anfangs erlaubt, wenn auch mit Einschränkungen. Letzteres bedeutete vor allem: Regeln. Eine Inspektion. Zum ersten Mal. Willkür wurde durch Dokumentation ersetzt. So wissen wir jetzt, wie ein Verbrecher namens Franz Sachs an drei aufeinander folgenden Tagen gefoltert wurde: Zunächst wurden ihm Daumschrauben angelegt. Dann fand die sogenannte Schnürung statt, bei der seine Knochen mit einem Seil gebrochen wurden. Schließlich kam es zum *Strappado,* bei dem Sachs an den Handgelenken, die ihm auf dem Rücken zusammengebunden worden waren, an die Decke gehängt wurde. Alles wurde genau notiert. Anlässlich dieses Berichts über Sachs drängten Maria Theresias Sohn und der als „Folterarzt" tätige Ferdinand Joseph Leber die Kaiserin, die Folter ganz abzuschaffen. Teile dieser Diskussion können hier ganz einfach nachgelesen werden. So gut wurde das Habsburgerreich dokumentiert. Schließlich gab Maria Theresia nach. Am 2. Jänner 1776 erging ein kaiserlicher Erlass, mit dem die Folter nach dem Beispiel einiger anderer Länder im Habsburgerreich bedingungslos verboten wurde.

Die Ausstellung weckt in mir ein mildes Erstaunen und gleichzeitig eine unverblümte Bewunderung: Dass diese Frau das alles ganz alleine in Gang zu setzen vermochte! Solch ein vorausschauender Blick, solch eine moderne Führung! Jeder Saal legt Zeugnis davon ab: die Umgestaltung des regionalen Steuersystems in ein zentrales System, die Einführung von Papiergeld und die Gründung der ersten Zentralbank, veterinärmedizinische Regeln plus Kontrollen.

Auf dem Heimweg wird mir langsam bewusst, dass der Kontrast zwischen der Art und Weise, wie die Österreicher über die habsburgische Bürokratie reden, und

jener, wie sie über die EU sprechen, nicht größer sein könnte. Die eine wird beju-
belt, die andere verteufelt.

IV

Zurück von Schloss Niederweiden lässt mich der Vergleich beider Bürokratien
nicht los. Ich recherchiere mal einige Zahlen.

Österreich verzeichnet laut Eurostat, dem Statistischen Amt der Europäischen
Union, 384.000 Beamte. Diese Daten werden Eurostat von den nationalen
statistischen Ämtern zur Verfügung gestellt.

1870 beschäftige das Habsburgerreich 100.000 Beamte. 1910 waren es 400.000,
Soldaten nicht eingerechnet.

Die Europäische Kommission beschäftigt etwa 26.000 Menschen, auch „Eurokraten" genannt (früher ein Schimpfwort, jetzt ein ziemlich eingebürgerter Begriff).
Wenn man hier noch die temporär Entsandten dazuzählt, kommt man auf etwa
30.000. Zählt man auch das Europäische Parlament und den Rat dazu, kommt man
auf 43.000 Personen.

Schon alleine beim niederländischen Finanzamt arbeiten mehr Beamte als bei
der Europäischen Kommission: 35.000 an der Zahl.

Sieht man sich also diese Zahlen an, ist es – vorsichtig formuliert – eher merkwürdig, dass wir – Niederländer, Österreicher – die europäische Beamtenschaft als
eine Art Riesenkrake betrachten, die dabei ist, uns zu ersticken.

V

Einige Tage später bin ich in Wien mit einem Beamten zum Mittagessen verabredet. Wir treffen einander im Griensteidl, einem klassischen Kaffeehaus am Micha-
elerplatz im Herzen der Stadt. Vom Griensteidl aus sieht man die Hofburg, die alte
kaiserliche Residenz. Hinter einem der oberen Fenster sei das Schlafzimmer von
Kaiser Franz Joseph gewesen, so die Legende. Eines Morgens im Jahr 1911 oder 1912
habe er die Vorhänge auf- und auch gleich wieder zugezogen. Der einen Version der
Geschichte zufolge habe er ein anderes Schlafzimmer verlangt, laut einer anderen
Version habe er nur befohlen, die Vorhänge von nun an immer geschlossen zu lassen.
Wie dem auch sei, er hätte nie mehr dieses „scheußliche" Gebäude sehen wollen.
Direkt gegenüber von seinem Fenster, neben dem Café Griensteidl, das es damals
schon gab, stand nämlich ein Gebäude des Architekten Adolf Loos. Loos hatte sich
vom amerikanischen Modernismus inspirieren lassen. Das Gebäude, das er für zwei
erfolgreiche Schneider entworfen hatte, wies strenge, gerade Linien auf und nicht

jene kleinen barocken, geschwungenen Balkone oder sonstige Verzierungen, die
überall anders zu sehen waren. Auch diese schnörkeligen Stuckornamente um die
Fenster fehlten. Der Kaiser sprach immer von einem „Haus ohne Augenbrauen".
Später wurde es eine Bank, die Raiffeisen. Jetzt befindet sich darin ein Souvenir-
geschäft für Touristen.

Wie auch immer. Ich sitze mit dem Beamten im Café Griensteidl. Wir essen das
Tagesmenü als „Seniorenportion" – eine geniale Erfindung, die man anscheinend
auch in Italien unter dem Namen *mezza porzione* kennt – eine halbe Portion zum
halben Preis. Wir sprechen über Migration und die Brüsseler Bürokratie.

Österreich sei in der Europäischen Union reich geworden. Laut der Wirtschafts-
kammer, der mächtigen Unternehmenslobby des Landes, wäre das Einkommen
des Durchschnittsösterreichers ohne die EU um 7000 Euro niedriger. Pro Jahr, so
meinen sie, schaffe die EU-Mitgliedschaft 18.500 zusätzliche Arbeitsplätze. Ich frage
mich oft, wie man solche Dinge berechnen kann – der Vergleich bleibt hypothetisch.
Aber im Falle Österreichs glaube ich es ohne weiteres. Das Land liegt so zentral in
Europa, dass man den Mehrwert dieser Mitgliedschaft buchstäblich auf der Straße
sehen kann. Hier und in den umliegenden Ländern. Die Mauer war 1989 kaum ge-

fallen, da schwärmten alle Nowaks, Nagys, Horvaths und Jankowitschs, die schon seit der Zeit der Habsburger in Österreich wohnten, nach ganz Osteuropa aus, um dort Geschäfte zu machen. Ihnen folgten die Brauns, Hofers und Pichlers. Als ob es immer noch „ihr" Reich gewesen wäre. Als ob sich nie etwas geändert hätte.

Und in einer gewissen Weise hatten sich manche Dinge auch tatsächlich nicht geändert. Manche sprachen die Sprache noch. Andere hatten entfernte Familienbande. Für die meisten war der Fall der Mauer ein geschäftlicher Glücksfall. Österreicher kauften halb Osteuropa zum Schnäppchenpreis auf. Auch begleiteten sie als Vermittler Westeuropäer und Amerikaner, die dort den Markt erkunden wollten. Aber es funktionierte auch in die andere Richtung: Österreicher halfen Osteuropäern bei ihren geschäftlichen Wegen nach Westeuropa. Auch machen viele Betriebe in Österreich, das keinen Mindestlohn kennt, seit 1989 dankbar Gebrauch vom Zustrom billiger Arbeitskräfte aus dem Osten und Süden. Schengen und der Euro erleichtern den grenzüberschreitenden Verkehr. Wer in Ljubljana oder Bratislava auf der Straße unterwegs ist, sieht viele österreichische Geschäfte und Banken. Die Tankstellen gehören alle der OMV, Österreichs Öl- und Gas-Multi. Die österreichische Supermarktkette Billa macht heutzutage vor allem in Osteuropa Gewinne, während Filialen in Italien geschlossen werden, weil dort Verluste gemacht werden. Als Russland die Krim besetzte, war einer der größten ausländischen Geschädigten eine österreichische Bank. Die hatte dort mehr als zwanzig Zweigstellen.

Und der Beamte, mit dem ich nun zu Mittag esse, sagt in aller Seelenruhe: „Wenn Italien noch mehr Migranten über den Brennerpass schickt, müssen wir den Brenner schließen."

Das wäre das Ende von Schengen, sage ich.

Er nippt an seinem Wein und sagt: „Das denke ich auch."

Ich werfe ein, dass Österreich auch einfach beschließen könnte, den Brenner nicht zu schließen, eben weil so viel auf dem Spiel stehe.

Darauf hat er keine Antwort. Stattdessen beginnt er darüber zu erzählen, wie schön Stefan Zweig seinerzeit beschrieb, dass damals jeder gespürt habe, dass die bestehende Ordnung sich bald ändern könnte. Zweig habe gewusst, dass es nach der Ermordung Franz Ferdinands in Sarajevo zum Krieg kommen würde. Jeder habe das gewusst. Dennoch sei er im Sommer 1914 auf Urlaub nach Ostende gefahren. Als das Schießen begonnen habe, habe er zusammen mit intellektuellen Freunden aus ganz Europa in der Nordsee gebadet.

„Wir sind ein wenig wie Zweig", sagt der Beamte nachdenklich. „Man weiß, was geschehen kann. Aber irgendwie geht man weiterhin davon aus, dass es nicht eintritt."

Wäre die österreichische Regierung wirklich dazu bereit, alles aufs Spiel zu setzen, damit der konservative Politiker Sebastian Kurz für die kommende Wahl seinen

Ruf als harter Bekämpfer der Migration festigen kann? Die meisten Flüchtlinge und Migranten kämen doch über andere Routen nach Österreich? Fast niemand käme doch über den Brenner?

„Tja." sagt der Beamte ausweichend. „Hoffen wir, dass es nicht soweit kommt." Aber er ist auf Konfrontation aus. Bei einem *Kleinen Braunen* wütet er auch eine Weile gegen die Brüsseler Bürokratie. Die sei viel zu groß und zu teuer, sagt er. Was das betrifft, könne sich Österreich ganz gut mit den Standpunkten nördlicher Länder identifizieren, wie jenem der Niederlande, die sich dem entgegenstellen wollen. Weniger Bürokratie, sagt er, wäre schön. Jedes Mal, wenn er mit Brüssel Kontakt habe, z. B. weil Österreich etwas in Osteuropa organisieren will, werde er von Pontius zu Pilatus geschickt. Vom einen Bürokraten zum nächsten. Nie gebe es eine schnelle Entscheidung, beklagt er sich, man werde von einem Ausschuss zum nächsten Arbeitskreis weitergereicht. Dort säßen brillante Köpfe, die eine sehr schwere Zulassungsprüfung absolviert hätten, die nur ein bis zwei Prozent der Kandidaten bestänen. Aber brillant hin oder her, niemand fühle sich zuständig. Alles dauere endlos lange. „Genau genommen ist die EU eine Art Kakanien."

„Das Kakanien von Musil?" frage ich. Dies wird mit Abstand das literarischste Mittagessen, das ich je hatte.

Er zitiert Musil auswendig. „Ja, möglicherweise war Kakanien trotz allem, was in eine andere Richtung zu weisen scheint, ein Haus der Vernunft; und das war, wahrscheinlich, auch dessen Untergang."

Wo wir schon über Bürokratie reden, werfe ich ein, dass ich vor Kurzem in einer Ausstellung über Maria Theresia war, in Schloss Niederweiden.

„Extrem gute Ausstellung!" ruft er ohne jegliche Ironie.

VI

Es gibt ein altes, vergilbtes Foto von einer Gruppe von Männern, die an einem runden Tisch im Café Griensteidl sitzen. Einer liest aus einem Buch vor, die anderen hören aufmerksam zu. Es ist eine Momentaufnahme. Aber man spürt förmlich, wie sehr sie sich konzentrieren, ihre Gedanken schärfen und in ihrem Kopf schon eine Antwort für die spätere Diskussion formulieren.

George Steiner schrieb in seinem Essay *The Idea of Europe*, dass Europa von Kaffeehäusern, geformt werde. Goethes Garten grenze fast an Buchenwald. Jeanne d'Arc sei in der Nähe von Corneilles Haus getötet worden. Europa sei ein Kontinent voller Gegensätze. Das sei schon immer so gewesen. Ein Kontinent mit vielen Völkern, Sprachen und Religionen. Jeder sehe alles um eine Haaresbreite oder gänzlich anders. Es sei im Laufe der Geschichte vieles schief gegangen. Aber es sei auch oft gutgegangen. Dann hätten die Menschen einander zugehört. Sie hätten miteinander diskutiert. Sie hätten zusammen gegessen, geplaudert, philosophiert, verhandelt und Streitigkeiten beigelegt. Daher sei das Kaffeehaus so charakteristisch.

Kaffeehäuser findet man in ganz Europa. „Draw the coffee-house map and you have one of the essential markers of the ‚idea of Europe'", schrieb Steiner, dessen Familie aus dem habsburgischen Wien stammt und gerade noch rechtzeitig (über Paris) vor den Nazis fliehen konnte. Es stimmt. In Steiners Amerika findet man keine Kaffeehäuser. In Moskau auch nicht. Sogar die Briten, schreibt er, hätten diese Kultur nicht – mit Schachbrettern, die jedem zur Verfügung stehen, und Lesetischen mit Zeitungen in einem Halter aus Holz. bzw. Rattan. In Europa findet man die Kaffeehäuser sehr wohl. In Prag, in Braga, in Zürich. Und nirgendwo gebe es mehr als in Wien.

Zweig nannte das Kaffeehaus einen „demokratischen Club". Das ist immer noch eine gute Beschreibung. Das soziale Leben in Wien spielt sich immer noch zu einem wichtigen Teil in Kaffeehäusern wie dem Diglas, dem Landtmann oder dem Tirolerhof ab. Grantige Ober im Anzug, ausländische Zeitungen, ein kostenloses Gläschen Wasser und ein Tagesmenü für weniger als 10 Euro gibt es auch noch, als ob die Uhr hier ein Jahrhundert lang stillgestanden wäre. Politiker, Schriftsteller und andere Prominenz halten hier Hof, Beamte nahegelegener Ministerien oder des Büros des Bundespräsidenten arbeiten hier ihre Notizen aus und plaudern ein wenig. Diplomaten halten in einer roten Plüschecke beim Frühstück und Feingebäck Be-

sprechungen ab. Und wenn im Winter die Ballsaison beginnt, sind die Kaffeehäuser plötzlich voller Menschen in Ballrobe und Frack – Jugendliche inklusive.

Das alles gibt es noch. Dennoch macht sich in der Stadt allmählich Fassungslosigkeit breit. Vor der Tür des Café Central steht heute eine lange Schlange von Touristen. Man kommt auch gar nicht mehr einfach so rein, denn es steht eine Art Türsteher vor dem Eingang. Beamte, die in den umliegenden Ministerien arbeiten, weichen verschreckt auf andere Kaffeehäuser aus. Keiner, den ich kenne, will sich noch im Café Central mit mir treffen. Und nicht lange nach dem Mittagessen mit dem Beamten geht uns ein weiteres prominentes Mitglied des „demokratischen Clubs" verloren: das Griensteidl. An einem Montag bekommt die Chefin, Frau Hasslauer, die bereits seit 27 Jahren im Café arbeitet, zu hören, dass sie am darauffolgenden Donnerstag schließen müsse. Der Eigentümer des monumentalen Palais Herberstein (mit geschwungenen Balkonen und „Augenbrauen" über den Fenstern) ist ein Holz- und Immobilienmagnat. Angeblich hat er vom Betreiber des Griensteidl eine dermaßen horrende Mieterhöhung verlangt, dass das Café nicht mehr rentabel betrieben werden könne.

Andernorts in der historischen Innenstadt passiert das gleiche. Handschuh- und Füllfedergeschäfte ziehen weg, Flagshipstores von Miu Miu oder Jimmy Choo nehmen ihren Platz ein. In den letzten Jahren geht alles sehr schnell.

Ehrlicherweise muss man sagen, dass viele Einheimische das Café Griensteidl hassten. Vor der Tür besteigen Touristen kitschige Pferdekutschen, und aufdringliche Männer im Mozartkostüm verkaufen überteuerte Konzertkarten. Im Dezember stehen hier die teuersten und protzigsten Weihnachtsstände der ganzen Stadt. Das Griensteidl war, ganz ehrlich, auch ein Café, in dem der G'spritzte zu wässrig und die Sachertorte zu trocken waren – schlimmer noch, man hatte nie den Eindruck, dass das den Kellnern etwas ausmachte. Man sagt, die Kellner wären schlecht bezahlt worden. Anders als im Café Korb oder Café Central stand hier selten jemand Schlange für einen Tisch.

Aber Wien wäre ohne Kaffeehäuser nicht Wien. Seitdem die Türken im Jahre 1683 geschlagen wurden und Säcke voller Kaffee zurückließen, pflegt die Stadt eine stark ausgeprägte Kaffeekultur. So zumindest besagt es die Legende.

Das Griensteidl öffnete seine Türen 1847. Während der Arbeiteraufstände 1869 war es *der* Begegnungsort für Revolutionäre. Später war es vor allem ein literarischer Treffpunkt. Intellektuelle, wie die Autoren Hugo von Hofmannsthal, Karl Kraus und Arthur Schnitzler, die an den Grundfesten des Habsburgerreiches rüttelten, waren Stammgäste. Sie hätten es auch sein können, die auf dem Bild des literarischen Vorleseclubs zu sehen sind. In dieser Periode bekam das Griensteidl einen Spitznamen, den es nie mehr loswurde: „Café Größenwahn". Im Jahre 1897 wurde es geschlossen und erst 1990 wieder eröffnet – als ob dazwischen nichts passiert wäre.

Aber jetzt ist auf einmal doch viel passiert. Denn plötzlich sind die Türen des ehemaligen Griensteidl wieder offen. Es hängen riesige, vergrößerte Fotos von Gorillas und sonstigen haarigen Tieren an der Wand. Das Essen ist biologisch geworden. Es ertönt Lounge-Musik. Zeitungsleser und frühstückende Beamte wurden durch junge Leute mit Tablets ersetzt. Der neue Betreiber kommuniziert über Facebook und sucht, man glaubt es kaum, „Potenzial für gute Zeiten".

Kapitel 5

A Great Power becomes a necessity only when it is in decline;
the truly great do not need to justify their existence.
A. J. P. TAYLOR, *The Habsburg Monarchy 1809–1918* (1990)

I

An einem brütend heißen Tag im Juli gehe ich in London ins Café Fischer's, eine Art Wiener Kaffeehaus, nur eben in Marylebone. Der Vorschlag zu diesem Treffen kam vom Habsburg-Experten Richard Bassett.

Bassett – ein Brite – hat ein dickes Buch über die habsburgische Armee geschrieben. Er lebte viele Jahre in Mitteleuropa. Als junger Mann reiste er 1979 nach Triest. Später wurde er Hornist an der Oper in der slowenischen Hauptstadt Ljubljana, damals noch Teil von Jugoslawien. Auch Slowenien gehörte einmal zum Habsburgerreich. Später wohnte und arbeitete Bassett als Journalist für *The Times* in Wien, Warschau und Prag, von wo aus er über den Fall der Berliner Mauer berichtete. Im Laufe der Zeit sammelte er eine ganze Menge habsburgische Kontakte.

So trank er eines Tages Tee mit Zita, der letzten Kaiserin, als sie 1982 als Neunzigjährige zum ersten Mal wieder nach Österreich kommen durfte. Die alte Dame war seit dem Tode ihres Mannes – Karl, Kaiser von 1916 bis 1918 – im Jahre 1922 immer ganz in Schwarz gekleidet. Bassett stattete ihr mit einem Kollegen der österreichischen *Kleinen Zeitung* einen Besuch ab. Obwohl Bassett diesen Mann immer für einen „progressiven Sozialisten" gehalten hatte, bediente sich dieser nun ohne Mühe des formellen Sprachgebrauchs der alten Doppelmonarchie. Phrasen wie *Kaiserliche Hoheit, Kaiserliche und Königliche Majestät* kamen über seine Lippen, als ob er sein ganzes Leben lang in Hofkreisen und nicht in den Redaktionsräumlichkeiten einer durch und durch republikanischen Zeitung verkehrt hätte. Bassetts neuestes Buch, *Last Days in Old Europe* (2019), ist voll mit solchen Anekdoten.

Das Fischer's ist heute menschenleer. An dem einzigen Tag, an dem es wichtig gewesen wäre, funktioniert die Klimaanlage nicht. Das Personal, das adrett „wienerisch", mit schwarzen Strümpfen und weißen Schürzen, gekleidet ist, lehnt erschöpft an den Säulen. Bassett ist schon da. Er trägt einen beigen Leinenanzug und wischt mit einem schneeweißen Taschentuch über seine Stirn. Es gibt hier Strudel, Spätzle und Käsekrainer. Uns aber verlangt nur nach Wasser. Viel kaltem Wasser, mit Sprudel.

Ich frage Bassett, ob die EU dem Habsburgerreich ähnle.

„Nein" antwortet er dezidiert. „Was ist denn das für ein Vergleich? Das Habsburgerreich und die EU ähneln einander überhaupt nicht. Sie schreiben das falsche Buch. Das Habsburgerreich ähnelt viel eher dem Vereinigten Königreich. Darauf sollten sie Ihren Fokus legen."

Aha.

Zunächst einmal, sagt Bassett weiter, haben die Briten bereits seit 1954 dieselbe Königin. Fast schon 70 Jahre lang. Sie sitzt nun schon länger auf dem Thron als Kaiser Franz Joseph, der frühere Rekordhalter, der von 1848 bis 1916 regierte. Viele Briten haben nie eine andere Monarchin gekannt, genauso wie die Österreicher damals. „Auf Dauer identifiziert man den Staat mit einer Person. Diese Person gibt einem Identität. Die Menschen im Habsburgerreich identifizierten sich mit einem Mann mit einer siebzig Jahre alten Weltanschauung. Genau das Gleiche passiert hier."

Eigentlich sei es noch schlimmer, fährt Bassett fort, während regelmäßig kleine Schweißtröpfchen sein Gesicht hinunterlaufen. Denn genauso wie Kaiser Franz Joseph sei auch Elisabeth dem Protokoll und den Regeln ihres Vorgängers unterliegend auf den Thron gekommen. Sie war blutjung und vollkommen unerfahren, als ihr Vater starb. „Also hielt sie sich streng an die Regeln ihres Vaters, das gab ihr Halt. Franz Joseph, der achtzehn Jahre alt war, als er Kaiser wurde, machte genau das Gleiche."

Aber das müsse doch nicht bedeuten, dass die Monarchie morsch sei, oder? Doch, sagt Bassett. „Denn es bedeutet, dass alles auf einem Status Quo beruht. Dass alles beim Alten bleibt. Die Königin war nicht in der Lage, Farage und der nationalistischen Welle, die unser Land überwältigt, etwas entgegenzusetzen – nicht nur, weil sie nicht mächtig genug ist, sondern auch, weil sie seiner Geschichte nichts entgegensetzen kann. Rein gar nichts."

Als seine Generäle Franz Joseph 1914 dazu überredeten, einen Krieg gegen Serbien zu führen, sagte er ihnen, sie mögen ihm bitte nicht die Führung über den Zerfall seines Landes zumuten. Das erinnere an die Furcht mancher Menschen, dass auch das Vereinigte Königreich auseinanderfallen werde. Dass die Schotten raus wollen. Und Nordirland, oder sogar Wales. Bassett sagt: „Wenn es eines gibt, das ich mich frage, dann, ob die Königin zu Boris Johnson dasselbe gesagt hat, als er Premierminister wurde und sich für den Brexit stark machte: *Don't let me preside over the dismantlement of the country.*"

Noch eine Parallele: Das Habsburgerreich habe am Ende, genau wie das Vereinigte Königreich heute, eine lange Friedenszeit hinter sich gehabt. Jahrzehntelang seien die Dinge mehr oder weniger gleich verlaufen. Kriege mischten die Karten neu. Sie stürzten die alte Sozialordnung. Sie durchbrächen Gewohnheiten und Strukturen. Das setze Energie frei, die wiederum für Reformen sorge. Manche Menschen könnten sich gar nicht vorstellen, dass es ohne Krieg zu Reformen komme. Nicht wirklich. „Gestern Abend war ich in meinem Club", sagt Bassett, „ich bin dort mehrmals pro Woche. Es ist ein Männerclub. Wir lassen dort immer noch keine Frauen zu. Das meine ich, wenn ich sage, dass auch das Habsburgerreich so war, am Ende. Genau so."

A. J. P. Taylor, der große Habsburg-Historiker, dessen Buch über die letzten hundert Jahre der Doppelmonarchie ein Standardwerk ist, schreibt wörtlich, dass die Männer um Kaiser Franz Joseph keine Vorstellung gehabt hätten, warum sie den Krieg wollten – mit Ausnahme der Rache für den Mord an Kronprinz Franz Ferdinand. Sie hätten keine Strategie gehabt, keine Ziele. Sie hätten nur einige Ideen gehabt, eine wilder als die andere: nur ein kurzer Vergeltungsschlag, Serbien besetzen, Serbien zweiteilen und einen Teil an Bulgarien abgeben usw. Krieg, so schreibt Taylor, sei ein Selbstzweck gewesen. Die Entourage des Kaisers habe den Krieg begrüßt, wie sie einige Jahre zuvor auch die Annexion Bosniens begrüßt habe. Sie seien davon ausgegangen, dass der Krieg zu Reformen führen würde, da Krieg nun einmal Dinge in Bewegung brachte.

Taylor sah im Krieg also eine Möglichkeit, Entwicklungen zu beschleunigen, die ohnehin schon im Gange sind. Krieg mache eine Diktatur diktatorialer, eine Demokratie demokratischer und einen morschen Staat noch morscher. Er zitiert Graf Ottokar Theobald Czernin von und zu Chudenitz, den letzten Außenminister der Doppelmonarchie, der später sagte, sie hätten sterben müssen. Sie hätten die Freiheit gehabt, ihre Todesart zu wählen, und sie hätten sich für die grausamste Art entschieden.

„*Unser* Krieg", stellt Bassett fest, „ist der Brexit."

Viele Briten, sagt er, hätten den Brexit als eine Art Mittel zum Zweck gesehen, mit dessen Hilfe man eigentlich etwas ganz anderes erreichen konnte. Mit dem man Veränderungen in Gang setzen konnte.

Dies erinnere mich ein wenig an die Grexit-Stimmung, die in Deutschland, in den Niederlanden und in Finnland während der Eurokrise entstanden sei, sage ich. Mit einem großen Unterschied: Beim Brexit sei es ausschließlich um die Briten selbst gegangen, um den eigenen britischen Exit, während Deutsche, Niederländer und Finnen die Griechen aus der Eurozone hätten drängen wollen und eine Revolution gewollt hätten, deren Konsequenzen andere zu tragen gehabt hätten.

Bassett grinst. „Sie sehen also selbst", sagt er, „dass die Europäer für eine echte Revolution nicht bereit sind. Die Briten durchaus."

Darum sei der Brexit ein Ziel für sich, genauso wie es der Erste Weltkrieg für die Habsburger gewesen sei. Ein Ziel ohne jegliche Strategie. Wien, sagt er, habe in den letzten Jahren vor dem Krieg noch ein äußerst lebendiges intellektuelles Leben gehabt. Es sei ein Zentrum der Musik, Literatur, Philosophie und Wissenschaft gewesen. Offiziell habe es zwar eine Zensur gegeben, aber in der Praxis sei sogar die giftigste Kritik an der Regierung und der herrschenden Klasse toleriert worden. All diese fantastischen, scharfsinnigen Bücher von Josef Roth, Stefan Zweig und Arthur Schnitzler, die wir heute noch lesen, seien von dieser Epoche inspiriert worden. „Und hier in London? Hier ist fast nichts. London ist im Moment eine intellektuelle Wüste. Die Elite, das sind anti-intellektuelle Influencer und Neureiche: Banker, reiche Unternehmer und russische Oligarchen."

Bassett hört sich noch jeden Morgen die ausführlichen Nachrichten und Reportagen des österreichischen Radiosenders Ö1 an. Im Vergleich zu der kurzatmigen, oberflächlichen Berichterstattung vieler anderer öffentlicher Sender in Europa sei dieser altmodisch und gediegen. „Da wissen sie noch, was Bildung ist. Und dass man diese mit Vorsicht zu behandeln hat."

Er sieht noch eine Übereinstimmung mit dem Habsburgerreich: die soziale Ungleichheit. Er empfiehlt mir die Lektüre von *Who Owns Britain*. Das Buch wurde von einem Mann geschrieben, der mehr als zwanzig Jahre damit verbracht hat, um herauszufinden, wem sein Land eigentlich gehörte. In Frankreich oder in den Niederlanden kann man so etwas einfach eruieren: Es handelt sich um öffentliche Informationen. Im Vereinigten Königreich ist das anders. Dort ist das Kataster nicht öffentlich. Man muss sogar pro Hektar für die Information bezahlen. Wollte man sich eine Übersicht über das komplette Land verschaffen, so berechnete der Autor Kevin Cahill, kostete das einige Millionen Pfund. Es stellte sich zudem heraus, dass für ein Fünftel des ganzen Landes kein Eigentümer registriert ist. Aristokraten, die Land verkaufen, müssen dies nicht registrieren. Bodenreformen wie in Irland hat es im Vereinigten Königreich nie gegeben. Schließlich wies Cahill 2001 in *Who Owns Britain* nach, dass 36.000 Personen das halbe Land besitzen, und dies oft schon seit vielen Generationen. Mit anderen Worten: Weniger als ein Prozent der Bevölkerung besitzt die Hälfte des Landes. Dabei handelt es sich vor allem um Aristokraten mit riesigen Ländereien. Staatliche Institutionen wie das Verteidigungsministerium und die Forstverwaltung besitzen siebzehn Prozent, einfache Hauseigentümer fünf Prozent. Cahill hat pro Distrikt aufgeschlüsselt, wer am meisten besitzt. Seite für Seite: eine lange Liste von Lords, Grafen und Baronen.

Dies ist zwanzig Jahre her, sagt Bassett, und immer noch habe sich nichts geändert. Das World Economic Forum habe vor Kurzem eine Rangliste in Bezug auf *Social Mobility* in Ländern der ganzen Welt erstellt. Unter den ersten zwanzig befinden sich siebzehn europäische Länder, angeführt von Dänemark, Norwegen und Finnland. Die Niederlande liegen auf Platz sechs. Das Vereinigte Königreich befindet sich auf Platz einundzwanzig, noch hinter Tschechien und Singapur. „Das Vereinigte Königreich ist ein *Non-Cohesive State*", meint Bassett. „Schlimmer als die Doppelmonarchie. Die war moderner und transparenter. Da hatte man schon Ende des 18. Jahrhunderts ein Kataster."

Mit dieser eher unerfreulichen Bemerkung endet das Gespräch. Wir verlangen die Rechnung. Wir haben vier große Flaschen Sprudelwasser getrunken. Aber der Kellner will kein Geld annehmen. Er entschuldigt sich für die Hitze und sagt, dass wir, wenn es demnächst kühler werde, auf einen Tafelspitz vorbeikommen sollen.

II

In seinem Buch beschreibt Bassett, wie er Ende der siebziger Jahre sein erstes Jahr in Mitteleuropa in der alten italienischen Hafenstadt Triest verbrachte. Er schreibt in dieser Zeit seine ersten Zeitungsartikel und unterrichtet einige Stunden pro Woche an der Universität von Udine. Er bezieht ein Zimmer in einem alten Palazzo bei einer gewissen Gräfin Blanka de Korwin, umgeben von neoklassizistischen Möbeln, die bei der alten kaiserlichen Aristokratie so beliebt waren. Die gesamte Einrichtung sei von vor 1910 gewesen, vermutet er, mit Ausnahme des kleinen Gasofens in der Ecke ihres Wohnzimmers. „So schwierig, hier Personal zu finden", ist das Erste, was Bassett von ihr zu hören bekommt, und das empfindet er als sehr österreichisch. Blankas Vater war Militärattaché der Habsburger in Istanbul. Ihr Großvater war Leutnant im kaiserlichen Heer und später Stadtkommandant von Zagreb. Blanka war mit einem italienischen Prinzen verheiratet gewesen, später war sie mit dem albanischen Finanzminister unter König Zog und dem britischen Botschafter in Nazi-Deutschland, Sir Neville Henderson, liiert. Jetzt ist sie alt, und nur Bassett kümmert sich ein wenig um die alte Dame. Sie und ihr beeindruckendes soziales Netzwerk leben größtenteils in der Vergangenheit. „Mein soziales Leben wurde vor allem bestimmt von Menschen, die alt genug waren, um meine Großeltern zu sein", schreibt er.

Dieses Triest gibt es noch immer. Wir fuhren regelmäßig von Wien für einige Tage dorthin. Vier Stunden und man ist da. Zur Zeit der Habsburgermonarchie gab es eine direkte Zugsverbindung, aber die wurde eingestellt. Heute muss man zwei oder drei Mal umsteigen und man ist ewig unterwegs.

Triest war *der* Hafen des Habsburgerreichs. Die kaiserliche Marine war dort stationiert, für manche eine Lachnummer. Österreich war schließlich eine Kontinentalmacht und keine Seemacht. Und was ist schon der Nutzen einer Flotte, die im hintersten Winkel einer langen Bucht – der Adria – lag, weit weg vom Mittelmeer?

Dazu kam noch, dass der Kaiser permanent Geldprobleme hatte. Investitionen in die Landstreitkräfte, die er mehr brauchte, waren wegen der ständigen ungarischen Vetos gegen das Budget schon schwierig genug. Aber trotz all dieser Einschränkungen und Handicaps war die habsburgische Marine um 1900 herum dennoch die achtgrößte der Welt.

Die Bedeutung Triests als kommerzieller Hafen war wahrscheinlich größer als dessen Funktion als Marinebasis. Um die Jahrhundertwende besaß die Stadt rund zweitausend Dampfschiffe für den Transport von Fracht und Passagieren. Nach dem Zerfall des Habsburgerreichs war diese Blütezeit bald vorbei. Triest wurde Italien zugewiesen und verkam zu einer provinziellen Hafenstadt. Und eigentlich erholte es sich nie mehr so richtig. Während des Kalten Krieges lag die Stadt, die sich an der Grenze zu Slowenien befindet, an einer Schmuggelroute von und nach Jugoslawien. In gewisser Weise blieb sie dadurch ein Begegnungsort für Menschen aus verschiedenen Ländern. Aber als die Mauer fiel, verlor Triest auch diese Funktion. Es wurde nichts mehr geschmuggelt. Ost und West konnten einander jetzt überall treffen. Slowenien wurde Mitglied der NATO, der Europäischen Union und des Schengenraums. Aus wirtschaftlicher Sicht war das für Triest ein schwerer Schlag.

Wenn man jetzt durch die Stadt geht, sieht man überall den Zerfall. Zugenagelte Häuser, leere Fabriken, bröckelnder Asphalt. Zugleich merkt man nach wie vor, dass Triest während einer der großen, früheren Globalisierungswellen ein Dreh- und Angelpunkt verschiedener Kulturen gewesen ist. Und dass es hier einmal Geld ge-

geben hat. Viel Geld. Das sieht man am imposanten Hauptsitz des Lloyd, der größten Handelsflotte des Habsburgerreiches, direkt am Kai. Heute ist es ein Hotel. Die Architektur ist ebenso mitteleuropäisch wie italienisch. Überall gibt es Wiener Kaffeehäuser. Im berühmtesten davon (Caffè degli Specchi – einer Touristenfalle mit lächerlich hohen Preisen) serviert man herrlichen Apfelstrudel. Auch die Bars am alten Hafen mit den vielen Ankern, alten Fotos und Schiffsglocken haben deutlich bessere Zeiten gesehen.

Und dann gibt es ein wenig außerhalb der Stadt das alte Schloss Miramare, in dem der jüngere Bruder von Kaiser Franz Joseph, Maximilian, einige Jahre mit seiner Frau Charlotte wohnte. Maximilian wurde später Kaiser von Mexiko. Das hätte er besser bleiben lassen: Kurze Zeit später wurde er im Zuge eines Aufstands gelyncht. Und seine Witwe Charlotte verfiel dem Wahnsinn. Miramare ist jetzt ein Museum. Aber anders als die habsburgischen Palais in Österreich wirkt Miramare ein wenig vernachlässigt, farblos und traurig.

Die Habsburger haben Triest, eine Stadt, in der so vieles an diese Familie erinnert, selbst jedoch fast vergessen. So wirkt es jedenfalls. Eines Tages werde ich in Wien zu einem Pressetermin mit der Frau von Karl Habsburg, dem Enkel des letzten Kaisers, Karl, eingeladen. Ihr vollständiger Name lautet Francesca Anna Dolores Freiin Thyssen-Bornemisza de Kászon et Impérfalva. In einem alten habsburgischen Palais – *wo denn sonst* – sitzt sie in einem großen Saal auf einem Haufen Kissen unter einer Art geknotetem Netz voller Lampen. Es hat etwas von einem Beduinenzelt. Das Palais wird als Ausstellungsraum verwendet. Weil Francesca aus der legendären deutschen Stahlfamilie Thyssen stammt, hat sie Geld. Laut Karl, dem Ehegatten, von dem sie bereits zwanzig Jahre geschieden lebt, habe er dank ihr ein Haus in Salzburg, in dem er wohnen könne. Francesca hat bereits seit Jahren die Stiftung Thyssen-Bornemisza Art Contemporary, die Kunst sammelt und als Mäzen für Künstler fungiert. Im Schneidersitz, unter diesen in Netze gehüllten Lampen, erzählt sie über ihr neues Projekt, das sie ganz in Besitz zu nehmen scheint. Es hat mit Wasser, maritimem Leben und Ozeanen zu tun. Ein Teil des Projekts besteht darin, irgendwo im Pazifik an einem geheimen Ort Kunstwerke zu „begraben". Vielleicht, sagt Francesca, würden die nie gefunden. Oder erst in zweihundert Jahren. Sie scheint dies spannend zu finden. Danach schauen wir uns eine Weile ein Video an, in dem Francesca auf einem Boot, ebenfalls im Pazifik, zu sehen ist. Dann sagt sie: „Ich bin auf der Suche nach einem Hafen, in dem ich den Rest des Projekts ausstellen kann."

Ich döse ein wenig vor mich hin unter diesem Beduinenzelt. Aber das habe ich dennoch gut gehört. Ich richte mich auf und sage: „Triest, Triest ist ein perfekter Ort für Ihr Projekt."

Ich sitze ziemlich weit hinten in dem Raum. Ihre Mitarbeiter und die anderen Journalisten drehen sich um. Mir wird bewusst, dass seit bestimmt einer Stunde außer Francesca niemand sonst zu Wort gekommen ist. Ich störe eine Art Trance.

Etwas irritiert fragt sie: „Warum Triest? So eine düstere Stadt. Da kommt doch nie jemand hin."

„Wegen des Habsburg-Bezugs", sage ich. „Außerdem gibt es dort viele alte, leerstehende Fabriken und Palais mit abgeblätterten Fassaden. Genau darauf wartet dieses traurige Triest: auf einen Habsburger, der es wieder zum Leben erweckt."

Aber ich glaube, Francesca hört schon gar nicht mehr zu. Sie redet weiter über ihre Ozeanprojekte.

Also sind es jetzt die Chinesen, die Triest neues Leben einhauchen werden. Genau wie die alten Habsburger im 19. Jahrhundert sehen sie das wirtschaftliche und geostrategische Potenzial dieser Stadt. Eines Morgens höre ich den Bürgermeister von Triest im Radio: Viele würden ihn beschimpfen, weil er die Stadt an die Chinesen „verkaufe". Aber der Mann ist heilfroh, dass endlich wieder jemand in seine Stadt investiert. Und dass sie nun abermals einen Neustart hinlegen könne. Die Chinesen beginnen mit dem Bau eines Containerterminals, wie sie es auch im Hafen in der Nähe von Athen gemacht haben. Und bei einem Terminal wird es, genau wie in Athen, höchstwahrscheinlich nicht bleiben.

III

Und noch etwas zu Triest. Es ist, Verfall hin oder her, eine multikulturelle Stadt geblieben. Die meisten Einwohner haben Vorfahren, die aus allen Teilen des Habsburgerreiches kamen und nie mehr weggegangen sind. Viele sind mehrsprachig – Italienisch, Deutsch, Slowenisch, Französisch, Englisch – und weigern sich, sich auf eine einzige Identität reduzieren zu lassen. Wie die Stadt selbst können sich auch die Menschen nicht entscheiden, wer genau sie sind. Sie können es nicht und sie wollen es auch nicht. Sie bevorzugen Ambiguität anstelle von Eindeutigkeit. Vielleicht ist das der Grund dafür, weshalb diese Stadt so viel Literatur hervorbringt – immer noch.

James Joyce wohnte viele Jahre in Triest. Er schrieb dort *Dubliners*. Einer meiner italienischen Lieblingsdichter, der heute fast vergessene Umberto Saba, hatte hier eine Buchhandlung, bis er 1938 Hals über Kopf nach Paris zog, weil er sich als Jude in Italien nicht mehr sicher fühlte. Italo Svevo und Claudio Magris kommen aus Triest. Auch Boris Pahor wurde hier geboren. Nachdem er mehrere Konzentrationslager überlebt hatte, wurde er schließlich in Slowenien ansässig. Aber er empfand Slowenien als einengend. In Triest, schrieb er, fühle er sich viel freier. Die vor Kurzem verstorbene britische Autorin Jan Morris wohnte eine Weile in Triest und schrieb darüber ein wunderbares Buch: *Trieste and the Meaning of Nowhere*.

Aber eines der traurigsten Bücher, die ich jemals über diese Stadt gelesen habe, ist *Come cavalli che dormono in piedi* von Paolo Rumiz. Rumiz wohnt in Triest und schreibt für die Zeitung *La Repubblica*. In diesem Buch, das 2007 erschien, geht es vor allem um seinen Großvater, der noch im Ersten Weltkrieg gekämpft hat. Damals war Triest noch habsburgisch. Der Großvater wurde mit vielen anderen Rekruten aus der Stadt an die Ostfront geschickt, um für den Kaiser zu kämpfen. Dort fiel er, genauso wie tausende andere aus Triest und anderen, damals noch habsburgischen Teilen Italiens, die vom Kaiser eingezogen worden waren. Aber Rumiz' Großvater und all die anderen Soldaten haben kein Grab in Triest, nichts. Italien betrachtet sie als Verräter, weil sie auf der Seite der Habsburger kämpften und nicht auf der Seite der Italiener. In Triest findet man nur Gräber von Menschen, die auf italienischer Seite kämpften. Gegen die Habsburger also.

Rumiz begibt sich in diesem Buch auf die Suche nach seinem Großvater. In Polen. In Galizien, das jetzt in der Ukraine liegt. Dort befinden sich anonyme Massengräber von Soldaten, die, wie sein Großvater, plötzlich die „falsche" Identität hatten. Der Autor schreibt über die Sieger der modernen Kriege, die nur ein verknöchertes Gedächtnis hätten. Ein Gedächtnis, das aus Triumphbögen, Trompeten, Trommeln und Gedenkfeiern bestehe. Die Besiegten hingegen, die oft gezwungen seien, ihrer Toten in einem ängstlichen Schweigen zu gedenken oder von ihren Schuldgefühlen nicht loskämen, würden eine innige und hartnäckige Erinnerung bewahren.

Solch eine Geschichte können viele Menschen aus den unterschiedlichsten Teilen des alten Habsburgerreichs erzählen. Ihre Vorfahren verschlug es aufgrund der Arbeit oder der Liebe in eine bestimmte Ecke des Reiches. Das war damals völlig normal, wie es auch heute normal ist, dass ein Slowene in Deutschland wohnt und arbeitet oder ein Franzose in Brüssel. Manche zogen nach einer Weile wieder weiter, an einen anderen habsburgischen Ort, andere blieben. Plötzlich fällt das Reich auseinander, und sie gehören nicht mehr dazu. Sie befinden sich auf der „falschen" Seite einer Grenze, die es früher nicht gab. Hunderttausenden Menschen ist dies 1918 passiert. Und das erleben jetzt viele Briten in der EU. Und umgekehrt die Kontinentaleuropäer im Vereinigten Königreich.

In Mitteleuropa führte dies damals zu ethnischen „Säuberungen" und Blutbädern. Überall entstanden plötzlich physische, politische und mentale Grenzen. Und somit „Minderheiten".

Im 21. Jahrhundert behaupten wir, dass wir es heute besser machen. Wir seien zivilisiert und aufgeklärt. Wir denken, dass wir aus der Geschichte gelernt haben. Hoffen wir, dass das auch stimmt. Jetzt, wo verschiedene Politiker wieder für das Hochziehen nationaler Grenzen und die Auflösung der Europäischen Union eintreten, ist es das erste Mal seit Langem, dass wir die Gelegenheit bekommen, es zu beweisen.

IV

Jahrhundertelang hatte das Habsburgerreich nicht nur keine Binnengrenzen mehr, sondern auch keine echten Außengrenzen. Es gab keine Grenzposten, geschweige denn Grenzüberwachung. Aber zu Beginn des 18. Jahrhunderts begannen die

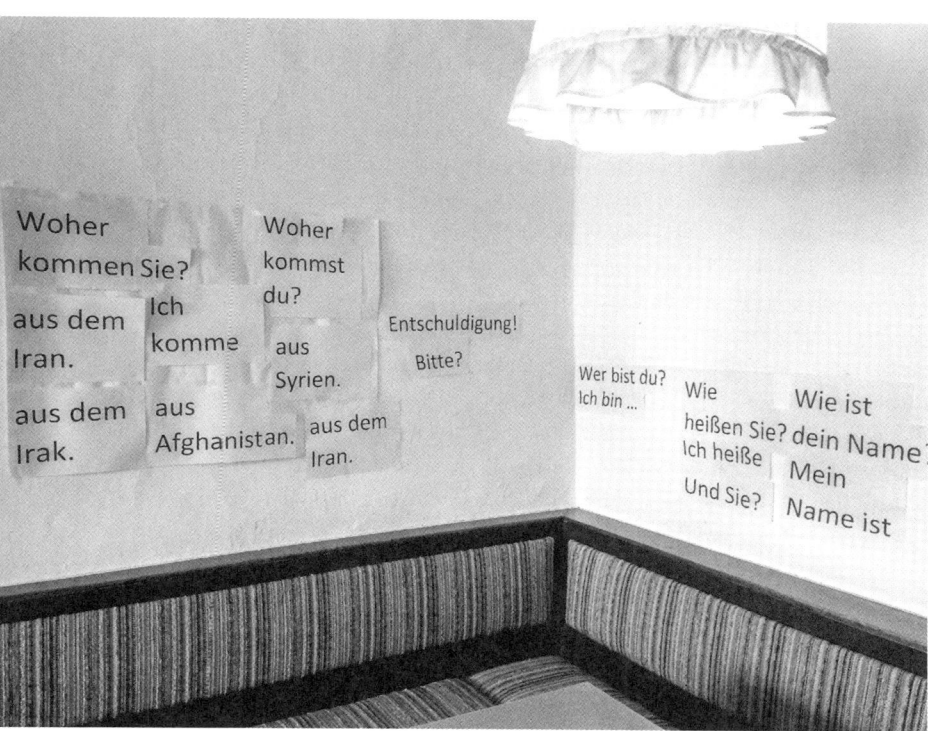

Habsburger auf einmal, an den Außengrenzen Grenzposten zu errichten. Zunächst am Balkan. Um das zu ermöglichen, entwickelten sie ein System zentraler Grenzüberwachung – eine Art Frontex *avant la lettre*. Aber Grenzüberwachung konnte nur funktionieren, wenn auch die andere Seite, das Osmanische Reich, mitwirkte. Also schlossen die Habsburger, genauso wie die EU nach der Flüchtlingskrise 2015, mehrere Abkommen mit den Türken.

Eines Tages treffe ich in einem meiner Lieblingskaffeehäuser in Wien, dem Café Diglas („seit 1875"), Josef Ehmer und Jovan Pesalj. Sie untersuchen, wie das Habsburgerreich vor dreihundert Jahren Grenzposten am Balkan einrichtete und unterhielt. Dass sie so viele Parallelen zur gegenwärtigen Migrationsbewegung entlang der Balkanroute finden würden, in der Österreich erneut eine zentrale Rolle spielt, hatten sie nicht erwartet. Je mehr alte Dokumente und Berichte sie über die erste große, stabile Außengrenze des Habsburgerreichs lasen, umso mehr erkannten sie, dass es offenbar ein Muster in der Geschichte gibt. Was damals passierte, wiederholt sich jetzt.

Ehmer ist emeritierter Historiker der Universität Wien. „Man sieht tatsächlich Wellenbewegungen in der Geschichte", sagt er. „Im 18. Jahrhundert wurden überall in Europa Grenzen hochgezogen. Und im 19. Jahrhundert wurden sie wieder niedergerissen. Damals begann eine neue Phase der Globalisierung. Anfang des 20. Jahrhunderts, während des Ersten Weltkriegs, errichteten wir die Grenzen erneut. Es sieht so aus, als seien wir wieder an so einem Punkt angelangt. Erneut wollen wir der Globalisierung Einhalt gebieten. Erneut bauen wir Grenzen."

Im Rahmen ihres Forschungsprojekts studieren Ehmer, ein Österreicher, und sein serbischer Kollege Pesalj verschiedene habsburgische Dokumente, darunter die Korrespondenz von Grenzbeamten, Materialbeschaffungsbelege und Berichte über Verhandlungen mit den Türken. Das Habsburgerreich hatte eine Armee und eine zentralistisch organisierte Außenpolitik. Für alles gab es standardisierte Verfahren und alles wurde dokumentiert. Die habsburgischen Archive sind riesig. Das meiste blieb erhalten, inklusive der Briefe, die einsame Zollbeamte nach Hause schrieben. So können sich Ehmer und Pesalj anhand verschiedener Quellen ein gutes Bild von der habsburgischen Grenzverwaltung machen.

Bis zum Beginn des 18. Jahrhunderts gab es in ganz Europa kaum Grenzkontrollen. Es gab nur Soldaten, die feindliche Manöver der anderen Seite verhindern mussten. Auch am Balkan bewegten sich Menschen, Tiere und Güter zwischen dem Habsburgerreich und dem Osmanischen Reich ziemlich frei hin und her. Die Einzigen, die ihnen den Weg versperrten oder von Reisenden Geld verlangten, waren lokale Grundbesitzer oder manchmal Banditen. Die habsburgisch-osmanische Grenze verschob sich regelmäßig, denn sie wurde von beiden Parteien angefochten – die Türken versuchten zwei Mal vergeblich, Wien zu erobern. Der Friede von Karlowitz bereitete 1699 diesem türkischen Expansionsdrang ein Ende. Danach wollten beide Parteien aus mehreren Gründen eine stabile, gut verwaltete Außengrenze – genauso wie die EU heute.

Einer dieser Gründe war, dass sich in der damaligen Zeit verschiedene ansteckende Krankheiten wie die Pest verbreiteten. Die Habsburger suchten nach einer Möglichkeit, um ihre Untertanen und ihr Vieh zu schützen. Deswegen schloss der Kaiser in Wien, der sich zuvor nie mit ziviler Grenzverwaltung beschäftigt hatte, ein Abkommen mit dem Sultan in Istanbul. Zum ersten Mal legten sie eine deutliche Grenze fest, um Migrations- und Handelsströme besser in den Griff zu bekommen. Die Habsburger bauten die ersten sanitären Grenzposten Europas. Einer davon war das Gebäude in Dubrovnik, auf das uns die Reiseführerin damals aufmerksam gemacht hatte: ein Symbol der „zivilisierenden" habsburgischen Macht, die ihre Eltern immer noch schätzten. Die Türken bauten auf ihrer Seite prompt auch eine Reihe sanitärer Posten. Alle paar hundert Meter entstanden Wachttürme. Diese wurden mit Soldaten besetzt, die von Wien und Instanbul aus verwaltet wurden. Die Soldaten hatten zwei Monate Dienst (viele langweilten sich zu Tode und erzählten einander Geschichten) und durften danach auf Urlaub nach Hause. Beide Reiche begannen in dieser Zeit auch, Reisepässe auszustellen. Auch das war ein Novum.

Grenzen seien – im Gegensatz zu heute – nicht zur Abschreckung errichtet worden, sagt Ehmer. „Die Habsburger hießen Reisende im Prinzip willkommen. Jedoch wurden diese in einem der Grenzposten drei Wochen in Quarantäne gehalten. 1777 gab es am Balkan achtzehn sanitäre Grenzposten. Kleidungsstücke wurden ausgeräuchert und gewaschen, Handelswaren wurden kontrolliert, Tiere desinfiziert. Um die Posten herum entwickelte sich eine ganze Industrie, um Reisende, die sich in Quarantäne befanden, mit Tabak, Essen und Trinken zu versorgen."

Auch in Häfen wie Marseille und Venedig wurden in dieser Zeit Grenzkontrollen durchgeführt. Es war ein gesamteuropäischer Trend, genauso wie jetzt. Auch damals waren politische Konsequenzen damit verbunden: Es kam zu einem verstärkten Zentralismus. „Die Grenzverwaltung, die zunächst ad hoc von den Provinzbehörden durchgeführt worden war, wurde von Wien übernommen", sagt Pesalj. „Jetzt beobachten wir die gleiche Bewegung: Europäische Länder übertragen sie an Brüssel."

Die Habsburger arbeiteten eng mit den Türken zusammen, um zu kontrollieren, wer und was über die Grenze kam, genauso wie die EU das heutzutage mit Drittländern wie der Ukraine oder Georgien macht. Sie traten gemeinsam gegen „Banditen", vor allem Schmuggler, auf. Die Schmuggler kamen vor allem aus der Grenzgegend. Sie waren mit dem Gelände und den Verfahren vertraut. Sie kannten die Beamten und die Schwachstellen. Die Habsburger erließen sogar Verordnungen, um sich die Loyalität der Grenzbewohner zu sichern. So durften sich dort vor allem Katholiken niederlassen – und keine Protestanten, Muslime oder Juden, die anscheinend als weniger zuverlässig eingestuft wurden. Nicht-Katholiken durften zwar die Grenze überqueren (für einen zeitlich beschränkten Aufenthalt), aber nach ihrer Quarantäne durften sie sich nicht in der Gegend niederlassen. Auch versuchte Wien, Grenzbewohner mit öffentlichen Dienstleistungen wie Schulen, Postämtern und Krankenhäusern an sich zu binden. Unter anderem dadurch gab es immer mehr Beamte, mehr Kontrolleure und mehr Inspektoren. Von den Berichten und Briefen, die sie schrieben, machen die Wiener Forscher nun dankbar Gebrauch.

Der große Unterschied zwischen damals und heute sei die Migrationspolitik, sagen Ehmer und Pesalj. Das moderne Europa errichte Grenzen als Abwehr gegen Migranten. Wir machen alles, um Menschen vom Migrieren abzuhalten und sie in der eigenen Region zu halten. Die Habsburger betrachteten Migranten zwar als „inferior", hießen sie aber mit offenen Armen willkommen. Für sie waren Migranten nützliche Arbeitskräfte, von denen die Wirtschaft profitierte. Sie sorgten für ihre Ausbildung und borgten ihnen sogar Geld für Wohnraum. Auch Flüchtlinge (wie während des Russisch-Türkischen Krieges von 1768 bis 1774) wurden zu Tausenden auf einmal in Zelten empfangen. Die Habsburger fürchteten vor allem die Emigration, so wie auch die Sowjetunion zwei Jahrhunderte später Angst hatte vor einem intellektuellen Aderlass.

Ende des 18. Jahrhunderts wurden die habsburgischen Grenzkontrollen wieder reduziert. Die Pest war vorbei. Quarantäne wurde überflüssig. Aus Frankreich kamen die ersten aufklärerischen Ideen. Der damalige habsburgische Kaiser, Joseph II., war kein Gesellschaftsliberaler, sogar weit davon entfernt – aber wirtschaftliche Fortschrittsideen wie der Freihandel sagten ihm zu. So wurden die Grenzkontrollen, die das gesamte 18. Jahrhundert am Balkan durchgeführt worden waren, ab Beginn des 19. Jahrhunderts allmählich wieder eingestellt. Russland war das einzige Land, das weiterhin Grenzkontrollen durchführte. Aber andernorts wurde Offenheit und Globalisierung nach einem Jahrhundert voller Grenzen und der Einteilung in Mein und Dein wieder viel Platz eingeräumt.

„Das war die vorige Globalisierungswelle", sagt Ehmer.

Diese Welle sollte hundert Jahre andauern. 1914 fiel sie dem Ersten Weltkrieg zum Opfer, jenem Krieg, der dem Habsburgerreich zum Verhängnis werden sollte.

Kapitel 6

Europa ist wie die habsburgische Welt vor 1914: Alles funktioniert ziemlich gut.
Aber wir sehen es nicht.

KAREL SCHWARZENBERG, ehemaliger tschechischer Außenminister

I

Im Herbst 2016 begegne ich Karl Habsburg, Sohn Otto Habsburgs und Enkelsohn des letzten habsburgischen Kaisers Karl, zum ersten Mal. Würde das Habsburgerreich noch existieren, so wäre Karl jetzt wahrscheinlich Kaiser.

Ende Oktober hält Karl, der 1961 geboren wurde und derzeit Familienoberhaupt ist, einen Vortrag in der Stallburg, jenem Teil der Hofburg, in dem sich die kaiserlichen Stallungen mit den Lipizzanern befinden. Über den wunderbar erhaltenen Stallungen befinden sich Büroräumlichkeiten. Und in einer davon wird Karl Habsburg seinen Vortrag halten. Laut Ankündigung geht es um den Brexit und Europa. Die Veranstaltung wird von der Österreichisch-Britischen Gesellschaft organisiert. Ich kenne diese Gesellschaft nicht, aber ich entscheide mich, hinzugehen.

Es wird ein seltsamer Abend.

Ich bin früh da. Der Saal ist nicht sehr groß und ich möchte einen Sitzplatz nahe am Podium. Um mich herum füllt sich der Saal vor allem mit Pensionisten, viele von ihnen in Tweed und mit Gehstock. Ich erkenne einige pensionierte Diplomaten, die zum Stammpublikum solcher Veranstaltungen gehören. Es sind bestimmt 150 Personen im Saal.

Karl Habsburg wird als „*von* Habsburg" angekündigt. Er trägt ein blaues Jackett mit goldenen Knöpfen. Zunächst macht er einige Bemerkungen über den Brexit und wie dieser Europa schwäche – Europa, das keine Außenpolitik habe und von einer wachsenden Zahl von Kriegen und Konflikten umgeben sei. Aber nach einigen Minuten redet er plötzlich über die Übereinstimmungen und Unterschiede zwischen dem Habsburgerreich und der Europäischen Union. Super, denke ich: So war es zwar nicht angekündigt, aber es ist genau mein Thema. Vor einigen Wochen habe ich darüber für den Thinktank Carnegie Europa einen ausführlichen Online-

Artikel geschrieben, auf Englisch. Laut einem Carnegie-Mitarbeiter, der die Zahl der Klicks einsehen kann, werde er weltweit oft aufgerufen.

Karl Habsburg sagt, dass ihn die momentane Situation an die letzten Jahre des Habsburgerreichs erinnere. Die Briten stimmten für den Brexit, in Amerika sei Donald Trump auf gutem Wege zur Präsidentschaft. Auch in Österreich, Frankreich und in den Niederlanden werde bald gewählt. Nationalisten schienen überall immer größeren Zuspruch zu erhalten. Genau wie vor hundert Jahren. „Also", sagt Habsburg, „lautet die Frage: Was kann Europa von Habsburg lernen?" Was für ein Zufall, denke ich: Mein Artikel heißt „Habsburg Lessons for an Embattled EU".

Habsburg beginnt die Antwort auf diese Frage mit einem Ausschnitt aus *Radetzkymarsch,* dem berühmten Roman von Joseph Roth über den Zerfall des Habsburgerreichs. Der zynische Graf Chojnicki spricht in einer Kaserne in Galizien mit einem habsburgischen Offizier über Politik. Überall im Reich rumort es. Die Slawen am Balkan wollen sich gegen Wien erheben. Die Tschechen und die Deutschsprachigen streiten über Sprachgesetze. Angrenzende Großmächte wie Russland, Frankreich, Deutschland und die Türkei bewaffnen sich im Eiltempo. Kaiser Franz Joseph erkennt die Gefahr und will der Armee auch mehr Geld zukommen lassen. Wenn ein Krieg komme, so denkt er, werde Habsburg buchstäblich in der Luft zerrissen. Aber mehr Geld für die Landesverteidigung bekommt er nicht. Ungarn, der andere Teil der Doppelmonarchie, der ein Vetorecht in Budgetfragen hat, stellt sich quer.

Das Reich sei dem Tode geweiht, schlussfolgert Graf Chojnicki in Roths Buch. „Sobald unser Kaiser die Augen schließt, zerfallen wir in hundert Stücke. [...] Alle Völker werden ihre dreckigen, kleinen Staaten errichten."

Das ist jenes Zitat, mit dem ich meinen Carnegie-Artikel über Habsburg und die EU vor einigen Wochen begann. Genau dasselbe Zitat aus demselben dicken Buch verwendet Karl Habsburg jetzt. In meinem Beitrag habe ich einige Sätze von Graf Chojnicki ausgelassen. Habsburg lässt exakt dieselben Sätze aus.

Wie die zwei Charaktere in Roths Roman damals gespürt hätten, dass die Sache aus dem Ruder laufen könnte, so fühlten wir Europäer uns auch heute. Aber stimme das auch so? Dafür, sagt Habsburg, müssten wir zunächst die Übereinstimmungen und Unterschiede zwischen dem Habsburgerreich und der Europäischen Union näher betrachten.

Er beginnt mit einer Reihe Übereinstimmungen. Die Abneigung gegen Krieg und Konflikte, die sowohl das Habsburgerreich als auch die jetzige EU auszeichnet. Mehrere Völker und verschiedene Sprachen unter einem Dach. Kleine Länder, die im Kollektiv vor der Herrschaft größerer Länder geschützt würden. Das Antidiskriminierungsprinzip, das dafür Sorge zu tragen hat, dass alle vor dem Gesetz gleich sind und sich niemand wirklich als Minderheit fühlt. Die komplexen Verwaltungsstrukturen, die Habsburg hatte und die die EU nun auch hat, an denen unentwegt rumgeschraubt wird: Beide müssen sich fortwährend anpassen an die sich ändernde

Umgebung, an neue Herausforderungen von außen und die Anforderungen und Wünsche der unterschiedlichen Nationen, die sich unter einem einzigen Dach befinden. Beide werden durch den Binnenmarkt gekennzeichnet, ein Mittel, um Wohlstand und Wachstum zu schaffen und – schließlich – Krieg zu verhindern. Und das führt zu einer Regelmaschinerie, zu Vereinbarungen, an die sich alle Akteure am Markt halten müssen. Um kontrollieren zu können, ob die Vereinbarungen eingehalten werden, braucht man Beamte. Deswegen ist die EU, genau wie das Habsburgerreich, auch eine Bürokratie – mit dem Unterschied, dass die Habsburger viel mehr Personen auf der Gehaltsliste hatten (Karl Habsburg nennt das Beispiel des Eichmeisters aus einem anderen Roman von Roth) und dass die EU-Verwaltung sogar kleiner ist als jene der Stadt Paris.

All diese Übereinstimmungen und alle Beispiele, die er nennt, hat Karl Habsburg aus meinem Artikel. Auch ich verglich darin die europäische Bürokratie mit der Stadt Paris. Auch ich erwähnte den Eichmeister von Roth.

Dann geht Habsburg auf die Unterschiede ein. Dass das Habsburgerreich ein Staat gewesen sei und die EU nicht. Dass der alte Kaiser *eine* Außenpolitik gehabt hätte, was nun in der EU nicht der Fall sei. Dass die Bürger damals ein enges Verhältnis zu den Habsburgern gehabt hätten, weil sie für sie arbeiteten und Lohn von ihnen erhielten: Lehrer, Polizisten, Straßenarbeiter. Auch das hätten wir in der EU noch nicht. Diese Art von Beamten stehen in der EU im Dienst nationaler Behörden. Unter anderem deshalb fühle sich „Brüssel" für viele Bürger als weit weg an. Menschen könnten sich nur schwer etwas darunter vorstellen.

Anschließend kritisiert Karl Habsburg das *Wall Street Journal* und die *Washington Post,* die bei jedem europäischen Problem immer so täten, als ob das Ganze jeden Moment auseinanderfallen könne. Jede Krise sei für sie „existenziell", jeder europäische Gipfel werde als *Make-or-Break*-Gipfel präsentiert. Habsburg zieht eine Parallele zwischen den zynischen Intellektuellen der Doppelmonarchie vor 1914 (zu denen u. a. Joseph Roth und der Hitzkopf Karl Kraus mit seiner Zeitschrift *Die Fackel* gehörten) und den modernen Unheilspropheten von heute, die überall Beweise für das Ende der EU zu sehen glauben. Sogar der anonyme EU-Funktionär, der mir während eines Mittagessens in Brüssel im Sommer 2016 erzählte, dass dieses ständige politische Herumgestolpere ihn an einen „Sesseltanz" erinnere (die EU-Mitgliedstaaten würden sich zwar noch bewegen, aber sie warteten alle nur darauf, dass die Musik aufhöre) – sogar diese Aussage aus meinem Artikel landete heute Abend in Habsburgs Vortrag.

Habsburg nennt den Artikel nicht ein einziges Mal. Er tut so, als ob es seine eigenen Ausführungen seien. Nicht gerade die feine Art.

Als er fertig ist, können Fragen gestellt werden. Ich stehe auf, nenne meinen Namen und stelle eine Frage. Damit er weiß, dass ich da bin.

Nach der Diskussion gehe ich zu ihm. Er sieht mich und sagt mit einem breiten Lächeln: „Hocherfreut, Sie kennenzulernen! Ihr Artikel ist fantastisch. Ich habe ihn mit großem Vergnügen gelesen."

„Ja, den Eindruck hatte ich auch schon", sage ich.

Er entschuldigt sich nicht. Im Gegenteil. Er sagt: „Gestern habe ich Ihren Artikel auch verwendet, bei einem anderen Vortrag."

Ich sage ihm, dass ich vielleicht ein Buch über Habsburg und die EU schreiben werde. Ob er mir dabei helfen könne? Diese Bitte kann er nach heute Abend unmöglich abschlagen. Er ruft seinen Assistenten, einen Mann in einer traditionellen österreichischen Lodenjacke mit Hornknöpfen, und bittet ihn, einen Termin mit mir zu organisieren.

II

Nachher fragt mich eine österreichische Freundin, wie der Vortrag gewesen sei. Ich erzähle ihr die Geschichte. „Ach", sagt sie, „das wundert mich nicht. Er ist der Enkel des Kaisers. Diese Leute entschuldigen sich nie."

Zwei Tage später bekomme ich eine E-Mail von einem Mann, den ich nicht kenne. Ein Brite. Er sei beim Vortrag gewesen, schreibt er. Er habe ihn sehr interessant gefunden und mehr über das Thema erfahren wollen. Zu Hause habe er sofort angefangen zu googeln. So sei er auf meinen Artikel für Carnegie gestoßen. Die Ähnlichkeit mit Karl Habsburgs Rede wäre frappant. Ob ich mit Karl Habsburg zusammengearbeitet habe, fragt er mich. Und die niederländische Journalistin, die nachher eine Frage gestellt hat, ob ich das gewesen sei?

Ja, schreibe ich zurück, das sei ich gewesen. „Genau wie Sie habe ich festgestellt, dass er meinen Beitrag aufmerksam studiert hat."

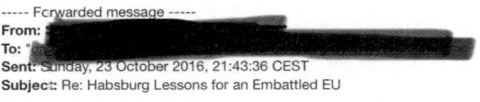

----- Forwarded message -----
From:
To: "
Sent: Sunday, 23 October 2016, 21:43:36 CEST
Subject: Re: Habsburg Lessons for an Embattled EU

Thank you Mrs de Gruyter,

I did find the talk very interesting. I must admit that I had wondered if you might be a "wicked" journalist who had heard Mr Habsburg's speech somewhere else, and then published the article under your name. I apologise!!!

It does indeed seem that Mr Habsburg had studied your article very, very carefully. What a pity he didn't give your work a mention last Thursday. Even though he did not praise it then, let me praise it now.

With best regards

Er antwortet: „Ich gebe zu, dass ich sie für eine raffinierte Journalistin gehalten habe, die Herrn Habsburg irgendwo hatte reden hören und darüber anschließend einen Artikel unter eigenem Namen geschrieben hatte. Bitte um Verzeihung!"

III

Einige Wochen später habe ich meine Audienz bei Karl Habsburg. Er wohnt in Salzburg und ist nicht so oft in Wien. Seit 2017 ist er Vorsitzender von *The Blue Shield,* einer internationalen Organisation zum Schutz von Kulturgut vor den Auswirkungen bewaffneter Konflikte und Naturkatastrophen. Er kommt gerade zurück aus dem Nahen Osten.

Er empfängt mich im Büro der Paneuropa-Union, in der er aktiv ist. Sein Vater Otto war dreißig Jahre lang Vorsitzender von Paneuropa. Seine Schwester Walburga, die in Schweden lebt, ist Vizevorsitzende. Die Bewegung wurde 1933 von Graf Richard von Coudenhove-Kalergi, dem Sohn eines Diplomaten aus dem Habsburgerreich und einem der wichtigsten Vertreter der europäischen (Friedens-)Bewegung der Zwischenkriegszeit, gegründet. Später waren auch Berühmtheiten wie Albert Einstein, Léon Blum, Konrad Adenauer und Georges Pompidou Mitglieder der Bewegung. In seiner berühmten Züricher Rede von 1946 erwähnte sogar Churchill sie. Paneuropa war christlich, konservativ und strikt antikommunistisch. Schon bald nach dem Zweiten Weltkrieg spalteten sich die Progressiven ab. Sie machten unter der Bezeichnung Europäische Bewegung weiter. Paneuropa, das deutlich konservativer war, setzte sich während des Kalten Krieges vor allem für die Wiedervereinigung von Ost- und Westeuropa ein. Unter Ottos Führung organisierte Paneuropa 1989 an der ungarisch-österreichischen Grenze das berühmte paneuropäische Picknick, bei dem sich die Grenze öffnete und Menschen zum ersten Mal von Ost nach West konnten.

Seitdem hört man nur noch wenig über die *Paneuropa-Union.* Das Wiener Büro befindet sich in einem alten Haus in einem wenig prestigeträchtigen Teil der Stadt. In einer Wohnung, in der alles braun ist oder braun anmutet: Wände, Decken, Möbel, verrauchte Gardinen. Es hat etwas von einer Studentenbude. Im Büro stehen Fahnen, vernachlässigte Zimmerpflanzen und Aschenbecher mit Logos drauf. Karl Habsburg trägt einen Pullover und Jeans, und ist genauso jovial wie beim letzten Mal. Wir sitzen auf einem riesigen Ledersofa, das auch braun ist.

Es muss merkwürdig sein, ein Habsburger zu sein. Seine Vorfahren waren allesamt Politiker, über Jahrhunderte hinweg. Sie hatten sich das nicht ausgesucht, es war einfach so. Karl Habsburg entschied sich aus freien Stücken dafür – und versagte. Genau wie sein Vater Otto hatte auch Karl einen Sitz im Europäischen Parlament – sein Vater für die deutsche CSU, er selbst für die konservative österreichische ÖVP.

Aber es gab schon bald Probleme mit der Parteifinanzierung. Danach gab es für Karl bei der ÖVP keinen Listenplatz mehr. Er versuchte noch, eine neue Partei zu gründen, aber das führte zu nichts. Vater Otto war zwanzig Jahre lang Europaparlamentarier und gehörte in Brüssel und Straßburg fast schon zum Inventar. Alle kannten ihn. Karl war nur einige Jahre Abgeordneter. An ihn erinnert sich niemand mehr. Ich war daher ziemlich überrascht, als ich vor Kurzem irgendwo las, dass Radim Špaček, Vorsitzender der *Koruna Česká,* der 1991 gegründeten Monarchistischen Partei von Böhmen, Mähren und Schlesien, den tschechischen Premierminister 2019 darum gebeten habe, Karl Habsburg als neuen Vorsitzenden der Europäischen Kommission vorzuschlagen.

Karl Habsburg war Offizier in der Armee. Er präsentierte ein Quiz im österreichischen Fernsehen. Er ist Großaktionär von Radio-Corp, einem Unternehmen, das gerade zwei niederländische Radiosender gekauft hat: *100% NL* und *Slam!* Er scheint es zu genießen, dass er für seine derzeitige Arbeit oft im Ausland unterwegs ist. In Österreich ist immer irgendetwas. Er sitzt in einem Schaufenster, aus dem es kein Entrinnen gibt.

Seine Vorfahren hatten Titel. Er kann sie nicht verwenden, auf jeden Fall nicht in Österreich. Er meint, das sei nicht so wichtig. Das wird schon stimmen: Hier wissen ohnehin alle, wer er ist.

Ich habe in der Vorbereitung einige alte Interviews mit ihm gelesen, in österreichischen, schweizerischen und deutschen Zeitungen. All diese Interviews beginnen mit derselben Frage: Wie sollen wir Sie anreden, als Königliche Hoheit oder einfach als Karl? Jedes Mal aufs Neue. Deutschsprachige sind hoffnungslos besessen von Titeln. Dem entkommt keiner.

Eine andere Frage, die Habsburg immer gestellt bekommt, jedes Mal mit jenem leicht sarkastischen Unterton, den Journalisten irgendwie gut beherrschen: Ob er sich nicht schuldig fühle wegen des Ersten Weltkriegs? Kaiser Franz Joseph erklärte Serbien nach dem Mord an Franz Ferdinand 1914 in Sarajevo immerhin den Krieg. Franz Joseph wollte den Krieg klein halten. Einige wenige Hiebe und dann Frieden schließen. Stattdessen mischten sich alle Großmächte in den Konflikt ein, sodass ein immenser Krieg ausbrach. Hätte Franz Joseph die Kriegserklärung an Serbien nicht unterschrieben, so hätte es den Krieg vielleicht nie gegeben. Das hätte Europa Millionen von Toten und eine ganze Menge sonstigen Elends erspart.

Habsburg hat sich so an diese Fragen gewöhnt, dass er immer dieselbe Antwort gibt. In allen Zeitungen. Ja klar, Sie können mich nennen wie Sie wollen. Nein, ich fühle mich nicht schuldig, denn der Krieg hing damals einfach in der Luft. Lesen Sie doch nur Christopher Clarks *Die Schlafwandler:* Jedes andere Ereignis hätte zum Krieg führen können, zufälligerweise war es der Mord an Franz Ferdinand. Und so weiter und so fort.

Auch seine Rolle als Familienoberhaupt nimmt Karl Habsburg größtenteils außerhalb Österreichs wahr. Etliche Habsburger sind 1918 geflüchtet. Jetzt leben sie – insgesamt rund fünf- bis sechshundert an der Zahl – verstreut über alle Kontinente. Aber in Österreich wohnen auch viele Habsburger. Seine Aufgabe besteht darin, die Familie zusammenzuhalten. Er muss Heiratspläne absegnen, an Begräbnissen teilnehmen, Streitigkeiten schlichten und Familientreffen organisieren. Als er beim Gedenken an den Ausbruch des Ersten Weltkrieges vor 100 Jahren ständig mit der Schuldfrage konfrontiert wurde, verfasste er für den Rest der Familie eine Liste mit Do's-and-Don'ts-, damit alle die gleichen Antworten geben konnten.

An diesem Nachmittag, in der bräunlichen Wohnung, ist er am lebhaftesten, wenn er über die Familie spricht. Über seinen ältesten Sohn, Ferdinand Zvonimir, einen twitternden Formel-1-Fahrer, der demnächst Familienoberhaupt wird. Über seine Tochter, ein Fotomodell. Und über seine Großmutter, Kaiserin Zita, die 1989 starb. Weil Kaiser Karl, ihr Mann, nach 1918 einige tölpelhafte, misslungene Versuche unternahm, aus der Schweiz ein kaiserliches Comeback zu realisieren, durfte Zita erst 1982 wieder nach Österreich einreisen. Sie wurde in Wien bestattet, in der Kapuzinergruft – makabererweise an jenem Ort, an dem ihr Enkel, jener Karl, der jetzt vor mir sitzt, später Francesca Thyssen um ihre Hand bat. Und wie bestattet man in einer Republik, die sogar den gesamten Adel auf einmal abgeschafft hat, eine Kaiserin? Es gab kein Protokoll. Es gab keine Drehbücher. Es gab kein Personal mehr, das noch wusste, wie man in diesem Fall vorgeht. Also, erzählt Karl, hätten sie schlicht ein wenig improvisiert. Am schönsten sei für ihn der Moment gewesen, an dem der Trauerzug bei der kaiserlichen Gruft in Wien ankam. Ein Herold hätte an die Tür der Gruft geklopft und um Einlass für „Ihre Majestät Zita, Kaiserin von Österreich und Königin von Ungarn" gebeten. Als ob sich nie etwas geändert hätte.

Um über die EU und das Habsburgerreich zu reden, bin ich bei Karl Habsburg an der falschen Adresse. Das wusste ich eigentlich schon seit seinem Vortrag. Er tut sein Bestes. Aber das Einzige, das er über die EU und Habsburg zu vermelden hat, ist, dass das Habsburgerreich einen Kaiser, eine Armee und eine Außenpolitik gehabt habe. Die EU dagegen habe nur eine Bürokratie. Na klar doch.

Als ich weggehe, hat sich Karl Habsburg immer noch nicht entschuldigt. Aber meine Irritation ist verschwunden. Dieser Mann ist ein Gefangener einer Rolle, die ihm gar nicht liegt. Ich beneide ihn nicht.

IV

In der habsburgischen Armee waren im Prinzip alle Nationalitäten und Sprachgruppen gleich. Das bedeutete, dass nicht *eine* Sprache gesprochen wurde, denn das hätte andere Sprachgruppen benachteiligt. Jeder hatte also das Recht, in der eigenen Sprache ausgebildet zu werden. Die Tschechen auf Tschechisch, die Kroaten auf Kroatisch etc.

Aber wenn man so vorgeht, bleiben nur nationale Grüppchen übrig – und damit kann man keine gemeinsame Armee aufrechterhalten.

Was also taten die Habsburger? Sie gingen Kompromisse ein. Sie brachten Offizieren und Soldaten, die das wollten, andere Sprachen bei. Auf diese Weise konnten sie Bataillone mischen und sicher sein, dass der eine die Befehle des anderen verstehen konnte. Aber dies wiederum verursachte der Armeeleitung ein mulmiges Gefühl. Denn Regeln waren Regeln, und jetzt wurden sie verletzt. Und war es nicht gerade in einem so heterogenen Land, in dem ohnehin alles schon einem Sammelsurium glich, wichtig, diese Regeln buchstabengetreu umzusetzen? So waren die habsburgischen Behörden in einen ständigen Kampf mit sich selbst verstrickt – und mit der Perfektion.

Sie strebten nach Perfektion und erreichten diese auch größtenteils – aber hundertprozentig perfekt wurde es nie. In der Folge fokussierten sie sich auf die wenigen Prozente, die nicht perfekt waren.

Tamara Scheer, Historikerin und Habsburg-Expertin an der Universität Wien, forscht bereits viele Jahre über die habsburgische Armee in allen Winkeln des alten Kaiserreichs. Sie schrieb darüber mehrere Bücher. Sie studierte Berichte von Offizieren und Soldaten und las die Briefe, die sie nach Hause schickten. In der offiziellen Berichterstattung wird endlos über die Nichteinhaltung der Sprachregeln gejammert. Aber in den Briefen schreibt ein Soldat nach dem anderen, wie viel Spaß es doch mache, eine andere Sprache zu lernen. Soldaten langweilten sich oft sehr. Die Sprachkurse waren wenigstens eine sinnvolle Beschäftigung. Sie fanden dadurch neue Freunde und vergrößerten ihre Chancen, später eine gute Arbeitsstelle zu bekommen.

Die Obsession hinsichtlich Perfektion ist ganz offensichtlich – das merkt man auch in der Europäischen Union. Alles ist so heterogen in Europa, es gibt so viele Länder, Sprachen, Kulturen und Eigenheiten, dass man Regeln braucht, die für alle gleich gelten. Darauf stützt sich das ganze System. Aber wenn man die Regeln zu rigoros anwendet und deren Einhaltung erzwingt, negiert man die Diversität, auf der alles basiert, und die Flexibilität, die man braucht, damit jeder sich weiterhin darin heimisch fühlt. Das gilt für die Budgetregeln der Euro-Länder genauso wie für die Regeln bezüglich der Subventionsmaßnahmen der Nationalstaaten am internen Markt – manchmal muss man einem Land eine „goldene Brücke" bauen.

Tamara Scheer bezeichnet sich selbst als „absoluten Habsburgerfreak". Eines Tages treffe ich sie bei einem Kaffee in einem Kaffeehaus in Oslo, wohin ich von Wien gerade übersiedelt bin. Scheer ist eine lebendige Person mit farbenfroher Kleidung und wachen Augen, die ständig in Bewe-

gung sind. Sie arbeitet an einem Projekt an der Universität von Oslo und soll für die österreichische Botschaft einen Vortrag halten über das vor Kurzem von ihr veröffentlichte Buch über typisch habsburgische Wörter, die nach 1918 in Vergessenheit geraten sind. Das Buch verkauft sich gut. Jetzt, wo sich in Europa wieder Verschwörungstheorien breitmachen, postet sie kurze Videos auf Twitter, um zu zeigen, dass schon die Habsburger gut darin waren („Kronprinz Rudolf beging nicht Selbstmord", „Franz Ferdinand wurde von seinen eigenen Mitarbeitern in Sarajevo in einen Hinterhalt gelockt" etc.).

Scheer sieht überall Parallelen zwischen damals und heute. Es gebe eine Habsburg-Nostalgie, sagt sie. Sogar in Osteuropa, wo Menschen (mit Ausnahme vieler Rumänen) immer einigermaßen kritisch gewesen seien. Wir befänden uns in turbulenten Zeiten. Die Menschen würden sich unsicher fühlen und nach Stabilität und Politikern suchen, denen sie vertrauen könnten. Sie würden sich nach der Gemütlichkeit aus einer Zeit sehnen, in der vieles schiefgegangen sei und Bürger dennoch dem alten Kaiser Franz Joseph nicht die Schuld geben hätten wollen. „Schreiben wir ihm doch einen Brief", hätte man dann gesagt. Scheer hat solche Briefe stapelweise gelesen. Sie findet sie in Archiven, verstreut über das ehemalige Habsburgerreich. Aber auch in Trödelläden findet man sie – begraben unter Kerzenständern, Tassen, Figürchen und Medaillen aus jener Zeit.

Diese Gemütlichkeit ist es, die dem heutigen Europa aus der Sicht von Scheer fehle. „Wir sind zu rigide mit Regeln", sagt sie. „Wir müssen die Unvollkommenheit akzeptieren und einander etwas mehr Raum für Fehler zugestehen. Kompromisse schließen, manchmal ein Auge zudrücken. Darum geht es in der EU im Grunde genommen: Dass wir einander nicht in die Haare kriegen, sondern uns alle ein wenig zurücknehmen, damit auch andere zum Zug kommen."

V

Woran ist das Habsburgerreich zugrunde gegangen? Wenn wir wissen wollen, ob die EU so enden wird wie das Habsburgerreich, müssen wir zunächst einmal diese Frage beantworten.

Das Standardnarrativ lautete lange Zeit, dass die Nationen im Habsburgerreich nicht mehr unter dem habsburgischen Joch leben wollten. Und dass die Zeiten sich geändert hätten. Die Bürger waren immer gebildeter. Sie wurden mündiger. Sie wollten Mitspracherecht, Mitbestimmungsrecht und Stimmrecht. In einer solchen Zeit, so lautet die gängige Erklärung, überleben absolut regierende Monarchen nicht. Deswegen gingen das Habsburgerreich, das Osmanische Reich, das Deutsche Kaiserreich und das Russische Kaiserreich alle um dieselbe Zeit unter. So, als rein historische Logik, steht es in den Schulbüchern. Dann trat der amerikanische Präsident Wilson mit einer neuen Doktrin auf den Plan, dem 14-Punkte-Programm, das die Basis für den neuen Weltfrieden darstellte. Der Kern dieses Plans war es, dass alle Völker das Recht auf Selbstbestimmung bekamen. So wurde es im Völkerrecht festgelegt.

Durch dieses Prisma hat fast jeder seitdem das Habsburgerreich betrachtet. Als Anachronismus. Als etwas, das sich nach vielen Jahrhunderten einfach überlebt hatte. Punkt.

Aber in den letzten Jahren wird diese Interpretation immer öfter kritisiert. Historiker fanden zum Beispiel heraus, dass die Nationalisten in vielen Teilen des Habsburgerreiches vor Ausbruch des Krieges 1914 fast nirgendwo reüssieren konnten. Ja, die Völker wollten alle mehr Rechte. Sie waren neidisch aufeinander und behielten einander ständig im Auge, um sicher zu gehen, dass andere nicht bevorzugt wurden. Sie liebten ihre „eigene" Musik und sonstige kulturelle Ausdrucksformen.

Zugleich war die Motivation für Selbständigkeit gering. Sogar Ungarn, wo noch heute über die Habsburger gesprochen wird, als ob es sich um eine ausländische Besatzungsmacht gehandelt habe, wollte um keinen Preis aus der Doppelmonarchie. Die Ungarn hatten mehr Mitspracherecht als sonst jemand. Sie konnten nahezu alles blockieren. In ihrer Hälfte der Doppelmonarchie konnten sie nach 1867 schalten und walten wie immer sie wollten. Das bedeutete, dass ihre Reichshälfte in hohem Tempo magyarisiert wurde. Obwohl die echten Magyaren eine Minderheit darstellten, wurde Ungarisch zur offiziellen Sprache ernannt. Magyaren hatten dort immer mehr das Sagen. Kaiser Franz Joseph, der dafür gesorgt hatte, dass die andere Reichshälfte – seine Hälfte – mehrsprachig war, fand dies schrecklich, aber er konnte nichts dagegen tun. In dieser Hinsicht hatten die Ungarn mit der Doppelmonarchie einen Haupttreffer gelandet.

Es gibt noch einen Grund, weshalb Hardcore-Nationalisten mit separatistischen Ideen vor 1914 kaum Fuß fassen konnten. Das Habsburgerreich war nicht so starr und absolutistisch, wie immer wieder behauptet wurde. Der vorletzte Kaiser, Franz Joseph, mag zwar kein überzeugter Demokrat gewesen sein, aber er führte sehr wohl verschiedene Reformen durch. Es wurde ein Parlament ins Leben gerufen, in dem alle Völker vertreten waren. Dem Parlament wurden immer mehr Rechte übertragen. Allmählich wurde im Laufe der Jahre das Wahlrecht erweitert. Der Kaiser schraubte auch fortwährend an den Arrangements zwischen den verschiedenen Nationalitäten des Habsburgerreiches. Niemand war jemals ganz zufrieden. Alles geschah auf Grundlage von Konsens und Kompromissen. Aber alle hatten immer Aussicht auf gewisse Verbesserungen.

Der Kaiser hätte schneller handeln können. Viel schneller. Er hätte einiges anders machen können. Aber die Auffassung, dass das Volk Reformen verlangte und nicht bekam, stimmt einfach nicht. Im Vergleich zu anderen absolutistischen Monarchen seiner Zeit – dem Zaren, dem deutschen Kaiser, dem Sultan – war er sogar ein ziemlich milder Herrscher. Zu dieser Schlussfolgerung kam auch eine kleine Gruppe Wissenschaftler und Intellektueller bei einer Art Workshop am Institut für die Wissenschaften vom Menschen (IWM), einem Thinktank in Wien. Einer der Teilnehmer war der ehemalige britische Diplomat Robert Cooper, der früher in Brüssel die rechte Hand des allerersten Hohen Vertreters für die Gemeinsame Außen- und Sicherheitspolitik der EU, Javier Solana, war. Ich treffe Cooper manchmal auf Konferenzen über Europa. Eines Tages spreche ich mit ihm über die Habsburger. „Die Vorstellung, dass das Kaiserreich von unterdrückten Völkern gestürzt wurde", meinte er, „stimmt einfach nicht."

Laut Cooper ähnelte das alte Habsburgerreich in dieser Hinsicht sehr der heutigen EU. Mit Mitgliedstaaten, die immer weniger einzahlen wollen, die Gesetze so hinbiegen wollen, dass sie ihren Bauern oder Fabriken maximal nützen, und die immer bessere Deals für sich selbst wollen. Regelungen für Minderheiten, die Verteilung von Förderungen oder Steuerregelungen – in dieser Hinsicht sei die Hofburg ein ähnlicher politischer Taubenschlag gewesen wie das Ratsgebäude in Brüssel. Und die Rolle der emotionalen und superselbstsicheren Ungarn erinnert auch Cocper an die widerspenstige Rolle, die die Briten mehrere Jahrzehnte lang in der EU gespielt haben. Und auch an die Rolle von Ungarn in der EU *jetzt:* immer in der Opferrolle, immer damit beschäftigt, Regeln zum eigenen Vorteil zurechtzubiegen, immer gegen Brüssel hetzen, wie sie früher gegen Wien hetzten.

VI

In seinem bahnbrechenden Buch *The Habsburg Empire: A New History* (2016) schreibt der Historiker Pieter Judson, dass es nur einen wirklichen Grund für den Untergang des Kaiserreichs gebe: den Krieg. Aus seiner Sicht seien bis 1914 die meisten Bürger des Habsburgerreichs ziemlich zufrieden gewesen. Die Globalisierung sei vorangeschritten, die Wirtschaft habe gebrummt. Die Menschen hätten fortwährend mehr Leistungen vom Staat verlangt und diese oft auch bekommen. Immer mehr Bürger seien im Staatsdienst gewesen. Dieser habe oft pünktlich bezahlt und für seine Leute gesorgt. Nur wenige, so Judson, hätten ein Interesse daran gehabt, das System zu zerstören: Sie hätten sich ins eigene Fleisch geschnitten.

Aber das änderte sich, als der Krieg begann. Und zwar aus zwei Gründen. Zunächst gingen das ganze Geld und alle Mittel plötzlich an die Front, vier Jahre lang. Der Krieg verlief katastrophal. Von vielen Bürgern kehrten Familienmitglieder oder Freunde in Leichensäcken zurück. Der Staat musste zahlreiche Leistungen streichen, um den Krieg finanzieren zu können. Viele Menschen verloren ihre Arbeit. Sie wurden zu spät oder gar nicht erst bezahlt. Dadurch änderte sich ihre Sicht auf den Staat. Plötzlich empfanden sie ihn nicht länger als fürsorglich. Vor dem Krieg waren viele Bürger ziemlich zufrieden mit dem Kaiserreich, aber während des Krieges änderte sich dies. Sie wurden unzufrieden, waren allmählich offen für Alternativen. Der Krieg trieb sie in die Arme der Nationalisten.

Zweitens war es der Krieg, der zu einer Art „Staatsstreich" innerhalb des Kaiserreichs führte. Militäroperationen hatten plötzlich Priorität. Konservative Generäle übernahmen de facto die Leitung von Franz Joseph. Sie hatten nie verheimlicht, dass sie ihn für einen Schwächling hielten. Sie hielten die vom Kaiser eingeleiteten demokratischen Reformen für entbehrlich. Dass er Gewerkschaften erlaubte und Arbeiter demonstrieren ließ, fanden sie lächerlich. Es gelang ihnen, den Kaiser davon zu überzeugen, dass dies mitten im Krieg schlecht für das Land sei. Alles müsste nun strikt auf ein Ziel ausgerichtet sein, argumentierten sie. Sie schafften das Parlament wieder ab und beschränkten die Bürgerrechte, die Franz Joseph gerade erst eingeführt hatte. Auch dies machte viele Bürger wütend. Sie fühlten sich hintergangen und waren immer enttäuschter von Väterchen Staat. Die Nationalisten nutzten diese Unzufriedenheit dankbar aus.

Hinzu kam, dass die Bürger während des Krieges vor allem in den großen Städten wirklich Hunger litten. Das begann schon 1915. Vieles war nur am Schwarzmarkt zu bekommen, klarerweise zu astronomischen Preisen. Der Staat versuchte, dieses Problem durch ein Rationierungssystem in den Griff zu bekommen. Aber das System funktionierte schlecht. Solange Kaiser Franz Joseph noch lebte – bis Ende 1916 – nahmen ihm das nur wenige Bürger übel. Stattdessen beschuldigten sie die Generäle und deren Adjutanten, ihre eigenen Günstlinge – oft ethnische Günstlinge – bei der Nahrungsverteilung zu bevorzugen. Und so kam es, dass in einer perfekt multikulturellen Stadt wie Wien alle plötzlich auf die Ungarn herabblickten. In Ungarn gab es die meiste Landwirtschaft, aber es wohnten dort weniger Menschen. In Wien sagten viele, dass die Ungarn die Zufuhr von Nahrungsmitteln absichtlich beschränken würden, sodass die Preise stiegen und Ungarn gut daran verdiente. Auch würden die Ungarn einander in der Stadt zusätzliche Nahrungsmarken zuschanzen.

Die Ungarn beschuldigten ihrerseits die Tschechen. Und die Tschechen die Kroaten. In einer Stadt, in der 1914 Männer ungeachtet ihrer Herkunft und Muttersprache begeistert gemeinsam Schlange gestanden hatten, um sich für den Frontdienst anzumelden, wandten sich hungrige Bürger innerhalb kürzester Zeit gegeneinander. In *Vienna and the Fall of the Habsburg Empire,* einem Buch, das sich zur Gänze der Hungersnot und deren sozialen und politischen Folgen während des Krieges in Wien widmet, schreibt die amerikanische Historikerin Maureen Healy, dass die Doppelmonarchie Krieg mit sich selbst geführt habe, als es um Nahrungsmittel gegangen sei.

Während Italiener, Slowaken, Tschechen, Österreicher und Angehörige sonstiger Volksgruppen an der Front verzweifelt versuchten, ihr gemeinsames habsburgisches Reich zu verteidigen, fiel die habsburgische *Heimatfront* in Windeseile auseinander. Manche Wissenschaftler meinen sogar, dass die internen Probleme, von denen man an der echten Front kaum etwas mitbekam, der eigentliche Grund für das Auseinanderfallen des Kaiserreichs gewesen seien.

Der alte Kaiser starb 1916. Seit 1848 war er an der Macht gewesen – fast siebzig Jahre lang. Viele Bürger respektierten ihn. Er arbeitete hart und versuchte, allen zuzuhören. Er machte eine ganze Menge Fehler, aber viele sahen in ihm in erster Linie einen „Menschen". Jeder kannte die Geschichte seiner Heizung in Schönbrunn, die während des Krieges ebenfalls rationiert wurde: Der Kaiser habe solidarisch mit seinem Volk sein wollen und sei, eingehüllt in Jacken und Decken, zitternd hinter seinem Schreibtisch gesessen. Der Tod Franz Josephs kam genau in einen Moment, in dem viele Bürger wegen des Krieges Opfer bringen mussten und ernsthaft am Staat zu zweifeln begannen. Ohne Kaiser hatten sie noch weniger Grund, das Kaiserreich zu unterstützen. Franz Joseph stand wie kein anderer für habsburgische Kontinuität – ein Mann, der alle Sprachen seines Reiches sprach und sein Bestes tat, um alle zufriedenzustellen. Alle nationalen Gruppen und Sprachgruppen sahen in ihm ihren Schutzherrn. Viele Menschen hatten nie einen anderen Kaiser gekannt.

Nur wenige kannten den neuen Kaiser, Karl. Er wollte den Krieg beenden, aber aufgrund seiner Unerfahrenheit gelang ihm das nicht. Der deutsche Kaiser Wilhelm II., sein Verbündeter, der viel dominanter war (er war so besessen und emotional, dass er gelegentlich mit Donald Trump verglichen wird), wollte weitermachen. Also musste auch Karl weitermachen, bis 1918.

Das Ende des Habsburgerreiches lässt sich nicht auf einen genauen Tag bzw. auf ein spezifisches Datum festmachen. Der Krieg schwächte den Staat in fataler Weise. Er hörte auf, ein Rechtsstaat zu sein und sich um seine Bürger zu kümmern. Die Menschen wandten sich gegeneinander, ethnische Gruppe gegen ethnische Gruppe, Sprachgruppe gegen Sprachgruppe. Pieter Judson meint, der Krieg habe das Gefühl gegenseitiger Solidarität zwischen Bürger und Staat erodieren lassen und allmählich die Existenzberechtigung des Kaiserreiches unterminiert.

Dieser Prozess fand in allen Teilen des Reiches statt. Überall gab es Auflösungserscheinungen. Mal hier, mal dort. Es war ein Crash in Zeitlupe. Und die längste Zeit konnte niemand die Frage beantworten, was anstelle des Habsburgerreichs treten würde, oder wo die Grenzen verlaufen würden. Auch die Nationalisten nicht.

VII

Lange Zeit lautete das Narrativ, dass sich die Nationen, die Völker, 1918 aus dem Völkerkerker befreit hätten. Aber in Wirklichkeit brachte das Kaiserreich, ein Vielvölkerstaat, mehrere kleine Staaten hervor, deren Bevölkerung ihrerseits auch völlig gemischt war. Weil es nie wichtig gewesen war, wo man wohnte, hatten sich die Menschen überall im Habsburgerreich frei niedergelassen und all diese kleinen Staaten waren im Laufe der Zeit selbst zu Mini-Vielvölkerstaaten geworden. Ende 1918, als das Kaiserreich zerfiel, gab es überall Menschen, die von einem Tag auf den anderen nicht mehr als Bürger anerkannt wurden, obwohl sie manchmal mehrere Jahrzehnte an jenem Ort gewohnt hatten. Oder sie wurden nur als Bürger zweiter Klasse anerkannt, mit weniger Rechten. Etwas Ähnliches passiert nach dem Brexit auch vielen Briten in der EU und Europäern im Vereinigten Königreich.

Und so begann nach 1918 jener Kampf, den die Habsburger viele Jahrhunderte zu vermeiden gewusst hatten: der interne Kampf um die Frage, wer am längeren Hebel sitzen würde.

Kapitel 7

In countries which used to hail the fall of Austria as progress, its administration is now being written about in approving terms. Perhaps it could only work in a period when there were men who had gone to university not in order to make as much money as possible later, but in order to dedicate themselves to the country they loved and to which they felt an obligation, no matter which language group they belonged to.

ALFONS CLARY-ALDRINGEN, *A European Past: Memoirs by Prince Clary* (1978)

I

Mitteleuropa ist voller Menschen, die immer noch nicht sagen können, aus welchem Land ihre Familie eigentlich stammt. In einer Region, in der sich die Grenzen im Laufe eines Jahrhunderts so oft geändert haben, konnte man ununterbrochen in ein und demselben Dorf wohnen und dennoch vier Mal in seinem Leben in einem anderen Land aufwachen.

Ich begegne in Wien vielen Menschen mit einer sehr bewegten Familiengeschichte. Davon macht niemand großes Aufheben. Hinweise darauf verstecken sich oft in beiläufigen Bemerkungen. Weil ich anfangs nicht die Antennen habe, um diese impliziten Hinweise einzufangen und zu registrieren, gehen die meisten wahrscheinlich unbemerkt an mir vorüber.

Eines Tages schreibe ich einen Artikel über das Revival des Dirndls. Ich sehe Menschen auf der Straße mit diesen langen, weiten Röcken mit Schürzen darüber und frage mich, warum man hier so versessen darauf ist, während es sich in den Niederlanden auf ein wenig Touristenfolklore in Urk oder Volendam beschränkt. So komme ich über sieben Ecken zu einer Österreicherin namens Ariane Tueni, die einen Schrank voller Dirndl aus dem an Ungarn grenzenden Burgenland hat. Sie arbeitete einst für die Vereinten Nationen – u. a. weil sich das Nachkriegsösterreich als „neutral" positioniert (oder sogar als „Brücke zwischen Ost und West"), ist Wien neben New York und Genf die dritte UN-Stadt der Welt. Nunmehr in Pension, arbeitet Tueni nebenbei als Stadtführerin. Sie erklärt mir, dass Dirndl und Lederhosen in Österreich und Deutschland nach dem Krieg viele Jahre tabu gewesen seien, weil Hitler sie so gemocht habe. Dirndl assoziiert man mit Bauernhof, geröteten

Wangen und dem gemeinsamen Singen der Nationalhymne. Diese Nazi-Konnotationen haben die unbekümmerte Einfalt jahrzehntelang überschattet und besudelt. Dass Menschen heutzutage wieder im Dirndl heiraten, dass sie so gekleidet zu Festen gehen und dass sogar H&M heutzutage in der Wiener Ballsaison Trachten verkauft, sagt etwas über die Bewältigung der Kriegsvergangenheit aus. Und wer weiß, vielleicht auch über die Rückkehr von rechtsextremem Gedankengut. In Bayern passiert genau das Gleiche.

Tueni sammelt und archiviert nur klassische burgenländische Dirndl, hochgeschlossen und bis zu den Knöcheln reichend – nicht die kurzen, frivolen Trachten mit grellen Farben und wilden Prints, die derzeit in Mode kommen. In den achtziger Jahren des vorigen Jahrhunderts war sie eine der wenigen Österreicherinnen, die auf der Straße im Dirndl unterwegs waren. Sie trug sie auch bei der Arbeit. Bei der UNO wunderte sich niemand darüber. Indische und afrikanische Kollegen und Kolleginnen trugen regelmäßig ihre Landestracht. „Aber dann", so erinnert sie sich, „begann der Dirndlhype. Kellnerinnen in Restaurants und Verkäuferinnen in Souvenirläden trugen Dirndl. Vulgäre, sexy Exemplare in knalligen Farben. Nicht die traditionellen, sittsamen Varianten, die ich trug. Aber die Leute dachten dennoch, dass auch ich einen Souvenirladen hätte und dann fragten sie mich auf der Straße: ‚Ab wann ist das Geschäft offen?' Oder sie bestellten ein Bier bei mir, weil sie dachten, ich wäre eine Kellnerin." Seitdem geht Tueni wieder einfach in Hose und Pulli auf die Straße.

So ist alles eigentlich Politik, sogar ein Dirndl.

An einem Julitag reden wir in ihrer brütend heißen Wohnung im 8. Bezirk über den Krieg und dessen Bewältigung. Auf einmal erzählt Tueni, dass sie als Kind wochenlang mit ihrer Mutter von Ungarn nach Österreich unterwegs gewesen sei. Zu Fuß. Sie seien vor der Sowjet-Armee, die sich aus dem Osten näherte, geflüchtet.

Völlig unerwartet öffnet sich hier ein kleines Fenster. Ich bin fasziniert. Das muss 1956 gewesen sein, während des Ungarnaufstands. Ich frage vorsichtig nach, aber sie hat eindeutig keine Lust, darüber zu reden. So überhaupt nicht. Das Fenster schließt sich sofort wieder.

Ein anderes Mal treffe ich einen österreichischen Bekannten an dem Tag, an dem der russische Präsident in Wien zu Besuch ist. Wladimir Putin ist fast nirgendwo in Europa noch willkommen. Ausgenommen hier. Er fährt Ski in Österreich, inkognito. Manchmal logiert er in Wien im Hotel Imperial am Ring. Einer der ersten Arbeitsbesuche der österreichischen Regierung geht immer nach Moskau. Nach der Skripal-Affäre, bei der russische Geheimagenten einen ehemaligen Kollegen in England vergifteten, wies die Europäische Union russische Diplomaten aus. Österreich machte dabei aber nicht mit. Die größten ausländischen Banken in Russland sind österreichische Banken. Was ist es, das Österreicher mit Russland verbindet?

Wieder öffnet sich so ein Fenster. Mein Bekannter erklärt mir, dass Österreich nach dem Zweiten Weltkrieg von den Alliierten in vier Besatzungszonen aufgeteilt wurde. Eine dieser Zonen war eine russische. Die Russen sind zehn Jahre geblieben. Erst 1956 zogen sie ab. Das sei außergewöhnlicher gewesen als es sich anhöre, denn andere Länder in der Region hatten sie niemals verlassen. In Ungarn blieben sie, in der Tschechoslowakei blieben sie, in Polen und so fort. Nur aus Finnland und Österreich zogen sie sich zurück. Unter einer Bedingung: dass die Länder neutral blieben. Deutschland und Italien waren Mitglieder der NATO. Die Schweiz war neutral. Wenn Österreich auch neutral bliebe, würde die NATO keine Linie von Nord nach Süd durch Europa ziehen und keine harte, starre Front gegen die Sowjet-Union bilden können. Das sei das Versprechen gewesen, das die Österreicher Moskau informell gegeben haben. Sie hielten peinlich genau daran fest. Seit den fünfziger Jahren gebe es in Österreich niemanden, der das geflügelte Wort „den russischen Bären reizt man nicht" nicht kenne.

Die Österreicher hatten immer Angst davor, dass die Rote Armee zurückkommen würde, sollten sie ihre Neutralität jemals aufgeben. Das Land wurde erst 1995 Mitglied der EU, als der Eiserne Vorhang definitiv Geschichte war. Es ist immer noch kein NATO-Mitglied. Nur wenige in Österreich wollen das auch. Kein Land in Europa ist so anti-amerikanisch wie Österreich.

„Wir hassen die Russen", versichert mir mein österreichischer Bekannter, nachdem er mir das alles erklärt hat. Das russische Kriegsmonument in Wien heiße im

Volksmund nicht umsonst „das Denkmal des russischen Vergewaltigers". „Aber wir wollen den Bären trotzdem nicht reizen."

„Habt ihr wirklich Angst, dass die Russen zurückkommen?", frage ich ungläubig. „Ja sicher", sagt er. „Russland hat doch auch die Krim annektiert, und einen Teil der Ukraine. Und sie provozieren mit Kampfflugzeugen und Militärübungen entlang der Grenze zu den baltischen Ländern und Norwegen." Er erzählt, dass seine Mutter, die weit über neunzig ist, vor einigen Jahren, als sie noch mit dem Auto fahren durfte, immer darauf geachtet habe, dass der Tank mindestens halbvoll war. „Wenn die Russen kommen", habe seine Mutter immer gesagt, „dann muss man sofort ins Auto springen und ein ordentliches Stück westwärts fahren können."

Auf einmal fiel mir wieder der Reitlehrer meiner Tochter ein, der uns mehrmals fragte, ob die Russen zurückkommen würden. Zunächst dachte ich, er frage das nur scherzhaft. Aber der Mann meinte es bitterernst. Als wir nein sagten, schien ihn das nie wirklich zu überzeugen. Und er wiederholte seine Frage immer wieder. Wenn die Russen sich wieder einmal grenzwertig verhalten hatten, sagte sein Blick: „Seht ihr jetzt, dass ich Recht hatte?"

II

All diese Traumata – Völkerwanderungen, Entwurzelung, Angst vor Besatzung –, die man immer noch überall in Mittel- und Osteuropa antrifft, sind keine habsburgischen Traumata. Aber sie hängen dennoch sehr wohl damit zusammen. Im Habsburgerreich lebten die Menschen einfach durcheinander. Grenzen zwischen den Sprachgruppen gab es zwar, aber die spielten für die meisten keine große Rolle. Als das Habsburgerreich auseinanderfiel und auf einmal nationale Grenzen gezogen wurden, befanden sich viele Menschen auf der „falschen" Seite einer Grenze. Anfangs war ihnen das oft gar nicht bewusst. Viele dachten, dass sie ungeachtet ihrer Herkunft oder Muttersprache gute Bürger in den neuen Nationalstaaten sein konnten. Sie gaben dafür auch ihr Bestes. Das sollte ihnen später, in den dreißiger und vierziger Jahren, zum Verhängnis werden. Wenn sie Glück hatten, wurden sie lebend über die Grenze geschafft, aber in vielen Fällen hatten sie Pech und man ließ sie ins offene Messer laufen.

Ivan Krastev, der bulgarische Politologe, der in Wien am IWM arbeitet, meinte einmal, dass die meisten ehemaligen kommunistischen Länder Mittel- und Osteuropas ethnisch viel homogener seien als die westeuropäischen Länder. Die Idee, dass der Staat mit der Nation identisch sein soll, sei dort nach allen Säuberungen vor siebzig, achtzig Jahren völlig normal. Unter anderem deswegen sei es so schwierig, diese Länder zur Aufnahme von Flüchtlingen zu überreden.

Eine Freundin von mir in Wien erzählt mir über den Zwiespalt in ihrer Familie. Die eine Hälfte wolle versuchen, ihre alten Häuser in Böhmen, zurückzubekommen. Die andere Hälfte wolle den Rest ihres Lebens möglichst wenig mit Tschechien zu tun haben, und all diese alten Besitztümer vergessen. Diese deutschsprachige Familie hat jahrhundertelang an denselben Orten, in denselben Häusern gewohnt. 1918 seien sie eines Morgens nicht mehr im Habsburgerreich, sondern in der Tschechoslowakei aufgewacht. Das Gebiet der späteren Tschechoslowakei war das industrielle, wohlhabende Herz des Kaiserreichs. Die tschechischsprachige Bevölkerung hatte dort wegen der herrschenden Sprachgesetzgebung immer Probleme mit den Deutschsprachigen. Diese wurden in den Augen der Tschechen bevorzugt, weil sie Deutsch sprachen und Deutsch doch die dominante Sprache des Kaiserreiches war. Zur Zeit der Habsburger sprachen alle Einwohner von Böhmen und Mähren (dem heutigen Tschechien) zwar Deutsch, aber umgekehrt sprachen nicht alle Tschechisch. Nach dem Zusammenbruch des Habsburgerreiches durften die Deutschsprachigen vorerst bleiben. Aber es war offensichtlich, wer hier nun das Sagen hatte: Menschen, die Tschechisch als Muttersprache hatten. Die Regeln für Deutschsprachige wurden immer restriktiver. Ihre Steuern wurden stark erhöht. Prag kümmerte sich kaum noch um die Regionen, in denen sie lebten. Nach 1945 konfiszierten die Kommunisten alles. Viele Deutschsprachige flüchteten nach Deutschland oder Österreich. Nach dem Mauerfall bekamen einige von ihnen einen Teil ihres Besitzes zurück. Aber bei weitem nicht alles, und manchmal sogar fast nichts. So machte der Kleinstaat Liechtenstein 2020 ein Verfahren gegen die Tschechische Republik beim Europäischen Gerichtshof anhängig. Der Familie Liechtenstein, die zur Zeit der Habsburger viele Besitztümer im Gebiet der Tschechischen Republik hatte, war es nach jahrzehntelangen diplomatischen Bemühungen nicht gelungen, von den Behörden in Prag viel zurückzufordern – die Tschechen hatten sie als „deutsch" registriert, weil ihre erste Sprache Deutsch war. Aber die Liechtensteiner argumentieren, dass sie gar keine Deutschen seien und das auch nie gewesen seien.

Ein Buch, das ein gutes Bild von solchen Zuständen verschafft, ist *A European Past*, die Memoiren von Prinz Alfons Clary. Es ist ein tadelloses Buch von einem tadellosen Mann. Es scheint, als ob alle gehässigen Bemerkungen in jenen Momenten gefallen sind, als der Prinz mal eben kurz draußen war. Die Clarys waren Kosmopoliten, aber in Böhmen wurden sie damals bestimmt zu den Deutschsprachigen gezählt. Die Familie kam um 1600 aus dem Friaul über Tirol nach Böhmen und ging von dort nie mehr weg. Die Clarys waren eine habsburgische Familie *par excellence*. Viele waren im Dienst des Kaisers tätig, beim Militär, als Politiker oder hohe Beamte. Nach 1918 übernimmt Prinz Alfons, damals 31 Jahre alt und gerade unversehrt vom geschlagenen imperialen Heer zurückgekommen, die Besitztümer seiner Familie. Danach geht es nur noch bergab.

Die Entscheidungen, die diese Familie nach dem Ersten Weltkrieg traf, zeigen, wie groß die habsburgische Sorglosigkeit hinsichtlich gemischter Identitäten und politischer Loyalitäten war. Jeder, auch Alfons Clary, ging 1918 davon aus, dass sich alles von selbst fügen würde. Man dachte, dass die Kleinstaaten, die sich aus dem riesigen Kaiserreich gelöst hatten, mehr oder weniger auf altbewährte Weise weitermachen würden. Mit offenen Grenzen. Mit denselben ethischen Prinzipien und pragmatischen Standpunkten. Und denselben Rechten für alle. So war man es gewohnt. Auf diese Weise war die Tschechoslowakei so wohlhabend geworden. Die Emotionen gingen vorübergehend zwar hoch, aber bald würde der Verstand wieder obsiegen.

Faszinierende Lektüre, gerade jetzt. Wir leben wieder in einer Zeit großer geopolitischer Turbulenzen. Auch jetzt gehen viele davon aus, dass der Verstand schon obsiegen werde.

Damals schien dies eine vernunftbasierte Erwartung zu sein. Aber das Gegenteil passierte. Die Clarys, Großgrundbesitzer, verloren durch Bodenreformen in der neuen Republik zunächst verschiedene Ländereien in Tschechien: 12.000 Quadratkilometer Ackerland und fast das Doppelte an Wald. Das übriggebliebene Landgut, Teplice, durfte der Prinz behalten, wenn er 20 Prozent Steuern auf den Gesamtwert im Voraus zahlte. Teplice war in schlechtem Zustand. Aber trotzdem bezahlte der Prinz. Dafür verkaufte er den Familiensitz in der Wiener Herrengasse. Früher war er immer unterwegs, in Wien, in Prag oder, von 1914 bis 1918, irgendwo an der russischen Front. Aber in Teplice wurde er Vollzeitbauer und Bierbrauer. Daneben hatte er noch viele andere Projekte. Er gründete Molkereien, eine Bäckerei, eine Sägemühle, eine Kohlemine und eine Art Thermalbad mit Heilwasser.

Er notierte: „Ich war Österreicher und blieb Österreicher, auch wenn mein vielseitiges, ehemaliges Land nicht mehr existierte. Erst jetzt wurde ich auch Böhme – der Begriff ‚Sudetendeutscher‘ kam damals auf. Für meine Landsleute war ich nicht länger der halbe Fremde, die internationale Person. Ich arbeitete jetzt mit ihnen und sie mit mir – und wir lernten einander endlich kennen.“

Die Tschechischsprachigen fühlten sich in der Zeit der Habsburger als Minderheit von den Deutschsprachigen an den Rand gedrängt. Jetzt wurden die Rollen getauscht. Die neue Republik wurde vor allem von Tschechischsprachigen für Tschechischsprachige verwaltet. Deutschsprachige wurden immer weiter marginalisiert. Mittels Steuern. Mittels Verboten. Eines Tages vereinbarte Clary mithilfe der wenigen ihm noch verbliebenen Beziehungen zum neuen politischen Establishment einen Termin mit Präsident Masaryk. Als er die hoch über Prag thronende, präsidentielle Burg betrat, stellte er fest, dass dort noch dieselben Möbel standen wie zur Zeit Kaiserin Maria Theresias. Hinter dem Stuhl Masaryks hing immer noch ein großes Porträt von Kaiser Leopold II.

Masaryk hatte mit Freude dabei geholfen, das Kaiserreich zu untergraben und schließlich zu stürzen. Clary war deswegen immer noch in Trauer. Die beiden bildeten ein hübsches Paar. Der Präsident fragte, welche Sorgen die Deutschsprachigen in Böhmen hätten und hörte den Ausführungen des Prinzen zwei Stunden lang andächtig zu. Danach sagte er, dass sie sich eben anpassen und loyal gegenüber der neuen Republik sein müssten. Ende des Gesprächs. Das Gespräch habe nicht das geringste Ergebnis gehabt, schreibt Clary.

Ende der dreißiger Jahre versuchte er nochmals, die neuen Machthaber davon zu
überzeugen, die Deutschsprachigen besser zu behandeln und sie auch eine Rolle in
der Verwaltung des Landes spielen zu lassen. Diesmal traf er auf Außenminister Ed-
vard Beneš, der vor längerer Zeit das Buch *Détruisez l'Autriche-Hongrie!* geschrieben
hatte. Das Gespräch fand statt, als den Deutschsprachigen das Wasser schon bis zum
Hals stand. Der Weltmarkt für Kohle war zusammengebrochen. Die Kohleminen
des Landes befanden sich fast alle in Böhmen. Viele Kinder in Böhmen hatten einen
solchen Hunger, dass sie nicht zur Schule gehen konnten. Die Regierung, sagte Clary zu Beneš, helfe sehr wohl in Teilen des Landes, in denen Tschechisch gesprochen
werde. Warum man nichts für die Deutschsprachigen tue? Minister Beneš blieb un-
beeindruckt. Schließlich organisierten die Clarys und andere Deutschsprachige, die
es sich leisten konnten, selbst eine Art soziales Netz für die Armen. Aber die Regierung betrachtete dies als Akt des Misstrauens gegen den Staat.

1945 flüchteten die Clarys vor den Kommunisten. Sie nahmen nichts mit. Mit
viel Glück und der Hilfe einiger tschechischer Mitarbeiter landeten sie schließlich
in Deutschland, wo sie einige Jahre bei Angehörigen wohnten. Schlussendlich ließen
sie sich in dem einzigen Haus, das sie noch besaßen, nieder. In Venedig. Sie besaßen
keinen roten Heller mehr. Menschen „borgten" ihnen Brennholz für den Winter.

III

Eines Tages, als ich in Paris zu tun habe, besuche ich Jacques Rupnik. Rupnik ist ge-
bürtiger Tscheche. Er wurde 1950 in Prag geboren. Seine Eltern flüchteten aus dem
Land, als er noch ein Kind war. So konnte Rupnik in Paris und Harvard studieren.
Gegenwärtig unterrichtet er u. a. an der Sciences Po. Dort warte ich am Empfang
auf ihn. Er kommt runter, in einem Cordanzug, und sagt: „Lassen Sie uns irgendwo
einen Kaffee trinken."

Geschichten wie jene von Clary, sagt er ein wenig später in einem Kaffeehaus
in der rue Jacob, würden zeigen, dass Länder in Mittel- und Osteuropa ein Dach
bräuchten. Eine übergreifende Struktur, die Spannungen und Rivalitäten zwischen
diesen Ländern neutralisieren könne. Und die verhindern könne, dass sie einander
in die Haare gerieten, wie das zwischen 1918 und 1938 (der einzigen Periode, in der
sie nicht Teil einer größeren Verwaltungsstruktur waren) unentwegt der Fall gewesen
sei. „Das Habsburgerreich war so ein Dach. Jetzt ist es die Europäische Union. Die
EU ist in dieser Hinsicht das funktionelle Äquivalent des Habsburgerreiches."

Noch immer reagierten viele Tschechen empfindlich auf „Habsburg", bestätigt
er. Die Opferrolle – „Wir waren eine unterdrückte Minderheit." – sei noch immer tief in ihnen verwurzelt. Dies sei typisch für die ganze Region. Zugleich, sagt
Rupnik, hätte es ohne das Habsburgerreich kein Gegengewicht zum mächtigen

Deutschland gegeben – und dann wäre es den Tschechen viel schlechter gegangen, als es ihnen jemals unter den Habsburgern gegangen sei. Ihr Problem im Kaiserreich sei nicht so sehr der Kaiser in Wien gewesen, sondern die Ungarn. Ungarn habe in vielen Bereichen Vetorecht gehabt. Sie hätten tschechische Wünsche blockiert, wann immer es möglich gewesen sei. Denn diese hätten meist mehr Autonomie, mehr Rechte, zum Inhalt gehabt. Ungarn selbst habe viele dieser Rechte und auch Autonomie sehr wohl gehabt. Aber mehr Sprachautonomie für die Tschechen, so fürchtete man in Budapest, hätte die Rumänen und andere in der ungarischen Reichshälfte auf Ideen bringen können. Deswegen hätte Ungarn diese Art von tschechischen Anliegen meistens blockiert.

„Dennoch", so Rupnik, „gab es fast keinen Tschechen, der vor 1914 an Abspaltung oder Unabhängigkeit auch nur dachte. Sie wollten nicht weg aus dem Kaiserreich. Im Gegenteil: Sie wollten mehr Rechte."

Rupnik sieht viele Übereinstimmungen zwischen dem Habsburgerreich und der Europäischen Union. Die Ungarn von damals, sagt er, das seien die Briten der letzten Jahrzehnte in der EU: sich immer querlegen und mit einem Veto drohen. Ausschließlich an sich selbst denken. Die Rolle des kritischen Outsiders lieben, während man in Wirklichkeit ein einflussreicher Insider sei. Seit dem Vertrag von Maastricht 1992 hätten die Briten einen anderen Weg eingeschlagen als der Rest der EU. Während sich die EU für eine stärkere politische Integration entschieden habe, hätten die Briten da nicht mitmachen wollen. Sie hätten gefordert – und bekommen: eine Opt-out und Ausnahmeregelung nach der anderen. Kein Euro, kein Schengen, keine Zusammenarbeit im Justizbereich, keine Bankenunion, nichts. So sei es auch mit den Ungarn im Habsburgerreich gewesen. Beide hätten es sich immer gut gerichtet.

Die Briten seien schließlich von Bord gegangen. Aber abgesehen davon gebe es jetzt kein Land, das die EU verlassen wolle. Auch Ungarn und Polen nicht, die in den letzten Jahren dem demokratischen Rechtsstaat allmählich den Garaus gemacht und damit mit vollem Bewusstsein mehrere EU-Regeln gebrochen hätten. Viktor Orbán und Jarosław Kaczyński beklagten sich über die Einmischungen aus Brüssel, dessen Dominanz und Moralpredigten über den Rechtsstaat. Sie legten sich immer öfter quer – aber sie sorgten sehr wohl dafür, dass sie weiterhin dabeibleiben. Denn sie leben von der EU. Diese beiden Länder seien die größten Nettoempfänger europäischer Subventionen. Diese beiden Spitzenpolitiker wüssten, dass viele polnische und ungarische Bürger mit der Mitgliedschaft zufrieden seien. „EU-Kommissar Timmermans", sagt Rupnik, „war nicht beliebt bei den Regierungen in Warschau und Budapest. Aber täuschen Sie sich nicht: Viele einfache Bürger in Polen und Ungarn hatten ihre Hoffnung auf ihn gesetzt. Für sie war Timmermans der Einzige, der der Aushöhlung des Rechtsstaates in ihrem Land entgegenwirken konnte. Es ist Timmermans nicht gelungen, denn das letzte Wort über Sanktionen haben die

Mitgliedsstaaten, und die wollten sich nicht die Finger verbrennen. Aber er hat sein Bestes gegeben und viele Menschen wissen das."

Das bringt ihn zu der nächsten Übereinstimmung: dem Rechtsstaat. „Das Habsburgerreich und die EU sind beide Systeme, die von Regeln und Verfahren geradezu besessen sind. Es ist nämlich die einzige Methode, um den Binnenmarkt funktionieren zu lassen: Wenn es Regeln gibt, an die sich alle zu halten haben. Es ist die einzige Methode, alle mehr oder weniger gleich und niemanden stiefmütterlich zu behandeln."

Aber in beiden „Reichen" stünden Legalität und Legitimität oft auf Kriegsfuß miteinander. Die ganze Literatur über die Habsburger sei davon besessen. Man lese Musils *Der Mann ohne Eigenschaften.* Man lese Kafka. In ihren Werken drehe es sich um die Absurdität von Gesetzen und Regeln, die ein Eigenleben zu führen beginnen und keinerlei Legitimität mehr haben. Eine solche Literatur gebe es kaum noch – mit Ausnahme von Robert Menasses Roman *Die Hauptstadt,* der ebenso zynisch und voller unsympathischer Charaktere sei, mit denen sich niemand identifizieren könne. „Kommt aber noch", sagt Rupnik grinsend.

Er denkt, dass die EU schon noch eine Weile durchhalten werde. Und dass wir uns noch endlos mit Regeln herumschlagen werden. „Nehmen wir den Euro", sagt er. „Natürlich brauchen wir Regeln, um diesen funktionieren zu lassen. Europäische Regeln. Aber die Politik ist zur Gänze national geblieben. Es gibt auch kein Eurobudget. Alle Mitgliedsstaaten pochen auf ihre Souveränität und wollen selbst darüber entscheiden. Nationale Parlamente wollen die Macht auch nicht abgeben. Schließlich drehen wir uns ständig im Kreis. Auf europäischer Ebene funktioniert es nicht gut, national aber auch nicht."

Und auf diese Weise seien wir im Grunde genommen dazu verurteilt, das Gleiche zu tun wie die Habsburger. Eine Zeit lang nichts zu tun. Zu warten, bis eine enorme Krise entstehe. Am Rande des Abgrunds zu stehen und einzusehen: Wenn wir nichts tun, fliegt uns die Bude um die Ohren. Und dann, mit dem Messer an der Kehle, allmählich gemeinsame Institutionen einzurichten. Gerade ausreichend, um Ruhe in die Sache zu bringen.

Man sehe es bei der Coronakrise, die so massiv war, dass sich sogar Deutschland von seiner fanatischen Budgetdisziplin und seiner Abneigung gegenüber Gemeinschaftsschulden verabschiedet habe. Nicht nur habe Berlin vorgeschlagen, hart vom Virus getroffenen Ländern Geld zu geben. Dieses Geld sei noch dazu von der Europäischen Kommission auf den Finanzmärkten beschafft worden. Das sei bis jetzt für die Deutschen immer tabu gewesen.

Danach warte jeder wieder. Bis die nächste Krise komme.

Repeat.

So sei es damals gewesen, sagt Rupnik, und so laufe es auch heute. Europäische Länder würden die Macht nicht aus den Händen geben wollen. Aber sie würden sehr wohl das schützende Dach über dem Kopf zu schätzen wissen. Wenn es also sehr stark zu lecken beginne, klettert man doch auf das Dach, um es zu reparieren.

Ich erzähle ihm, dass mir vor kurzem in Prag noch überall Kaiserbüsten aufgefallen seien. Auf Fassaden, in Museen, sogar auf Kachelöfen. „Ich bin davon überzeugt", sagt Rupnik, „dass die Habsburger noch lange weitermachen hätten können.

Wenn es den Krieg nicht gegeben hätte, wäre das Reich 1918 nicht zusammengebrochen."

IV

„Hallo, aufwachen, Europa! Auch das Habsburgerreich wurde durch separatistische Bewegungen gestürzt!"

Es ist der 2. Oktober 2017. Am Tag zuvor hat Katalonien alles versucht, um ein Referendum abzuhalten, das Spanien zu verhindern versuchte. Ich bin in Budapest in einem renovierten, alten Hotel, vor mir ein Schnitzel. Vereinbart war, hier an der Donau beim Mittagessen ein ruhiges Gespräch über Habsburg und Europa zu führen. Aber mir gegenüber sitzt ein Mann, der sich *sehr* über dieses Referendum aufregt: Georg Habsburg.

„Was in Katalonien passiert", sagt er, „ist schrecklich! Viele Menschen in Europa sympathisieren mit unbewaffneten Bürgern, erst recht wenn denen mit Gewalt der Zutritt zu Wahllokalen verwehrt wird. Aber wir dürfen die größeren Zusammenhänge nicht aus den Augen verlieren. Es passiert hier etwas, das viel größer ist: Nationalistische Bewegungen sind in Europa wieder im Kommen. Der Brexit, Katalonien – genau das Gleiche passierte vor hundert Jahren. Genau das Gleiche! Ab 1918 ging alles den Bach hinunter, bis 1945 von Europa kaum noch mehr als rauchende Schutthaufen übrig waren."

Georg Habsburg (1964) ist der jüngere Bruder von Karl Habsburg, dem habsburgischen Familienoberhaupt, das so lässig mit meinem Artikel umgegangen ist. Ihr Vater, Otto Habsburg, war der letzte habsburgische Kronprinz. Georg, so haben mir gemeinsame Freunde versichert, habe bessere politische Antennen als Karl. Vielleicht würde ich mit ihm etwas profunder reden können. Georg ist Berater der ungarischen Regierung (er trägt den Titel „Sonderbotschafter") und ehemaliger Leiter des Ungarischen Roten Kreuzes. Ende 2020 sollte Viktor Orbán ihn zum Botschafter in Paris ernennen. Ich schickte ihm eine Mail und er reagierte umgehend: Ich möge vorbeikommen, er lade mich zum Mittagessen ein. Unter einer Bedingung: Dass nicht über die aktuelle ungarische Politik geredet werde.

Schon bei seinem Cousin in Rom habe ich gemerkt, wie heikel dieses Thema ist.

Er kennt alle Kellner hier. Er bestellt zwei Gläser Wein und sagt, dass das Schnitzel hervorragend sei. Also essen wir ein Schnitzel. Zwischendurch telefoniert er öfters mit Frau und Kindern („*Mein Schatz*"), um zu vereinbaren, wer später wen von der Schule abholt.

Aber ansonsten lässt er sich kaum ablenken. Die Katalanen beschäftigen ihn. Er redet wie ein Wasserfall.

Stimmt schon, sagt er, man sei sich immer noch nicht einig über die genauen Ursachen für den Untergang des Kaiserreichs. „Aber eines ist sicher: Es waren kleine Gruppen von Nationalisten, die die Implosion an mehreren Orten des Reiches in Gang setzten. Eine nach der anderen. Es war eine Kettenreaktion. Es begann mit den Serben und dem Mord an Kronprinz Franz Ferdinand in Sarajevo. Das führte zum Ausbruch des Ersten Weltkriegs. Viele dachten: Den gewinnen wir und dann ist alles wieder beim Alten. Aber das passierte nicht. Nationalisten andernorts im Reich nutzten die Gelegenheit, um ebenfalls für Unabhängigkeit zu kämpfen. Der Krieg breitete sich auf große Teile Europas aus. Das führte zur Misere, zur totalen Destruktion. Das war der Nährboden für den Nationalsozialismus und den Kommunismus. Menschen täten gut daran, genau diese historische Lektion nicht zu vergessen. Schauen Sie sich Katalonien an: Wir leben in einer Zeit, in der sich dies alles jederzeit wiederholen kann."

Wäre das Habsburgerreich auch ohne Krieg auseinandergefallen? Nein, sagt er, wahrscheinlich nicht. Die Nationalisten hätten angegriffen, als der Staat am schwächsten gewesen sei. Menschen hätten Hunger gelitten, geliebte Menschen und ihre Arbeit verloren, und alles Geld sei an die Front gegangen. Die Unabhängigkeit sei denen sozusagen in den Schoß gefallen.

Man könne dies für apokalyptisches Geschwätz halten, sagt Georg Habsburg. Aber er ist wirklich davon überzeugt, dass die EU in Gefahr sei. Er bringt eine weitere historische Parallele ins Spiel: Die Menschen, die vor hundert Jahren davor warnten, dass der serbische Aufstand aus dem Ruder laufen würde, seien auch ausgelacht worden. Die britische Premierministerin Theresa May hatte den offiziellen Antrag auf EU-Austritt noch nicht eingereicht, da sei schon ein Streit über den künftigen Status von Gibraltar ausgebrochen. Spanien sollte ein Vetorecht bekommen in Bezug auf jede Vereinbarung mit London. „Und sofort meinte ein britischer Politiker, dass London Truppen nach Gibraltar schicken sollte, um die Sache mal schnell militärisch zu klären. Aber hallo! Es gibt hunderte von Foren, in denen man dies diskutieren kann. Warum kritisiert fast niemand diese Aussage? Warum gab es kaum einen Briten, der sagte: ‚Hört mit diesem Wahnsinn auf, das kann aus dem Ruder laufen!' Haben wir denn nichts aus der Geschichte gelernt? Dann denkt man: Das geht in einem Wahnsinnstempo in die verkehrte Richtung."

Das Schnitzel wird serviert. Es ist, wie ein Schnitzel sein soll: hauchdünn und überdimensioniert. Es ragt über den Rand des ohnehin bereits großen Tellers hinaus. Unser Tisch ist klein. Mein Notizbuch hat kaum noch Platz.

„Die Katalanen", sagt Georg Habsburg, „haben alles. Ihre eigene Sprache, Gerichte, Schulen und Medien. Das Einzige, was sie nicht haben, ist eine eigene Armee und Außenpolitik, einen eigenen Reisepass und eigene Botschaften. Ich kenne genug andere, die ob der vielen Autonomie neidisch wären. Zum Beispiel die Ungarn in Transsilvanien. Die haben nichts."

Dass die Katalanen naiv wären, glaubt er nicht. Die Unabhängigkeitsbewegung habe nicht zufällig während der Wirtschaftskrise Fahrt aufgenommen. Die Katalanen hätten lange über ihre Verhältnisse gelebt. Wirtschaftlich sei es ein Chaos gewesen. „Und was macht man, wenn man sich in einer Krise befindet, die man selbst herbeigeführt hat und man kommt nicht raus? Dann lenkt man die Aufmerksamkeit auf etwas anderes, sodass jeder dorthin schaut. Man versucht, das wirkliche Problem zu vertuschen. Aber wenn man nicht aufpasst, laufen solche Tricks aus dem Ruder. Zu wenig Leute haben gesagt: Dies wird unsere Wirtschaftskrise verstärken. Oder: Wenn wir nicht aufpassen, sind wir bald nicht mehr Teil der EU. Jeder Narr hätte denen sagen können, dass man nicht einfach so in die EU zurückkehren kann."

Georg Habsburg war als Botschafter an den EU-Beitrittsverhandlungen mit Ungarn beteiligt. Was man da alles zu erledigen habe, seufzt er. Die Menschen hätten ja überhaupt keine Ahnung davon. „Es sind Jahre Arbeit. Und wenn man soweit ist, müssen alle EU-Länder dem Beitritt zustimmen. Und ich kann Ihnen versichern: Viele Länder würden Katalonien nicht reinlassen. Fast jeder hat so eine Art kleines Katalonien im eigenen Land."

Die EU habe sich in Sachen Katalonien lange zurückgehalten. Das sei dumm. Brüssel, so sagt er, hätte sofort deutlich machen müssen, dass man zwar über alles reden könne, aber dass in Spanien das Gesetz eben Gesetz und folglich zu respektieren sei. Das Referendum sei vom Gericht für unzulässig erklärt worden.

Die Habsburger, seufzt Georg Habsburg, hätten die Reichsidee gehabt. Die Doppelmonarchie sei ein supranationaler Rechtsstaat gewesen, mit Regeln, um genau diese Art von regionalen Problemen in die richtigen Bahnen zu lenken. Die Regeln hätten für alle gegolten. Auf so ein System stütze sich auch die EU. Nach dem EU-Beitritt Ungarns 2004 sei er Sondergesandter beim Europäischen Parlament gewesen. Er kenne Brüssel und das europäische System. „Das ist das Fundament von allem, was wir in siebzig Jahren aufgebaut haben. Brüssel hätte dies stärker betonen müssen."

Was könnten die Katalanen nun machen, frage ich.

„Sie haben sich selbst ins Eck manövriert. Ich sehe nur *einen* Ausweg, und der lautet, dass sie sich für mehr Regionalisierung innerhalb der EU einsetzen. Die Länder sind stark vertreten in Brüssel, im Europäischen Rat. Die Bürger auch, im Europäischen Parlament. Aber die Regionen haben wenig Einfluss. Wenn die Katalanen klug sind, etablieren sie regionale Strukturen im Europäischen Parlament. Damit dort auch auf regionaler Basis statt nur auf Basis der eigenen politischen Familie bzw. des eigenen Landes abgestimmt wird. Ich denke, dass viele Regionen daran durchaus interessiert sind. Interessen gehen oft über Landesgrenzen hinaus. Man kann die Macht der Nationalstaaten in Europa nicht brechen. Aber die Regionen können sehr wohl ein Gegengewicht bzw. eine zusätzliche Kraft innerhalb der bestehenden Struktur bilden."

Aus den Büchern von Stefan Zweig, Joseph Roth und anderen spricht der Zeitgeist von vor hundert Jahren voller Pessimismus und Zynismus. Ist diese Stimmung jetzt wieder vorhanden?

„Ja, in dem Sinne, dass viele Menschen die Vorzeichen nicht sehen. Damals nicht und auch jetzt wieder nicht. Mein Großvater Karl, der letzte Kaiser, sah diese Vorzeichen sehr wohl. Er wollte den Krieg so schnell wie möglich beenden. Aber Deutschland, unser Verbündeter im Krieg, wollte unbedingt weiterkämpfen. Mein Großvater stand mit seiner Meinung alleine da. Und er sah alles zusammenbrechen."

Seine Generation sei so verwöhnt, sagt von Habsburg nachdenklich bei einem ungarischen Kuchen und einer Tasse roten Tees mit Honig. Man hätte alles. Keine Kämpfe, kein Krieg. Man reise durch ganz Europa ohne Reisepass. Die meisten Europäer hätten siebzig Jahre Frieden und Wohlstand hinter sich. Natürlich gingen auch Dinge daneben. Man hätte gerade einige Krisenjahre hinter sich. Aber könne man deswegen die Aufbauarbeit der letzten siebzig Jahre in Frage stellen? „Wir leben in *La-La-Land*. Wie die Teletubbies. Die spanische Regierung mag Fehler gemacht haben, aber es ist den Katalanen noch nie so gut gegangen. Und sie lehnen sich zurück und jammern, dass sie Botschafter in mehreren Ländern haben möchten. Und ganz Europa findet das sympathisch. Ein Katalane ist im Fernsehen zu sehen, inmitten der Zusammenstöße, mit seinem dreijährigen Sohn auf den Schultern. Warum nimmt jemand ein Kleinkind zu einer verfassungswidrigen Aktion mit? Aber viele Europäer finden auch das sympathisch. Mir rutscht das Herz in die Hose. Sie haben keine Ahnung, wozu dies führen kann."

Lassen sich hier Parallelen zu den Ereignissen vor hundert Jahren erkennen?

„In gewisser Weise, ja. Kaiser Franz Joseph regierte 68 Jahre lang. Von 1848 bis zu seinem Tode 1916. 68 Jahre! Wir können uns das gar nicht vorstellen. Viele Menschen wurden unter Franz Joseph geboren, gingen in die Schule, heirateten und starben unter Franz Joseph. Sie hatten keine Idee, wie die Welt ohne ihn aussehen würde. Auch das war *La-La-Land*. Aber es gibt einen grundlegenden Unterschied zwischen damals und heute. Dem Kaiser war bei jeder Entscheidung bewusst, dass deren Folgen ihn auch noch vierzig Jahre später einholen konnten. Er konnte nicht wie die Politiker heute sagen: ‚Ach, nach mir die Sintflut, ich bin nur einige Jahre im Amt und danach habe ich noch eine Villa in der Toskana und ein wenig Land in Chile.‘ Nein, der Kaiser machte langfristige Politik. Die aktuellen politischen Anführer denken kurzfristig und handeln impulsiv. Sie kümmern sich in erster Linie um die momentanen Emotionen und schlachten diese aus. Mir fällt kein besserer Grund ein, um gerade jetzt unsere Geschichtsbücher zu entstauben und zu lernen, was separatistische Bewegungen uns damals gebracht haben. Leider: nichts als Elend."

Dann steht er auf und bezahlt. Sein Telefon läutet wieder. Seine Frau, wie es sich anhört.

„Entschuldigen Sie, dass ich zwei Stunden über die Katalanen gesprochen habe", sagt er mir, das Telefon am Ohr. Er nimmt sein wattiertes Gilet von der Sitzbank und schüttelt mir die Hand. „Ich hoffe, sie können damit etwas anfangen. Aber ich muss los. Meine Tochter wartet schon auf mich."

Und weg war er.

Kapitel 8

....

The lesson to draw [...] from the collapse of the Habsburg Empire
one hundred years ago, is that of the fragility of order.
States and institutions are not as solid as they look.
ROBERT COOPER, "The Fragility of Order", in *Diplomacy: Austrian Journal of International Studies* no. 1 (2019)

I

In vielen Ländern sind frühere königliche oder kaiserliche Paläste zu Museen geworden. Auch die Wiener Hofburg, das Epizentrum des Habsburgerreichs, beherbergt mehrere Museen. Aber ein noch größerer Teil des Riesenkomplexes mit seinen vielen verwinkelten Gängen und geheimnisvollen Türen wird immer noch intensiv als Büroräumlichkeit genutzt. Jeden Tag.

Der österreichische Präsident hat dort seinen Amtssitz. Ich kenne Menschen, die dort arbeiten. Wenn ich vorbeigehe, schaue ich immer rauf. Brennt das Licht noch? Steht seine Balkontür offen? Die Organisation für Sicherheit und Zusammenarbeit in Europa (OSZE) hat ebenfalls ihren Sitz in der Hofburg. Sie ist eines der wenigen internationalen Foren, in dem sowohl Russland als auch die Vereinigten Staaten noch über Sicherheit zu reden versuchen. An anderer Stelle im Gebäude befindet sich die Nationalbibliothek, in die meine Kinder öfters gehen, um sich auf ihre Tests und Prüfungen vorzubereiten. Und die alten kaiserlichen Ballsäle werden immer noch entsprechend ihrem ursprünglichen Verwendungszweck genutzt: für Bälle.

Ich tauche mit viel Freude in die Welt der Habsburger ein. Mich interessiert und fesselt die Nostalgie, von der sie umgeben wird. Und sie lehrt uns sehr viel über die heutige Zeit. Aber ein Aspekt davon kann mir gestohlen bleiben: die Wiener Bälle.

Die Apotheker haben jedes Jahr ihren eigenen Ball. Die Schüler des Lycée Français haben einen Ball. Rauchfangkehrer, Beamte, Akademiker, Anwälte, Maurer, Kaffeesieder und Bundesländer – es gibt kaum eine Gruppierung, die keinen eigenen Ball hat. Schon allein in der kaiserlichen Hofburg finden jedes Jahr vierhundert Bälle statt, die meisten im Winter. Immer noch. Die meisten Menschen finden das fantastisch. Es gibt bestimmt Österreicher, die nichts mit Bällen anfangen können, aber ich habe sie noch nicht getroffen. Ich kenne Menschen, die bereits ein Jahr im Voraus anhand des Ballkalenders ihre Urlaubstage planen. Nach jedem Ball nehmen sie sich einen Tag frei, um ihren Rausch ausschlafen zu können.

Bälle haben eine starke habsburgische Konnotation. Niemand hat dies besser beschrieben als Arthur Schnitzler vor einem Jahrhundert. Im Kaiserreich blieb immer alles gleich, nur selten schien sich etwas zu verändern. Die Menschen fanden ein Ventil in dieser Maskerade – im Theater, in der Oper und in Maskenbällen. Dort konnte man für kurze Zeit so tun, als lebte man in einer anderen Welt, als wäre man jemand anderer. Schlüpfte man in eine andere Rolle, konnte man spannende Dinge tun, die nach den herrschenden Konventionen inakzeptabel waren. In Schnitzlers *Traumnovelle* peppt ein noch junges Ehepaar seinen Alltag auf, indem beide Ehepartner frivole, manchmal sogar gefährliche Doppelleben führen und einander diesbezüglich manchmal einen Hinweis geben. Sie wissen selbst nicht mehr, ob die andere Ebene echt ist oder doch nur ein Traum. Am Ende des Buches sitzt das Ehepaar nach wüsten nächtlichen Szenen wieder ganz normal mit seiner Tochter am Frühstückstisch.

Es heißt, dass Freud Schnitzler zu diesem Werk gratuliert hat: Schnitzler sei es gelungen, bestimmte Instinkte und Triebe zu ergründen und zu Papier zu bringen, für die er als Psychiater hunderte Sitzungen mit Patienten gebraucht habe.

Maskenbälle waren ursprünglich der Aristokratie und dem gehobenen Bürgertum vorbehalten. Im 18. Jahrhundert richteten Maria Theresia und ihr Mann in der Faschingszeit immer einen Maskenball für den Adel aus, bei dem jeder sich als Bauer, Koch oder Gärtner zu verkleiden hatte. Schon bald wurde das Repertoire um exotische Charaktere erweitert und die Gäste kostümierten sich etwa als Türke, Sklave oder Chinese. Joseph II., der Sohn Maria Theresias und der radikalste Reformer unter den habsburgischen Kaisern, erlaubte als Erster den niederen Ständen, Bälle zu organisieren. Und die ließen sich klarerweise die Gelegenheit nicht entgehen, sich als Königinnen und Prinzessinnen zu verkleiden. Der Adel *dressed down* und das einfache Volk machte es genau umgekehrt: Es *dressed up*.

So ist es in gewisser Weise auch heute noch. Bei so einem Ball schlüpft jeder in die Rolle einer anderen Person. Wenn das alles mit einem Augenzwinkern geschähe, würde es genauso platt und unerträglich sein wie Fasching in den Niederlanden. Aber hierzulande wird die Ball-Kultur schon derart ernst genommen, dass es noch abstoßender ist als der Fasching, zumindest für mich. Bei den Bällen gibt es keine Doppelmoral – nein, die Doppelmoral dominiert die Bälle.

Das ist typisch österreichisch. In diesem Land haben viele Dinge ein doppeltes Gesicht. Das Land gehört zum Osten und es gehört zum Westen, und es spielt beide gegeneinander aus, wie es gerade passt. Es versucht selbstverständlich auch von beiden zu profitieren. Österreicher hassen die EU, aber verdienen sich mit ihr eine goldene Nase. Die politische Linke und die politische Rechte verteufeln einander – bis heute haben sie eigene Zeitungen, eigene Krankenkassen, eigene Sommerlager und Sportvereine –, aber zugleich haben sie sehr wohl fast alle Regierungen nach dem Zweiten Weltkrieg gemeinsam gebildet. Österreich ist und bleibt ein konservatives Land, aber dennoch wurden hier einst die ersten Ökoläden gegründet. Alles in diesem Land ist ein Spiel von Schein und Sein. Nichts ist, was es zu sein scheint.

Einmal frage ich Erhard Busek, einen ehemaligen konservativen Politiker, wie sein Land dies nur durchhalte, dieses ewige Durchlavieren. Busek sieht mich verschmitzt an. Wir sind bei einem seiner Lieblingsthemen gelandet. Er antwortet ohne zu zögern: „Sie dürfen nicht vergessen, dass Wien die Hauptstadt eines ehemaligen Kaiserreichs ist. Wir lieben Operetten, Maskeraden und Etikette. Das steckt in unseren Genen, immer noch. Auf diese Weise machen wir aus allem immer das Beste."

Es gibt also keinen besseren Ort als den barocken Ballsaal in der Hofburg, um den österreichischen Eskapismus zu studieren.

Ich bin hingegangen, deswegen. Ich bin in einen der vielen Secondhandshops in der Innenstadt gegangen, wo die russischen und osteuropäischen Eliten ihre ein Mal getragenen, pompösen Outfits hinbringen – man will in Wien ja nicht zwei Mal im selben Ballkleid gesehen werden. Ich habe ein Kleid gekauft. Und ich habe eine Eintrittskarte für einen Ball in der Hofburg erstanden, zu einem absurd hohen Preis. Bei Bällen knausert man hierzulande nicht.

Aber nach zwei Ballabenden gebe ich es auf.

Ich hasse Walzer. Ich hasse die Pflichtquadrille um Mitternacht. Ich hasse den mit Dank an den Sponsor des Ballabends unten im Gang ausgestellten, aufpolierten BMW. Ich hasse die kalten Buffets voller Speisen in Aspik, für die sich Hunderte von herausgeputzten Menschen anstellen, und ich hasse Buffets, die bereits kahlgefressen sind, wenn man sie endlich mit seinem Teller erreicht. Ich hasse die Tombola mit den Preisen der Wiener Unternehmer. Ich hasse den strikten Dresscode, die altmodischen Ballkleider und die steifen Frisuren, für die fast alle Frauen, die ich kenne, speziell zum Friseur gehen – zu demselben Friseur, der sich zu diesem Anlass auch gleich um das Abend-Make-up kümmert, für das „Verputz" wohl die treffendere Bezeichnung wäre.

Ich hasse es. Es ist schrecklich. Ein aufgebauschter, protziger Scherz.

Der schönste Moment eines Wiener Balls ist der, wenn man nach Hause kommt, die hochhackigen Schuhe ins Eck schmeißt und sich mit einem Glas Whiskey aufs Sofa setzt.

II

In genau diesen üppig dekorierten Ballsälen der Hofburg organisierten die Habsburger 1814–1815 den Wiener Kongress. Napoleon war geschlagen. Die ganze europäische Ordnung durcheinandergebracht. Eine neue Ordnung musste her. Die Großmächte wollten die europäischen Karten neu mischen, mit neuen Grenzen und neuen Vereinbarungen über strategische Entwicklungen auf dem Kontinent. Der Wiener Kongress war quasi das erste europäische Gipfeltreffen.

Genau wie heute verspürten aber auch damals die kleineren Länder und Fürstentümer nur wenig Lust, die Entscheidung über die Zukunft des Kontinents ganz den „Großen" zu überlassen – Russland, Deutschland, Habsburg, England und sogar Frankreich, das als Verlierer auch dabei sein durfte. Die Kleineren wollten auch am Verhandlungstisch sitzen und kräftig mitmischen. Also schickten auch sie aus allen Ecken und Enden Europas Delegationen nach Wien. Zwischen Herbst 1814 und Juni 1815 ließen sich somit etwa 200 Delegationen neun Monate lang in Wien nieder. Der habsburgische Kaiser trat als Gastgeber auf. Vor lauter Freude über die Niederlage der liberalen Franzosen lud er nicht nur alle ein, darüber hinaus versprach er auch, sämtliche Rechnungen zu begleichen. Wien sollte glänzen und als Nabel der Welt Geschichte schreiben.

Aber sein Versprechen, die Kosten für diese Pracht zu übernehmen, sollte dem Kaiser noch lange leidtun. Nach dem Wiener Kongress setzte ihn sein Finanzminister viele Jahre auf Diät. Denn die Delegationen hielten am „Nabel der Welt" nicht nur Sitzungen ab. Sie brauchten auch ein Dach über dem Kopf und sie mussten essen sowie unterhalten werden.

Der russische Zar, der König von Preußen und viele Fürsten, Großherzöge und Außenminister führten ihre nationalen Delegationen höchstpersönlich an. Die konnte man nicht einfach so in einer billigen Unterkunft weit außerhalb der Stadt unterbringen. Auch gab es jeden Abend Theater- und Opernaufführungen sowie Konzerte für den hohen Besuch. Politik und andere Bereiche flossen komplett ineinander. So versuchte der russische Zar Alexander I. den Außenminister des Habsburgerreichs, Fürst Clemens von Metternich, schachmatt zu setzen, indem er ihm seine Maitresse ausspannte. Über die amourösen Intrigen rund um diese Herzogin von Sagan sind ganze Bücher geschrieben worden. „Der Kongress tanzt", war oft die Antwort, wenn Menschen fragten, was da alle in Wien machten. Es kostete den Kaiser ein Vermögen.

Am Ende des Tages waren es doch die Großmächte, die in Privatsalons und Hinterzimmern – nahezu ungestört von den kleineren Ländern – Europa in Einflusssphären einteilten. Sie vereinbarten, dass sie ab jetzt keinen Krieg mehr gegeneinander führen sowie auf Augenhöhe miteinander die strategischen Entwicklungen am Kontinent festlegen würden. Die Interessen der kleinen Länder fanden nur Berücksichtigung, wenn es den großen in den Kram passte.

Diese neue europäische Ordnung hielt etwa 100 Jahre, bis zum Ersten Weltkrieg. Es ging einige Male schief – der Krimkrieg, der Deutsch-Französische Krieg von 1870 –, aber die kollektive Angst vor Chaos und Revolution sorgte dafür, dass die Großmächte mit ihren grundverschiedenen Systemen und Interessen die Vereinbarungen dennoch größtenteils einhielten. Die Großmächte – Russland, Großbritannien, Deutschland (Preußen), Frankreich und das Habsburgerreich – rivalisierten miteinander, waren sich aber dennoch bewusst, dass sie einander für die Stabilität des Kontinents brauchten. Wenn ein Land wegfiele, könnten die anderen destabilisiert werden. Das galt am meisten für das Habsburgerreich, das, umgeben von anderen Großmächten, genau in der Mitte des Kontinents lag. Die Habsburgermonarchie war eine typische „Macht der Mitte". Das machte das Reich verletzlich: Es konnte jeden Augenblick von allen Seiten angegriffen werden. Aber zugleich war die zentrale Lage auch von Vorteil: Es war im Interesse aller anderen Großmächte, dass es bestehen blieb.

III

Das Schloss Belvedere und andere Wiener Museen haben riesige Sammlungen von Gemälden, Dokumenten und Objekten, die an den Wiener Kongress erinnern. Es gibt regelmäßig Ausstellungen zu diesem Thema. Aber das geschieht fast immer auf eine etwas verstohlene Art. Die Organisatoren scheinen die Aufmerksamkeit gerne auf das Prestige und die damaligen diplomatischen Triumphe von Wien zu lenken. Auf das fantastische Setting, den Prunk und Pomp der hohen Gäste. Aber Begleittexte und Erklärungen sind kaum zu finden. Als ob die Kuratoren stolz wären, dass Wien damals das politische Herz Europas war, aber heutzutage nicht wirklich wüssten, wie sie damit umgehen sollen. Denn das Europa, das nach dem Wiener Kongress entstand, ist weit entfernt vom heutigen Europa. Damals bestimmten einige große Länder alles. Die kleinen hatten kaum etwas zu melden. Das ist heute anders. Natürlich dominieren Deutschland und Frankreich in vielerlei Hinsicht Europa: Wenn sich die zwei streiten, hallt es durch ganz Europa; und wenn sie sich einigen, ist der Druck auf die kleinen Länder, sich ihnen anzuschließen, enorm – der Wirbel um das von Berlin und Paris Ende 2020 durchgeboxte europäische Investitionsabkommen mit China ist ein gutes Beispiel dafür. Aber in Bezug auf einige wichtige Themen hat die Meinung von Paris und Berlin in Brüssel genauso viel Gewicht wie die Meinung vom klitzekleinen Luxemburg. In der Eurozone zum Beispiel hat jedes Land *eine* Stimme. Dasselbe gilt in der Außenpolitik. Indem die EU die Macht der Großen eindämmt, schützt sie die Kleineren.

Charles-Maurice de Talleyrand-Périgord, der französische Außenminister, der sein Land beim Wiener Kongress vertrat, sagte einmal über die Großmächte, dass sie zu viel Angst hätten, um einander zu bekämpfen, und zu dumm seien, um sich zu einigen. Genau das Gleiche könnte man heutzutage über die zankenden Finanzminister während der Eurokrise sagen oder über die Staats- und Regierungschefs, die während der Flüchtlingskrise nächtelang ergebnislos über einen Mechanismus zur Verteilung von Flüchtlingen debattierten.

Es gibt im Prinzip nur einen Staatschef, der dem Wiener Kongress nachzutrauern scheint: den russischen Präsidenten Putin. Er betrachtet westliche Gesellschaften als „dekadent" und bedauert, dass er über das heutige Europa keinerlei Kontrolle hat. Er scheint zum alten Status Quo zurückzuwollen, der mit Werten und Eigenschaften wie Militarismus, Nationalismus und einer zentralen Rolle von Religion einherging. In seinen Reden verweist Putin regelmäßig auf den Wiener Kongress und auch auf Jalta, die Friedenskonferenz nach dem Zweiten Weltkrieg, bei der Russland prominent vertreten war. Im November 2014 enthüllte Putin eine Statue des Zaren Alexander I., jenes Mannes, der einst Napoleon schlug und beim Wiener Kongress eine zentrale Rolle spielte – jenes Mannes, der mit der Maitresse von Metternich durchbrannte.

Putin fühlt sich wie viele andere Russen sehr wohl in Wien. Wohler als in jeder anderen europäischen Hauptstadt. Die Macht hat sich hier natürlich schon längst in Luft aufgelöst, aber man spürt an jeder Ecke, dass sie hier einst zu Hause war. Putin wünscht sich nichts sehnlicher, als am politischen Verhandlungstisch Europas zu sitzen und bei Entscheidungen über den Kontinent mitzumischen. Aber der Gedanke an die alte Machtpolitik einiger größerer Länder, die in ihrer Einflusssphäre schalten und walten, wie sie wollen, ruft bei uns Europäern jetzt äußerstes Unwohlsein hervor. Putin ist scharf drauf und handelt auch so – man denke nur an den Krieg in der Ukraine, die Annexion der Krim, die Nowitschok-Morde und die russischen Internet-Trolle, die alles daransetzen, europäische Gesellschaften zu destabilisieren. Europa fällt es schwer, darauf zu reagieren, denn wir denken nicht mehr so. In einer Welt, in der rohe Macht und Merkantilismus allmählich wieder salonfähig werden, müssen wir mehr in Kategorien von Macht denken. Aber es kostet uns Mühe, denn davon haben wir uns längst distanziert. Im Moment könnte die Kluft zwischen Europa und dem Russland von Putin kaum größer sein.

IV

In der Prager Altstadt, in einem wunderbaren Kloster, das nun ein Fünfsternehotel mit geschmacklosem Design beherbergt, treffe ich Karl Schwarzenberg. Er sitzt an einem kleinen, wackligen Tisch. Das Restaurant ist leer. Das ist vielleicht auch gut so. Kein Klirren von Gläsern und kein Stimmengewirr. Sogar die elektronische Fahrstuhlmusik, die anderswo durch die alten Gewölbe ertönt, ist hier ausgeschaltet. Schwarzenberg (1937) ist fast taub. Er hat gerade eine schwere Operation hinter sich und sieht müde aus. „Was wollen Sie noch von einem alten Mann wie mir wissen?", fragt er.

Sein Leben war so turbulent, wie es fast nur das Leben eines Mitteleuropäers sein kann. Die Schwarzenbergs waren eine der reichsten und prominentesten Familien des Habsburgerreiches. Karl, der den Fürstentitel trägt und Großneffe des Fürsten Rainier von Monaco ist, wurde in Prag geboren. Die Familie besaß ausgedehnte Ländereien – etwa 176.000 Hektar – und Schlösser in Böhmen. 1948, als er elf Jahre alt war, wurde alles von den Kommunisten konfisziert. Karl flüchtete mit seinen Eltern nach Österreich. Man hört öfter, dass die Familie Schwarzenberg immer noch der größte Grundbesitzer in Wien sei. Ich habe keine Ahnung, ob das stimmt. Aber bis heute befinden sich das Palais Schwarzenberg, der Schwarzenbergplatz und das Café Schwarzenberg an strategischen Orten in der Stadt.

Karl Schwarzenberg wuchs in Österreich auf. Er wurde Geschäftsmann, verwaltete den übriggebliebenen Familienbesitz und engagierte sich gelegentlich für die Österreichische Volkspartei (ÖVP). Manche versuchten, ihn für die österreichische Politik zu gewinnen, aber er hatte einen schweizerischen Reisepass und bemühte sich nie um einen österreichischen. Die schweizerische Staatsbürgerschaft war eine Lebensversicherung für seine Familie, die ihr jeweiliges Lebensumfeld, als ihr Vaterland betrachtete, egal ob dieser Ort nun in Tschechien, Deutschland, Österreich oder in der Schweiz lag. In diesem Sinne waren die Schwarzenbergs, genauso wie andere über Europa weitverzweigte Adelsfamilien, echte Europäer.

Wer Karl Schwarzenberg in Wien treffen wollte, bekam von ihm einen Termin im alten Familienpalais in der Innenstadt, dem heutigen Hotel Coburg. In diesem Hotel, in dem im Jahre 2015 die Verhandlungen über den Nukleardeal mit dem Iran

stattfinden sollten, hatte er ein kleines Büro. Wenn er in der Stadt war, rannten ihm viele Menschen die Tür ein. Sie alle wollten seinen Rat. Karl Schwarzenberg ist ein gebildeter, zutiefst politischer Mensch mit einem gigantischen Adressbuch. Von vielen anderen Politikern unterscheidet er sich durch seinen Weitblick und seine Fähigkeit, sich selbst nicht allzu ernst zu nehmen. Aus diesem Grund ist er heute noch ein sehr gefragter Redner bei Konferenzen – auch, wenn es schon mal vorkommt, dass er am Podium einschläft.

Wenn er von seinen Vorfahren spricht, benutzt er deren Vornamen. Sie kommen oft in seinen Geschichten vor. Er ist kein Mensch, der in der Vergangenheit lebt, aber jemand, der mehr als viele andere Menschen von ihr gezeichnet ist. Seiner Biographin Barbara Tóth sagte er einmal, dass er sich manchmal wie der Direktor eines Museums fühle, in dem er selbst ausgestellt sei.

Ein schönes Bild. Und das Motto dieses Museums wäre, dass man die Geschichte kennen sollte, um über die Zukunft reden zu können.

Während des Kalten Krieges war Schwarzenberg als Menschenrechtsaktivist für das Helsinki-Komitee tätig. In den letzten Tagen des Kommunismus reiste er öfter in die Tschechoslowakei und startete dort, zunächst halb klandestin, Wohltätigkeitsprojekte. Jeder dort kannte ihn, das war hilfreich. Als der österreichische Journalist Hans Rauscher von der Tageszeitung *Der Standard* 1988 beim Empfang des Inter-Continental Hotels in Prag seinen Zimmerschlüssel abholen wollte, fragte der Rezeptionist: „Gehören Sie zum Gefolge *Ihrer fürstlichen Gnaden?*" Wo auch immer Schwarzenberg erschienen sei, so Rauscher, hätten die Menschen sich untertänigst verhalten.

Als 1989 die Mauer fiel, war die Übersiedlung in die Tschechoslowakei für Schwarzenberg ein logischer Schritt. Er war gut befreundet mit Václav Havel und anderen Dissidenten und er war maßgeblich in die Gestaltung der Zukunft seines Landes involviert. Als Havel Präsident wurde, wurde Schwarzenberg sein Kabinettschef. Später war er zwei Mal Außenminister. Jetzt ist er einfacher Parlamentsabgeordneter. Wenn jemand das Habsburgerreich und die EU vergleichen kann, dann Karl Schwarzenberg. Das Habsburgerreich ist seine Heimat und er spielte lange eine Rolle in der europäischen Politik in Brüssel.

Heute, im Prager Hotel, ist er in gedrückter Stimmung. Europa, so sagt er, ähnle dem Habsburgerreich vor 1914. „Alles funktioniert ziemlich gut. Aber wir sehen es nicht. Aus unserer Sicht läuft alles schlecht. Systeme brauchen ab und zu Reformen, und uns gelingt es genauso wie vor hundert Jahren nicht, diese umzusetzen. Aufgrund dieses Unvermögens zur Reform scheint alles inhaltlos geworden zu sein."

Er kenne derzeit, sagt er, während er in seinem Espresso rührt, keinen einzigen Politiker mit Vision. Keinen einzigen. „Politiker in Europa stehen für Verbürgerlichung, nicht für Ideen. Ich erkenne nicht, dass sie eine neue Welt konzipieren. Das

Einzige, was die können, ist, einen bereits mehrfach gebrauchten Teebeutel erneut aufzukochen."

Europa sei ein Friedensprojekt, sagt er. Eine Reaktion auf die Schrecken aus zwei Weltkriegen. Auf Hitler und Stalin. „Man müsste diesen beiden Massenmördern eigentlich in Straßburg und Brüssel große Denkmäler errichten. Sodass jeder jeden Tag daran erinnert wird, was passieren kann, wenn wir die EU vor die Hunde gehen lassen, genauso wie wir das Habsburgerreich vor die Hunde haben gehen lassen."

Die Übereinstimmung zwischen der Zeit der Habsburger und heute, so Schwarzenberg, bestehe darin, dass es in beiden Fällen in Europa ein übergeordnetes System gegeben habe. Dadurch seien sich die Länder kaum an die Gurgel gegangen. Die einzige Periode der neueren Geschichte, in der Europa ein solch übergeordnetes System nicht gehabt habe, sei die Zwischenkriegszeit gewesen, die Zeit zwischen dem Ersten und Zweiten Weltkrieg. Und es sei sofort schiefgegangen. „Es war ein einziger Saustall. Da es keinen äußeren Halt gab, kam es wegen jeder Kleinigkeit zu tätlichen Auseinandersetzungen. Alles ging kaputt. Ich spreche nicht nur vom Zweiten Weltkrieg, sondern auch von den Bürgerkriegen und dem politischen sowie wirtschaftlichen Chaos in den Zwanzigern und Dreißigern. Leider haben viele Menschen diese Lektion vergessen. Sie nörgeln über Europa, verstehen jedoch nicht, dass die Alternative Chaos und Zerstörung ist. Europäische Länder brauchen diesen äußeren Halt, etwas, das sie zusammenhält."

Nicht zufällig, sagt er, wären viele Menschen, die zwischen 1918 und 1938 verzweifelt versucht hätten, die Dinge nicht aus dem Ruder laufen zu lassen und – bevor es zu spät war – erneut einen solchen äußeren Halt zu schaffen, aus den alten Kaiserreichen gekommen. Diese supranationale, europäische Mentalität hätte ihre Wurzeln in alten imperialen Identitäten: der Dynastie der Hohenzollern, der Romanows und der Habsburger. „Leider brauchte es den Zweiten Weltkrieg, bis ihre Arbeit endlich Früchte trug."

Schwarzenbergs Partei *TOP 09* ist die einzige wirklich europäische Partei in Tschechien. Aber sie habe keinerlei Einfluss, sagt er. Es sei nur eine kleine Partei. „Was wir auch sagen, keiner hört uns zu."

Warum denn nicht?

„Die Tschechen sind gegen alles und jeden. Und vor allem gegen Europa. Das Blatt hat sich komplett gewendet. Als die Mauer fiel, waren wir alle Euro-Enthusiasten. Alles würde besser werden. Alles *wurde* tatsächlich auch besser. Aber wir wissen es nicht mehr zu schätzen. Wir werden zynisch. Der wichtigste Unterschied liegt darin, dass wir damals, im Jahre 1989, Hoffnung hatten. Jetzt sind wir pragmatisch geworden. Wir kämpfen in Europa um die Benennung einer Marmelade oder einer Käsesorte. Das ist natürlich ein sehr großer Fortschritt. Aber aufregend findet das niemand."

Worum sollten wir denn sehr wohl kämpfen?

„Wir brauchen unbedingt eine europäische Außenpolitik. Und eine europäische Sicherheitspolitik. Europa braucht dies, um überleben zu können. Amerika schützt uns nicht mehr. Unsere Nachbarn werden aufdringlich und lästig. Ich bewundere den Hohen Vertreter der Europäischen Union für Außen- und Sicherheitspolitik wirklich. Er verfügt über keinerlei Macht, weil jedes Land ein Vetorecht hat. Er kann also nur zwischen 27 Ländern vermitteln, die sich über nichts einig sind. Nur nationale Politiker können diese Situation ändern. Aber sie machen es nicht. Sie wollen keine Macht abgeben. Sie denken nur an sich selbst."

Der Kaiser hatte damals sehr wohl außenpolitische Macht.

„Ja. Bis 1870. Danach musste er in der Doppelmonarchie die Macht mit den Ungarn teilen. Er war zwar der große Chef, aber die Ungarn konnten gegen vieles ein Veto einlegen. Und das taten sie. Zwei Kapitäne auf einem Schiff, daran ging das Habsburgerreich zu Grunde. Die EU hat 27 Kapitäne."

Dann und wann fallen ihm die Augen fast zu. Schwarzenberg ist nicht nur erschöpft, manchmal fällt es ihm auch schwer, seine Antworten zu formulieren. Er hängt völlig schief in seinem Designerstuhl aus durchsichtigem Kunststoff. Ich habe noch hunderte Fragen, aber es wäre unmenschlich, diese jetzt noch zu stellen. Ich verabschiede mich.

V

Ich verlasse das Hotel und gehe ins erstbeste Lokal. Es handelt sich um eine alte Brauerei mit dicken, gelben Mauern und einfachen Holztischen. An den Wänden hängen überall alte Bilder von Franz Joseph und seiner Familie.

Reminiszenzen an die Zeit der Habsburger findet man in dieser Region noch sehr oft in Kaffeehäusern, Restaurants und Läden. Einmal war ich in der Altstadt von Linz unterwegs und kam um die Mittagszeit an einer altmodischen Bäckerei vorbei, wie man sie noch von alten vergilbten Fotos kennt: mit dunkelbrauner Vertäfelung und schwarzer Verglasung, auf der in elegant geschwungener, silberfarbiger Schrift „k.u.k. Hofbäckerei" zu lesen ist. Das Schaufenster ist voller Linzer Torten. Der Ur-großvater des derzeitigen Besitzers buk hier seinerzeit Semmeln für Erzherzog Peter Ferdinand (damals noch) *von* Habsburg. Drinnen, im dunklen Cafébereich, wurde jeder Quadratzentimeter genutzt, um Bilder, Gemälde, Urkunden und Fotos von den Habsburgern aufzuhängen. Ich aß eine Kürbiscremesuppe mit einem Schuss Kernöl darauf. Es war, als ob ich in eine Zeitmaschine geraten wäre.

In Wien stolpert man über solche Orte, und bestimmt nicht nur auf den bei Tou-risten beliebten Routen. Einer meiner Favoriten ist die *Kaffee Konditorei Monarchie,* ein zeitloser Ort, an dem man noch weichgekochte Eier im Glas bestellen kann und einen kleinen Löffel dazu bekommt. Auf der Menükarte prangt das Habsburger Wappen, im Gang zur Küche und zu den Toiletten hängen Zeichnungen von Schiffen der Habsburger Flotte und gegenüber dem Büffet wurde Kaiser Franz Joseph I. lebensgroß an die Wand gemalt. In seiner roten Hose und makellos weißen Jacke mit goldenen Knöpfen blickt er auf die Stammgäste – meistens ganz normale Menschen aus der Nachbarschaft, wie es den Anschein hat – und auf das Geschirr, auf dem er selbst mit langem Backenbart abgebildet ist.

Hier wird einer der größten Unterschiede zwischen dem Habsburgerreich und der EU sichtbar: Damals fühlten sich viele Bürger persönlich mit dem Staat und der herrschenden Dynastie verbunden, während die Europäische Union heute bei vielen Bürgern keinerlei Emotionen auslöst. Sogar inmitten des europäischen Viertels in Brüssel kenne ich kein einziges Café, in dem Fotos von Ursula von der Leyen oder Jean-Claude Juncker zu sehen wären. Es ist eher umgekehrt. Die Menschen essen zu Mittag in italienischen Trattorien wie *Nardi's,* wo man Italien möglichst authentisch nachahmt, und sie trinken Bier in echten Irish Pubs wie *Kitty O'Shea.*

Die Habsburger hatten Lehrer, Förster, Geografen, Matrosen und Straßenkehrer in ihren Diensten. In diesem Sinne spielte der Staat eine unmittelbare Rolle im Leben vieler Menschen. Auf der Gehaltsliste der EU stehen nur Juristen und andere Spezialisten, deren Aufgabe darin besteht, die Einhaltung der von nationalen Politikern geschlossenen Vereinbarungen zu überwachen und neue Vorschläge für neue Vereinbarungen zu machen. Die EU ist daher für viele Menschen „Weitwegistan". Sie haben mit der EU nichts am Hut, sie wissen nicht, wie sie funktioniert, sie haben keinen Bezug zur EU. Und viele haben eine ausgesprochen negative Haltung dazu.

Eines Tages sah ich Romano Prodi bei Ikea in Brüssel. Es muss 2002 oder 2003 gewesen sein. Prodi, Ex-Premier von Italien, war damals Präsident der Europäischen Kommission. Es war ein grauer Sonntag. Es regnete in Strömen. Der Parkplatz von Ikea war noch nicht fertig. Jeder parkte sein Auto im Straßenbankett. An diesem Tag hieß das: im Schlamm. Prodi auch. Zunächst sah ich ihn, als er mit verschlammten Schuhen um die Wasserlachen herumlief. Später sah ich ihn noch einmal, hinter einem großen Einkaufswagen, irgendwo zwischen der Matratzenabteilung und den Küchenutensilien. Niemand schaute ihn an. Niemand schien ihn wiederzuerkennen. Er war das prominenteste „Gesicht" Europas.

Ein weiteres Bild aus derselben Zeit, auch an einem Sonntagmorgen: Michel Barnier, damals EU-Kommissar, spaziert mit seiner Frau entlang der Antiquitätengeschäfte im Brüsseler Marollenviertel. Mehrere Menschen drehen sich auf der Straße um. Aber sie schauen nicht ihm nach, sondern seiner Frau. Sie ist eine beeindruckende Erscheinung: groß, trägt alte Jeans, ein T-Shirt und eine Lederjacke.

Anno 2020 würden die Menschen Ursula von der Leyen wahrscheinlich besser erkennen als einen ihrer früheren Vorgänger, Romano Prodi. Und Barnier, der in den letzten Jahren als Beauftragter der EU-Kommission die Verhandlungen zum Brexit geführt hat, sicher auch. Europa ist in den letzten zwanzig Jahren viel politischer geworden. Die Eurokrise, die Flüchtlingskrise und Corona haben Europa näher zu den Menschen gebracht – auf negative Weise, aber auch auf positive. Wir beschäftigen uns – notgedrungen – mehr als früher mit anderen Ländern. Jeder weiß, wie hoch die Staatsverschuldung Griechenlands ist. Und was Ungarn und Polen dem Rechtsstaat antun, macht in ganz Europa detailliert die Runde.

Aber immer noch gilt, was Jacques Delors einst sagte: In letzter Konsequenz brauchen wir eine stärkere politische Verbindung zwischen den Bürgern, denn schließlich verliebe sich niemand in einen Binnenmarkt.

In *Last Waltz in Vienna,* den ergreifenden Memoiren eines Juden, der während des Zweiten Weltkriegs gerade noch aus Wien flüchten konnte, beschreibt der Brite George Clare, wie die Regierung Dollfuß der Armee kurz vor dem Anschluss Österreichs an das Dritte Reich in einem letzten, kurzen Aufflackern von Unabhängigkeit und Eigensinn ein neues Outfit verpasst. Und für welche Uniformen entscheidet sich Dollfuß? Jawohl, für die alten, kaiserlichen Uniformen – als ob man mit diesen eine sichtbare Kontinuität schaffen könnte. Clare betrachtet als kleiner Junge mit offenem Mund die Militärparade. Ehemalige Oberste und Generäle entstauben ihre alten Monturen, putzen ihre Sporne, Säbel und Medaillen, und stolzieren damit durch die Straßen von Wien – farbenfrohe, aber irgendwie in die Jahre gekommene Werbung für vergangene Glorie.

Das beeindruckte Clare, der damals noch Georg Klaar hieß, sehr. Plötzlich sei eine Welle der Nostalgie durch das Land gegangen, schreibt er. Sogar echte Erzherzöge, und zwar ziemlich viele, seien plötzlich zurückgekommen. Sie hätten ausgesehen, als wären sie direkt aus einer Operette entstiegen. Man habe sie überall gesehen: bei Bällen, auf Märkten, Gedenkfeiern, Militär-Reunionen und patriotischen Umzügen. Sogar Otto von Habsburg, der älteste Sohn des letzten Kaisers und Thronfolger, hätte ein Comeback gefeiert. Nicht persönlich, dafür hätten die Tschechen, Ungarn und Jugoslawen gesorgt, aber sehr wohl auf Ansichtskarten, auf denen er in vollem Ornat oder in Tiroler Tracht abgebildet war. Von einem Tag auf den anderen habe man in allen Kiosken sein Foto auf allen Titelseiten gesehen.

So ein Comeback wird Romano Prodi wohl nie gelingen.

VI

Vielleicht ist es für die EU auch von Vorteil, nicht populär zu sein und die Herzen der Bürger nicht anzusprechen.

Vor kurzem war der deutsche Philosoph Peter Sloterdijk zwei Stunden lang zu Gast bei einem Frühstücksprogramm im französischen Radio. Es ging ausschließlich um Europa. Und er sprach ein sehr schönes, langsames Französisch. Ganz am Ende fragte man Sloterdijk, wie wichtig es sei, dass Europa populär werde. Der Interviewer erwartete wahrscheinlich, dass der Mann sagen würde: sehr wichtig. Ich spitzte die Ohren. Aber der Philosoph antwortete: „Witzigerweise kann man sagen, dass der Mangel an Popularität einen Teil der Kraft des europäischen Projekts ausmacht. Dass nicht allzu viel Enthusiasmus da ist, ist vielleicht sogar gut. Wenn Enthusiasmus in der Politik die Oberhand bekommt, bedeutet dies oft, dass Menschen auf eine unangenehme Weise für irgendein Ziel den Aufstand proben. Das führt dann aber nur zu Revolutionen und Kriegen."

Kapitel 9

We cannot but conclude that the EU is (or is becoming) an empire of some sort.

JAN ZIELONKA in *Europe as Empire: The Nature of the Enlarged European Union* (2006)

I

Draußen liegt ein halber Meter Schnee und in der ungarischen Residenz in Oslo hat Anna Maria Siko gerade einen unglaublich starken ungarischen Obstschnaps auf den Tisch gestellt. Danach essen wir ein komplettes habsburgisches Menü, mit Hühnersuppe, Esterházy-Rostbraten und hinterher Apfelstrudel.

Siko ist die ungarische Botschafterin in Norwegen. Sie ist intelligent, redegewandt und steht, wie es sich anhört, Viktor Orbán ziemlich nahe. Am ungarischen Nationalfeiertag organisierte sie ein Konzert. Sie stand in einem farbenfrohen Kleid am Eingang und steckte ihren Gästen beim Eintreten ungarische Fähnchen an. Genau vor mir bekam auch der österreichische Botschafter eines. Siko begann triumphierend zu lachen und rief ganz laut: „Endlich trägst du mal unsere Fahne!"

Und das mehr als hundert Jahre nach Ende der Doppelmonarchie. Als ob es gestern gewesen wäre. All diese Dinge sind in Europa immer noch lebendig. Alte Wunden wurden vorsichtig unter den Teppich gekehrt, allmählich verarbeitet – gerieten aber nie komplett in Vergessenheit.

Als Siko hört, dass ich – gerade von Wien nach Oslo übersiedelt – ein Buch über das Habsburgerreich und die EU vorbereite, wirft sie ihr langes, schwarzes Haar nach hinten und sagt herausfordernd: „Kommen Sie doch mal für ein Interview vorbei." Im Hinblick auf die beobachtete Szene mit dem Fähnchen denke ich: „Warum nicht?" Es ist Anfang 2018. Später im Jahr wird das europäische Parlament mit einer Zweidrittelmehrheit Ungarns Verstöße gegen die Werte der EU verurteilen. Noch später bricht Orbán alle Kontakte zur EU-Kommissarin, die sein Land eine *kranke Demokratie* genannt hat, ab und blockiert zusammen mit seinem polnischen Kollegen den EU-Haushalt 2021–2027, weil darin zum ersten Mal ein Rechtsstaatsmechanismus enthalten ist. Verfällt Ungarn wieder in die Rolle, die es auch schon in der Doppelmonarchie innehatte, jene des Störsenders? So bekomme ich einige Wochen später zweieinhalb Stunden Geschichtsunterricht mit Wein, viel Gelächter, Gefluche und sogar einigen Tränen.

Die Ungarn, beginnt Siko, seien wie Dackel – Würstchen auf Pfoten. „Zu viel Hund in einem Körper. Wir müssen immer unser eigenes Ding machen. Wir kämpfen immer gegen den Rest der Welt. Wir erzeugen immer Spannung. Wir machen allen das Leben schwer. Warum? Weil wir jeden Tag aufs Neue beweisen müssen, wer wir sind und dass es uns gibt. Eine Art ‚America first‘, aber halt in Ungarn. Was Donald Trump macht, machen wir auch.“

Ihrer Meinung nach rühre das daher, dass Ungarn immer von Fremden beherrscht worden sei, die gekommen aber nicht wieder gegangen seien. Von den Ottomanen, die alle gotischen Bauwerke Ungarns zerstörten und stattdessen Moscheen errichteten. Den Habsburgern, die Ungarn von den Türken befreiten und dann selbst nicht mehr weggingen. Den Deutschen im Zweiten Weltkrieg. Danach den Sowjets und jetzt von der EU.

Ob sie denn nun die EU mit den Nazis und den Kommunisten gleichstelle?

„Nein. Die EU ist nicht wie die anderen gekommen, um unser Land zu besetzen. Wir wollten selbst Mitglied werden. Niemand hat uns gezwungen. Aber die EU verbietet uns, bestimmte Dinge zu tun. Sie macht uns Vorschriften.“

Das hätten die Ungarn zwar von vornherein gewusst, bestätigt Siko, aber dagegen seien sie regelrecht allergisch. „Da werden wir wild, und äußerst undiplomatisch. Vor allem wenn wir gezwungen werden, Migranten aufzunehmen. Oder wenn einer der Meinung ist, dass wir keinen Kuchen mit Mohn mehr essen dürfen. Weil darin ein giftiger Stoff enthalten sein soll. Mohnkuchen ist ein Nationalgericht in Ungarn. Darauf reagieren wir wie der Pawlowsche Hund.“

Die Suppe wird serviert. Siko öffnet eine Flasche Tokajer. Es sei schon interessant, sagt sie, wenn ein Westeuropäer einen Raum betrete, setze er sich mit einer Wahrscheinlichkeit von zehn zu eins zu anderen Westeuropäern. Osteuropäer setzen sich zu den Osteuropäern. Aber wenn ein Ungar einen Raum betrete, wisse er nicht, ob er sich zu den Westeuropäern oder zu den östlichen, slawischen Völkern setzen solle. Dieser Wiedererkennungseffekt, den andere anscheinend automatisch hätten, sagt sie, fehle den Ungarn. „Sprache ist wichtig. Ihr in Westeuropa kauft eine Packung Cornflakes und darauf steht in vier, fünf Sprachen, was alles drin ist. Man versteht fast jedes Wort dieser anderen Sprachen. Auch slawische Sprachen sind miteinander verwandt. Skandinavier haben alle ihre eigene Sprache, und dennoch verstehen sie einander ausgezeichnet. Aber Ungarisch versteht außer uns kein Mensch. Sehen Sie? Wir sind immer alleine.“

Sie steht auf und holt ein Buch aus dem Schrank: *People of the Puszta* von Gyula Illyés, einem ungarischen Romanautor und Lyriker. Gyula hat einmal geschrieben: „Die Nation wohnt in ihrer Sprache.“ Siko zitiert ihn mit Überzeugung.

Immer noch läuten in Ungarn um zwölf Uhr mittags die Kirchenglocken, um jeden daran zu erinnern, dass die Ungarn die Türken im Jahre 1476 bei Belgrad schlugen, und dass die Türken damals sagten, sie würden zurückkommen. „Nun, nach einer Weile kamen sie tatsächlich zurück. Wir lebten 150 Jahre unter türkischer Herrschaft. Wir wurden in die Mangel genommen. Die Steuern wurden ins Unermessliche erhöht. Junge Männer wurden nach Istanbul verschleppt. Das fruchtbare Transsylvanien lag brach. Es gab niemanden mehr, der dort noch die Äcker bestellte. Im Jahre 1686 kam ein großes habsburgisches Heer nach Ungarn, um uns zu befreien. Später halfen wir den Habsburgern, die Türken vor Wien aufzuhalten. Aber auch die Habsburger gingen nicht mehr weg. Das ist unser Schicksal: Jeder, der uns befreit, bleibt.“

Kaiserin Maria Theresia und ihr Sohn Joseph II. siedelten Schwaben, Rumänen und Slowaken auf ungarischem Boden an. „Und deswegen“, erklärt Siko dezidiert, „sind wir bis heute extrem auf der Hut, wenn Ausländer zu uns kommen.“

Die Ungarn hätten sich regelmäßig gegen die Habsburger aufgelehnt, erzählt sie beim Hauptgang und einem Glas starken Egri Bikavér. Nach dem großen Aufstand im Jahre 1849 ermordeten die Habsburger die komplette ungarische Regierung. Tausende Ungarn landeten im Gefängnis. „Danach haben wir gestreikt“, sagt Siko. „Ungarn war die Kornkammer des Habsburgerreichs. Wir stoppten die Produktion bis auf das Wenige, das wir für den Eigenbedarf brauchten. Dieser gewaltlose Widerstand funktionierte. Er führte zum ‚Waffenstillstand‘ im Jahre 1867 und zu einer eingehenden Strukturreform des Habsburgerreiches. Die Doppelmonarchie erblickte das Licht der Welt und wir bekamen eine mehr oder weniger selbständige Position innerhalb des Reiches.“

In vielen Geschichtsbüchern steht, dass in Ungarn damals eine Blütezeit begann: die letzten fünfzig Jahre des Habsburgerreiches. Die Ungarn bekamen in der Doppelmonarchie mehr Industrie und Infrastruktur als bisher. Das führte zu einem wirtschaftlichen *Boom*. Darüber hinaus bekamen sie das Sagen über die andere Hälfte des Reiches – über die Rumänen, Kroaten und anderen Völker –, und sie entschieden in ihrer Hälfte selbst über die Bildungspolitik und sonstige Angelegenheiten. Sie bekamen sogar ein Vetorecht in Bezug auf den Haushalt des Habsburgerreiches. *Bien joué,* würden die Franzosen sagen.

Aber auch in diesem Punkt ist Siko anderer Meinung. So möge es zwar in den Geschichtsbüchern stehen, sagt sie, aber so werde das von den Ungarn nicht gesehen. „Nach dem Ausgleich 1867 hatten die Ungarn einen privilegierten Status innerhalb des Reiches, den andere Sprachgruppen nicht hatten. Da wurde uns bewusst, was für ein Schmelztiegel wir geworden waren. In der österreichischen Reichshälfte konnte jeder seine eigene Sprache sprechen, aber jeder sprach auch Deutsch. Deutsch war die verbindende Sprache. In der ungarischen Reichshälfte hatten wir das nicht. Jeder sprach eine andere Sprache. Die meisten Menschen

konnten kein Wort Ungarisch. Furchtbar. Wir waren ein ‚Flickenteppich'. Wir wollten Ungarisch reden!"

In der österreichischen Reichshälfte waren 37 Prozent der Bevölkerung deutsch-
sprachig. In der ungarischen Reichshälfte machten die Ungarn, die Magyaren,
40 Prozent aus. Nach 1867 bekamen die Sprachgruppen in der österreichischen
Reichshälfte immer mehr Autonomie und Mitbestimmungsrecht, während sie
genau diese auf der ungarischen Seite verloren. In den Schulen wurde Ungarisch
Pflicht, und später wurden Schulen von Minderheiten auf Bestreben Budapests sogar geschlossen. Die Politik wurde so zentralisiert, dass sie fast ein magyarisches Mo-
nopol wurde, mit Wahlgesetzen, die dafür sorgten, dass Wahlberechtigte größtenteils
Ungarischsprechende waren. Auch im ungarischen Parlament gab es nur wenige
Minderheiten. In diesem Parlament wurde nur *eine* Sprache gesprochen: Ungarisch.
Im Vergleich dazu war das Parlament in Wien eine Art Babel: Die Mitglieder sprachen alle Sprachen durcheinander. Dazu hatten sie das Recht. Ein wenig wie im
heutigen Europäischen Parlament.

Siko verweilt manchmal endlos bei historischen Fakten und Entwicklungen. Sie
erzählt, als ob es erst gestern gewesen wäre, mit einer atemberaubenden Anzahl von
Details. Aber weil die Rolle Ungarns in Europa erneut – wie damals – stark na-
tionalistisch und widerspenstig ist, werfen ihre umfangreichen Ausführungen ein
interessantes Licht auf die aktuellen politischen Entwicklungen. Man realisiert aufs
Neue: Ungarn in der EU ist wie Ungarn im Habsburgerreich. Also lasse ich sie
weiterreden.

Bereits vor dem Ersten Weltkrieg war die ungarische politische Elite komplett
zerstritten, das kann man in *Die Siebenbürgen-Trilogie* von Miklós Bánffy nachlesen.
Aber all diese Diskussionen und Streitgespräche spielten sich in einer uniformen,
nationalistischen Gruppe ab. In einer kleinen Welt, die völlig nach innen gekehrt
war.

Unter anderem auch deswegen verschwanden die Konflikte in der Doppelmonarchie nach 1867 nicht. Im Gegenteil. Ungarische Nationalisten betrachteten die
habsburgische Armee, die ja auch ihre Armee war, als Besatzungsmacht. In Ungarn
stationierte Einheiten wurden als Besatzer behandelt. Nicht nur weil in der Armee
viel Deutsch gesprochen wurde, sondern auch weil Soldaten aus Minderheitsgrup-
pen aus beiden Reichshälften ihre eigene Sprache sprechen durften. Das galt auch
für die ungarische Reichshälfte: Die Rumänen sprachen Rumänisch, die Kroaten
Kroatisch etc. Die Ungarn konnten das nicht verhindern, denn die Armee war eine
rein föderale Institution. Sie unterstand direkt dem Kaiser. Aber die meisten Ungarn
fanden es furchtbar, denn es untergrub ihren Plan, alles zu magyarisieren.

Botschafterin Siko verteidigt die damaligen ungarischen Ressentiments vehe-
ment. Ihre Großeltern hatten verschiedene Nationalitäten: die slowakische, ungari-

sche, tschechische. „Österreich war keine Nation, sondern eine Mentalität", sagt sie. „Österreicher tun immer so, als ob Mozart ein Österreicher gewesen wäre und Hitler ein Deutscher. Dieses sich Winden und Drehen – so etwas würden wir Ungarn nie machen. Ungarn ist eine Nation. Unsere aktuelle Sensibilität in Bezug auf Fremde, Immigration und den Einfluss von Brüssel – das rührt alles von *da her.*"

Als Ungarn 2004 Mitglied der EU wurde, hätte Siko an einer Konferenz in Newcastle teilnehmen sollen. Sie schickte einen Vertreter, denn sie wollte an diesem Tag unbedingt in Ungarn sein. „Ein historischer Tag. Das fanden wir alle. Wir hatten hohe Erwartungen."

Zusammen mit Polen ist Ungarn inzwischen einer der größten Nettoempfänger europäischer Subventionen – vor allem aus dem Agrar- und Kohäsionsfonds für ärmere Regionen. Aber Siko regt sich furchtbar auf, wenn sie das Wort „Subventionen" hört. „Ich hasse dieses Wort. Wir wollen nicht immer wieder hören: ‚Wir geben euch so viel.' Das sagten die Sowjets und die Habsburger auch immer. 90 Prozent der europäischen Gelder gehen zurück nach Westeuropa! Ungarn bekommt Gelder aus dem Kohäsionsfonds, damit wir gleich viele französische und deutsche Produkte kaufen können wie andere EU-Länder. Das ist der Zweck dieser Förderungen."

Die Ungarn seien zufrieden in der EU, sagt Siko. Das zeige sich in den Umfragen. „Mein Punkt ist: Hört auf über ‚Solidarität' zu reden. Das ist Bullshit. Seit 1956 hat niemand im Westen uns geholfen."

Ich selbst kenne Österreicher, deren Familien 1956, als Sowjetpanzer den Ungarnaufstand niederschlugen, Ungarn bei sich aufgenommen haben. 200.000 Ungarn sind damals in den Westen geflüchtet. Das sei Blödsinn, sagt Siko wieder. „Es war nur eine Minderheit, die von Österreichern bei sich zu Hause aufgenommen wurden. Die Österreicher machen daraus eine schöne, romantische Geschichte. Aber in Wirklichkeit wurden die meisten ungarischen Flüchtlinge nicht von Familien aufgenommen. Nein, sie waren zwei Jahre lang in österreichischen Lagern untergebracht, unter erbärmlichen Umständen. Danach wanderten sie aus nach Australien und in andere Länder, die billige Arbeitskräfte brauchten. Dort schufteten sich die Ungarn krumm. Dämme haben sie gebaut, Moraste trockengelegt. Ich war Botschafterin in Australien. Ich habe die Geschichten gehört. Die ganze Zeit über durften die Ungarn ihre Familien nicht nachkommen lassen. Kommen Sie mir nicht mit westlicher Solidarität."

Auch Sikos Mutter habe 1956 aus Ungarn flüchten wollen. Im Radio Free Europe habe sie gehört: „*We're coming to help you!*" Aber sie sei zu spät dran gewesen. Die Sowjets seien schon da gewesen. „Meine Eltern haben am 23. Oktober 1957 geheiratet."

Sie fängt zu weinen an und kann nicht weiterreden. Sie nimmt einen Schluck Wasser. Ich verstehe nicht wirklich, warum sie weint.

Wieso ist der 23. Oktober so besonders?

„Weil der Ungarnaufstand am 23. Oktober 1956 begann! Dieses Tages durften wir unter den Sowjets nicht gedenken. Das war strengstens untersagt. Aus diesem Grund haben meine Eltern mit Absicht genau ein Jahr später geheiratet, am 23. Oktober, um des Aufstandes immer gedenken zu können, ohne irgendeinen Verdacht zu erregen. Sie konnten immer sagen: ‚Wir feiern nur unseren Hochzeitstag!‘ Meine Mutter ist vor kurzem verstorben. Deswegen berührt mich diese Geschichte so."

Aber was sie eigentlich hätte sagen wollen: „Der 23. Oktober ist für viele Ungarn auch der Tag, an dem der Westen uns nicht geholfen hat. Der Tag des Verrats."

Wenn die russische Invasion so ein Trauma ist, weshalb steht Ungarn den Russen dann jetzt wieder so nahe?

„Man bezeichnet uns manchmal als prorussisch. Fuck off, sage ich dann, die Russen sind nun einmal da. Wir müssen pragmatisch vorgehen. 85 Prozent unseres Gases kommt aus Russland. Wir möchten Gas aus Deutschland, aber anscheinend kann es nicht nach Ungarn gebracht werden. Wir warten bereits seit Jahren auf die Interkonnektoren. Und auf South Stream. Aber das kommt alles nicht. Was sollen wir denn tun? In der Kälte rumsitzen? Ungarn liegt nun mal dort, wo es liegt. Wir können schwer übersiedeln."

Aber in vielerlei Hinsicht steht ihr Deutschland näher als Russland.

„Die Ungarn haben Deutschland immer bewundert. Wir sind die Einzigen, die jemals das deutsche Fußballnationalteam unterstützt haben. Niemand macht das. Nur Ungarn. Aber unsere Bewunderung für die Deutschen nimmt ab. Das hat mit 2015 zu tun. Damals kamen zehntausende Menschen nach Europa, die meisten über Ungarn. Das war das erste Mal seit sechshundert Jahren, dass so etwas passierte. Damals hatten wir den Türken Einhalt geboten und Westeuropa geschützt. Jetzt haben wir es wieder getan. Seit 2015 ist ‚Merkel‘ ein Schimpfwort in Ungarn."

Ungarn hat sogar eine Mauer gebaut.

„Ja, und das hat uns keinerlei Überwindung gekostet. Wir betrachteten den Zustrom als Angriff auf unsere Identität. Als Angriff auf Ungarn. Ohne die Mauer hätten wir ein Armageddon erleben können. Dann kann man nur noch eines machen: schießen. Wenn Europa beginnt zu schießen, ist es nicht mehr Europa."

Aha. Ist Ungarn also der „Retter" Europas?

„In gewisser Hinsicht löst Europa das Problem, dass wir Ungarn nie wissen, ob wir uns nun zu den Westeuropäern oder zu den slawischen Völkern setzen sollen. In der EU können wir unsere eigene Rolle spielen. Wir selbst sein, ohne eine Wahl treffen zu müssen."

Der Strudel ist alle. Den Likör zum Kaffee lehne ich ab. Es ist Zeit, wieder in den Schnee rauszugehen. Sie gibt mir noch ein Buch mit – *Ungarische Dichtung aus fünf Jahrhunderten*.

Heute habe ich gelernt, warum Ungarn in Europa so störrisch auftritt und es jedem so schwer macht – und weshalb es doch nicht darüber nachdenkt, aus der EU auszutreten. Sich als Opfer *und* Retter Europas zu bezeichnen: Das muss man auch erst einmal zusammenbringen. Zur Zeit der Habsburger war es genauso. Es hat sich nicht viel geändert.

Ich komme nach Hause, schlage den Lyrikband auf gut Glück auf, lande bei Andor Gabór (1884–1953) und lese:

Mein Heimatland ist schwarze Erde
Ein tüchtiges Volk bewohnt dies Land

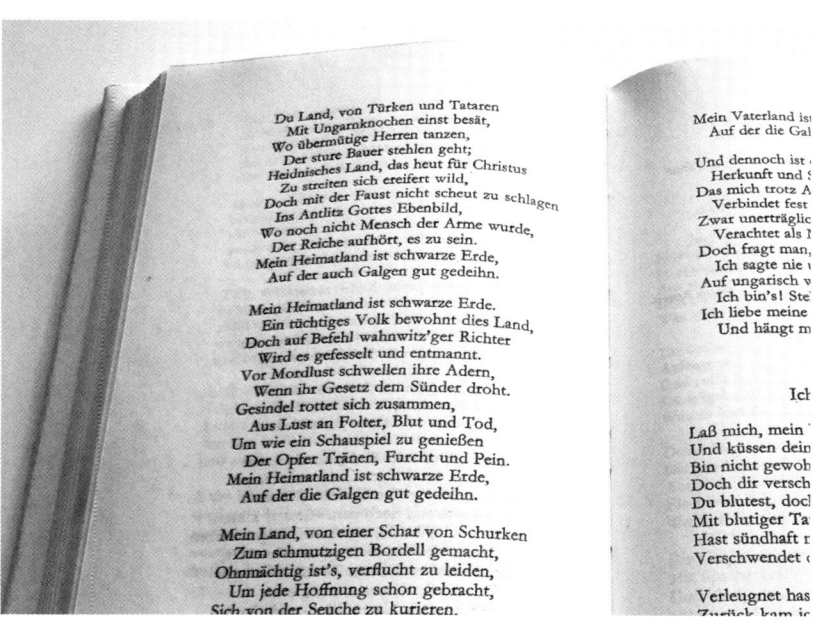

II

Im Sommer 2019 unterschreiben dreizehn EU-Länder einen Brief, um schnell Beitrittsverhandlungen mit Albanien und Nord-Mazedonien aufnehmen zu können. Die dreizehn, darunter Italien und Österreich, liegen in Mittel- und Osteuropa. Der Brief richtet sich in erster Linie an die Niederlande und an Frankreich. Die wiederholen immer wieder, dass Skopje und Tirana für einen Beitritt nicht reif seien und dass es im eigenen Land „keine tragfähige Mehrheit" für eine Erweiterung gebe.

Hier sehen wir die klassische Dynamik einer *Interstitial Power*, einer Großmacht, die, eingeklemmt zwischen anderen Großmächten, ständig von allen Seiten herausgefordert oder bedroht werden kann. Man weiß nie, von welcher Seite die nächste Gefahr kommt. Die EU ist so eine eingeklemmte Macht. Das Habsburgerreich war es auch.

Östliche EU-Länder beobachten derzeit, wie Russland und die Türkei – wie schon so oft in der Geschichte – Balkanländer in ihre Einflusssphäre zu ziehen versuchen. Östliche EU-Länder empfinden dies als Bedrohung. Sie sind der Meinung, dass die EU dem Balkan eine Perspektive bieten solle. Eine politische Perspektive. Sonst, so argumentieren sie, werde die Region instabil. Und dann kämen die Konflikte. Dies sei schädlich für die EU.

Viele westliche EU-Länder meinen, diese Ängste seien übertrieben. Sie sehen andere Risiken für die europäische Sicherheit: die Vereinigten Staaten, die unter Präsident Trump einen knallharten Handelskrieg gegen uns begannen; russische und chinesische Cyberangriffe, die Ministerien und Krankenhäuser lahmlegen; die Türkei und ihre militärischen Ambitionen im Mittelmeerraum; der Brexit und das daraus entstehende Chaos; Migration aus Afrika; die Militarisierung des Nordpols. Um nur einige Beispiele zu nennen.

So hat jedes Land in Europa eine andere Vorstellung davon, was als gefährlich einzustufen ist.

In seinem Buch *The Grand Strategy of the Habsburg Empire* schreibt der Amerikaner A. Wess Mitchell, dass die meisten „eingeklemmten Mächte" in der Geschichte nur von kurzer, turbulenter Dauer gewesen wären, weil sie von mehreren Rivalen oder Feinden umgeben gewesen seien und nicht die Mittel gehabt hätten, diese alle gleichzeitig zu schlagen oder zu befrieden. Man könne nicht fünf Kriege auf einmal führen. Genau damit hat Europa immer mehr zu kämpfen, jetzt, wo der sichere Kokon des westlichen Bündnisses bröckelt und aufstrebende Großmächte in einem geopolitischen Rennen um die Herrschaft über die Welt buhlen. Auf welche Gefahr soll man sich fokussieren? Welche Bedrohung hat Vorrang? Macht es Sinn, dass man die Aufmerksamkeit und Mittel auf alle Bedrohungen verteilt?

Interessanterweise rangen die Habsburger mit denselben Fragen. Und was noch interessanter ist: Das Habsburgerreich war eine der wenigen eingeklemmten Mächte, denen es gelang, inmitten vieler Rivalen jahrhundertelang zu überleben. In der Blütezeit erstreckte sich das Reich bis nach Spanien, in die Niederlande, die Ukraine und nach Kroatien. Kaiser Joseph I. beklagte sich einmal darüber, dass seine Verbündeten genau wüssten, wie seine Militärmacht in alle Ecken Europas verstreut sei. Sie wüssten, wie es um ihn in Ungarn und Transsylvanien stehe und wie schwierig es für ihn sei, eine Armee zu bilden, wenn plötzlich eine Bedrohung aus Schweden komme, der er Rechnung zu tragen habe. Alle hätten gewusst, wie schwach er gewesen sei.

Alle hätten gewusst, wie schwach er gewesen sei. Genauso hätte sich ein Beamter der Europäischen Kommission über die Europäische Nachbarschaftspolitik äußern können, ein 2004 ins Leben gerufenes Programm, dessen Ziel darin besteht, einen „Ring stabiler, befreundeter Staaten" um die EU herum zu etablieren. Oder über die Östliche Partnerschaft, ein Sonderprojekt für ehemalige Sowjetrepubliken wie Georgien, Moldawien oder Armenien, deren Schicksal in der Schwebe ist. Diese Art von Projekten ist voller gut gemeinter Absichten in Bezug auf Justizreformen, Demokratisierung und Pressefreiheit – aber immer wieder scheitern sie an dem Zynismus und der Korruption von Lokalpolitikern oder an den geopolitischen Spielchen von Moskau, Peking oder Istanbul. Wir machen es zwar, aber mit so geringem Selbstvertrauen, dass die Ergebnisse sehr bescheiden sind.

Mitchell zieht keine Parallelen zum heutigen Europa in seinem Buch. Keine *einzige*. Aber man findet sie auf jeder Seite, zwischen den Zeilen. Wie ist es möglich, dass sich ein so großer, komplexer und intern oft sehr zerstrittener Vielvölkerstaat mit Deutschen, Ungarn, Italienern, Slawen und anderen Volksgruppen damals trotz ständiger finanzieller Probleme und in einer Umgebung voller selbstbewusster, manchmal aggressiver Rivalen so lange zu behaupten wusste? Die Antwort ist auch für uns von Bedeutung.

Gerade weil sie so schwach waren und eine viel zu kleine Armee hatten, versuchten die Habsburger immer, Zeit zu schinden. Sie versuchten, Konflikte hinauszuzögern oder zu vermeiden. „Fortwursteln" war, wie bereits erwähnt, die Devise der Habsburger. Das kommt uns bekannt vor.

Die Habsburger hatten eine kleine Armee. Sie war in erster Linie defensiv ausgerichtet. Weil Preußen, Russland, Italien, die Türkei und Frankreich ständig versuchten, die habsburgischen Völker gegeneinander auszuspielen, ging der Kaiser immer wieder Allianzen mit Völkern am Rande seines Reiches ein. Auf diese Weise entwickelte er eine Art Pufferzone um die Außengrenzen. Wenn es Konflikte gab, halfen sie ihm, diese *außerhalb* seines Territoriums auszutragen. Darüber hinaus unterhielt er standardmäßig freundschaftliche Beziehungen zu einigen Großmächten. Das war nicht schwierig: Die umliegenden Reiche wollten nicht, dass er zu mächtig wurde. Noch weniger waren sie daran interessiert, das Habsburgerreich untergehen zu lassen. Sonst würde mitten im Kontinent ein riesiges Loch entstehen, das auch sie selbst destabilisieren würde. Wenn also irgendwo Krieg drohte, konnte der habsburgische Kaiser immer einen oder mehrere Nachbarn davon überzeugen, ihm zu helfen. Seine größten Rivalen hatten größere, stärkere Armeen als er.

Und so kam es, dass die Habsburger zwar oft Schlachten verloren, aber nur selten einen Krieg. Dank der Nachbarn.

Indem Franz Joseph Serbien 1914 den Krieg erklärte, gab er den Startschuss für den Ersten Weltkrieg. Es war mitten in den Sommerferien. Alle hatten frei, auch viele Generäle. Die habsburgische Armee hatte loyale Soldaten, aber aufgrund der ungarischen Vetos gegen das Budget war viele Jahre kaum in die Armee investiert worden. Sie hatte altertümliche Waffen, während die Konkurrenz modernes Kriegsgerät angeschafft hatte. Der Kaiser wusste das – dies war der Grund, weshalb er immer mehr Geld für die Landesverteidigung gefordert hatte. Dem Vernehmen nach schickte Franz Joseph seine Truppen 1914 daher seufzend an die Front: „Auch die werden wir wohl wieder verlieren."

Wahrscheinlich glaubte er, dass es, wie immer, schon irgendwie gut ausgehen würde. Dass die anderen Großmächte sich raushalten würden. Und dass einige der Mächte ihm helfen würden, sollten die Kämpfe gegen die Serben doch eskalieren. Das erwies sich als Fehleinschätzung.

Warum unterlief dem Kaiser dieser Kardinalfehler? Mitchell schreibt, dass es mit dem Habsburgerreich im Grunde genommen bereits in den ersten Jahren von Franz Josephs Regierung, Mitte des 19. Jahrhunderts, allmählich bergab gegangen sei. Unter dem vorletzten Kaiser sei die Strategie der Puffer und des Fortwurschtelns weiterhin genauso prominent gewesen wie vorher. Aber Franz Joseph habe auch versucht, die Armee zu vergrößern und sie offensiver auszurichten. Darüber hinaus habe er sich öfter als seine Vorgänger mit den Nachbarn angelegt. Und, was entscheidend gewesen sei: Er habe am Ende seinen Puffern entlang der Außengrenze zu wenig Aufmerksamkeit gewidmet und sie manchmal sogar brüskiert. Auf diese Weise seien sie weniger loyal geworden und hätten damit begonnen, ihn zu hintergehen.

So annektierte Franz Joseph beispielsweise im Jahr 1908 Bosnien. Viele Menschen hatten ihm davon abgeraten, und wahrscheinlich zu Recht: Hätte er das nicht getan, hätte er die Serben nicht so gegen sich aufgebracht und Franz Ferdinand wäre 1914 in Sarajevo nicht ermordet worden.

Habsburgische Logik, angewandt auf heute: Puffer entlang der Außengrenzen der EU sind wichtig. Immer noch. Letztendlich wurden Nord-Mazedonien und Albanien ins Wartezimmer der EU gesetzt. So landeten sie wenigstens nicht im Wartezimmer Russlands und der Türkei.

III

Ein polnischer Diplomat erzählte mir einmal, wie die Östliche Partnerschaft, das EU-Projekt zur Verbesserung der Beziehungen zu den sechs ehemaligen Sowjetrepubliken, entstanden sei. Das sei keine Brüsseler Strategie gewesen, es sei fast zufällig dazu gekommen.

2009 war Nicolas Sarkozy Präsident von Frankreich. Er tat alles, um sein Land prominent zu positionieren, und beschloss deshalb, einen alten französischen Plan für eine Mediterrane Union mit nordafrikanischen Ländern wieder auszugraben. Das würde seinem Land Prestige verschaffen. Sarkozys Vorgänger hatten das auch schon mal vorgeschlagen. Als er seine Pläne veröffentlichte, waren die mittel- und osteuropäischen Länder sofort alarmiert. Sollte mehr Geld an den Süden gehen, so bekämen sie im Osten bestimmt weniger. Deshalb dachten sie sich schnell eine List aus, um das zu verhindern.

Kurz bevor auf einem europäischen Gipfel der Staats- und Regierungschefs über die Mediterrane Union entschieden werden sollte, schmuggelten der polnische Minister Radek Sikorski und sein schwedischer Kollege Carl Bildt einige Worte über eine ähnliche Initiative für östliche Nachbarländer in den Text. Es fiel kaum auf. Der Text wurde angenommen.

Die Östliche Partnerschaft, die auf diese Weise zustande kam, unterstützt Unternehmerinnen, Universitäten und unabhängige Medien. Führungspersönlichkeiten tauschen sich über Sicherheit, Grenzüberwachung, das Klima und Cyberkriminalität aus. Alles ganz wunderbar. Und dennoch funktioniert es nur halb. Von den sechs teilnehmenden Ländern wird eines nach dem anderen mit knallharten Drohungen, Sanktionen und Einschüchterungen wieder in die russische Einflusssphäre zurückschikaniert.

Georgien ist eines dieser Länder. Weißrussland ein weiteres. An beiden Beispielen sieht man, dass die EU mit *Soft Power* alleine nicht weit kommt. Wir gewährten Georgien, das ein westliches Land werden wollte und dafür öffentlich auch alles tat, jegliche Unterstützung. Das machte Russland rasend. Nach einem kurzen Krieg 2008 zogen die Russen das Land wieder in ihre Einflusssphäre. Europa unternahm nichts dagegen. Als die Menschen 2020 in Belarus auf die Straße gingen, um nach einer manipulierten Wahl mehr Demokratie und Gerechtigkeit zu fordern, hielten sich die Europäer vornehm zurück. Sie wollten nicht wieder den Zorn Moskaus erregen. Sie wollten nicht schon wieder Bürger dazu ermutigen, sich gegen einen Diktator zu erheben, um sie anschließend direkt in die Arme russischer Soldaten laufen zu lassen.

Aber das war eigentlich noch peinlicher: So gibt Europa das Spiel gegen Russland von vornherein verloren. Ist es das, wofür wir stehen?

Die Soft Power der EU versus die Hard Power einiger wütender Nachbarn – das ist eines der großen Themen der nächsten Zeit.

IV

Ist die Europäische Union ein Imperium? Lange Zeit war dies eine absurde Frage. Ein Imperium, das war etwas Negatives. Imperien erobern Länder. Sie annektieren andere Staaten gegen den Willen der Einwohner und unterdrücken diese. „Imperium" assoziiert man mit Machtdemonstrationen und Säbelrasseln. Mit aus dem Ruder gelaufenem Kapitalismus, mit Ausbeutung und geopolitischem Schachspiel.

Aber dies ändert sich. Plötzlich sagen die Menschen: Vielleicht ist die Europäische Union doch eine Art Imperium. Sie meinen das nicht negativ, sondern eher als neutrale Feststellung. Das ist eine faszinierende Entwicklung. Es bedeutet nämlich, dass wir anfangen, anders über uns selbst und Europa zu denken.

Wie kommt das? Vor allem aufgrund externer Faktoren. Aufgrund der Desintegration des westlichen Bündnisses. Aufgrund des Brexits. Aufgrund der Tatsache, dass wir nicht mehr bloß von freundlichen und wohlwollenden Ländern umgeben sind, sondern von einem „Feuerring".

Europa muss immer mehr selbst sehen, wo es bleibt in der Welt. Ohne mächtige Schutzherren. In einer Umgebung, die immer feindlicher wird.

Als Konsequenz all dieser parallelen Entwicklungen muss Europa zum ersten Mal seit vielen Jahren Machtpolitik betreiben. Es gibt kaum eine Alternative dazu. Früher machten dies die Amerikaner für uns. Während des Kalten Kriegs, unter dem Schirm Amerikas, genossen wir dadurch den Luxus, dass wir uns auf uns fokussieren konnten. In deren geopolitischem Windschatten bauten wir unsere Sozialstaaten auf und entwickelten unser multilaterales, sanftes Weltbild, fußend auf den Prinzipien Demokratie, Rechtsstaatlichkeit und Menschenrechte. „Macht" war nach den Exzessen zweier Weltkriege zu einem unappetitlichen Wort in Europa geworden.

Deshalb merkten nur wenige Menschen in Europa, dass die EU allmählich sehr wohl mächtig wurde. Wir waren aufgrund des Machttraumas fixiert auf die EU als Friedensprojekt oder als „Methode", um einander nicht in die Haare zu geraten. Wir hatten immer Angst davor, dass die Lage wieder außer Kontrolle geraten könnte. Wir sahen in jeder Krise eine „Existenzfrage" – Eurokrise, Bankenkrise, Flüchtlingskrise. Wie oft wurde die EU in den letzten Jahren nicht schon für tot erklärt?

Dieser nach innen gerichtete Blick hinderte uns daran zu erkennen, dass die EU allmählich ein Hegemon geworden ist, mit soliden Strukturen und Institutionen. Ein Hegemon, der ganz schön viel Macht hat und nicht einfach so auseinanderfallen

wird. Der Gutes tut für sich selbst und für seine Umgebung, aber – was man nie vergessen darf – auch Schaden herbeiführen kann.

Die Habsburger waren sich ihrer Macht immer bewusst. Wir nicht. Dieses Bewusstsein ist erst im Entstehen.

Die Habsburger verfügten über die Symbole der Macht, weil die Macht mit
dem Staat identisch war. Goldenes Geschirr. Paläste. Ein Thron voller Edelsteine. Die
Armee, in der Tschechen, Italiener oder Kroaten gemeinsame Manöver abhielten,
gemeinsam lebten und gemeinsam kämpften. Immer noch wird man auf Schritt und
Tritt daran erinnert, wenn man durch Wien geht.

Europa verfügt über nur wenige Machtsymbole. Nationale Regierungen haben Regierungsflugzeuge, aber der Präsident der Europäischen Kommission oder
der Hohe Vertreter der EU für Außen- und Sicherheitspolitik kauft ein Ticket für
einen Linienflug. „Stellen Sie sich mal vor, dass wir uns auch ein Flugzeug zulegen
würden", sagte ein Beamter der Kommission einmal, „ich sehe die Schlagzeilen
schon vor mir: EUROKRATEN VERSCHWENDEN STEUERGELDER FÜR
LUXUSFLIEGER."

Wenn man EU-Büros betritt, fällt einem immer sofort auf, wie schäbig sie sind. Die Generaldirektion Haushalt in Brüssel zum Beispiel. Man kommt in eine schlichtweg heruntergekommene Halle mit einem abblätternden Empfangsschalter, der wohl vor dreißig Jahren zum letzten Mal ein bisschen Farbe gesehen hat. Die Ecken bröckeln schon ab. Darauf liegen Glasplatten, die im Laufe der Jahre matt geworden und zerkratzt sind. Die Wartezeit bis zu seinem Termin verbringt man auf einer geschmacklosen, harten Couch, die so aussieht, als käme sie direkt vom Sperrmüll. An der Wand hängen EU-Propagandaposter und ohne Sorgfalt aufgehängte Mitteilungen für die Beschäftigten zu Yoga und Happy Hours.

Als ich Mitte der 2000er Jahre in Genf wohnte, befanden sich der Rat (die Vertretung der Mitgliedstaaten) und die Kommission im selben Gebäude. Der Rat hatte einen gepflegten Empfangsbereich, der offensichtlich etwas hatte kosten dürfen. Der Empfang spiegelte das Prestige und die Macht der Mitgliedsstaaten wider. Der Empfang der Kommission, ein Tisch (Ikea?) auf einem abgetretenen Teppich, strahlte einen *Mangel* an Macht aus. Über die vielen Stromkabel konnte man leicht stolpern und sich das Genick brechen. Hier war eine Macht zu Hause, die nicht an sich selbst glaubt. Oder nicht glauben *darf*.

Aber auch wenn die EU viele Dinge nur halbherzig macht, weil die Mitgliedstaaten nicht wollen, dass sie mächtig ist (und alles möglichst billig sein soll), hat Europa dennoch Macht. Immer mehr Macht.

Jan Zielonka, Professor für Politikwissenschaften in Oxford, schrieb bereits 2006 das Buch *Europe as Empire*. Die Union, so führte er aus, werde allmählich eine Art mittelalterliches Reich mit einem polyzentrischen Regierungssystem, mit mehreren, einander überlappenden Rechtssystemen, mit einer auffallenden kulturellen und wirtschaftlichen Heterogenität, mit unklaren Grenzen und geteilter Souveränität. Das erinnere an das mittelalterliche System, das wir *vor* der Entstehung von Nationalstaaten und Demokratie gehabt hätten.

Das Habsburgerreich war in seiner Endphase für viele Menschen nur schwer verständlich. In einer Zeit, in der viele zentralisierten, *de*zentralisierten die Habsburger gerade die Macht. Wir erleben nun in der EU das Gegenteil.

Jeder betrachtet die EU aus einer nationalstaatlichen Perspektive. Das ist und bleibt für die meisten Menschen die einzige Referenz. Der Rest – die UNO, die OSZE, die G20 – sind Dachorganisationen, die von den Nationalstaaten gesteuert werden. Sie können mit den Organisationen machen, was sie wollen. Aber mit der EU läuft es ein wenig anders.

Die EU ist, genauso wie die UNO und sonstige internationale Organisationen, so stark, wie es die Mitgliedstaaten zulassen. Das heißt: nicht sehr stark, denn so lassen sich die Organisationen weiterhin manipulieren. Aber die Mitgliedstaaten haben inzwischen auch verstanden, dass sie durch ihre Mitgliedschaft in der EU auch Macht *erhalten*. Gemeinsam hat ihre Stimme bei Klimaverhandlungen mehr Gewicht, als wenn jeder Staat für sich alleine agieren würde. Gemeinsam stellen sie einen der größten Märkte der Welt dar. Und da sie auf diesem Markt ihre eigenen Regeln haben, die nicht nur oft die strengsten der Welt sind, sondern deren Einhaltung auch ernsthaft durchgesetzt wird, bestimmen die Europäer in hohem Maße auch die Regeln für den Welthandel. Gemeinsam nehmen EU-Länder auch an Militärmissionen in Afrika teil, um den Terrorismus aufzuhalten und um die Migration einzudämmen. Frankreich schaffte das früher leicht alleine. Aber diese Zeit ist vorbei. Jetzt müssen die anderen den Franzosen helfen. Sie tun das, denn auch sie profitieren davon.

Die EU macht die Mitgliedstaaten – aus deren Perspektive – also schwächer und stärker zugleich. Wie ist das möglich?

Wir betrachten die EU durch die Brille nationaler Souveränität. Das ist die „Ebene", die uns geläufig ist. Aber diese Sichtweise wird langsam aufgeweicht. Souveränität, so Zielonka, sei ein gutes Konzept, wenn die legislativen und politischen Grenzen eines Staates mit jenen des Marktes, der Armee und von Migrationsmustern identisch seien. Dies sei aber schon längst nicht mehr der Fall. Eine Europäische Union mit ernstzunehmender Macht müsse imperial und einigermaßen undemokratisch sein.

Während der Eurokrise beklagten sich viele Griechen, Iren und andere, die am Euro-Tropf hingen, über das „imperiale" Gehabe der Troika, die mal schnell für Ordnung sorgen wollte. Das stimmt. Die Troika *war* in gewisser Hinsicht diktatorial. Fachleute der EZB, der Kommission und des IWF sagten Regierungen genau, welche Gesetze sie wann zu ändern hätten und wie der neue Text zu lauten hätte. Das ging weit. Sehr weit. Aber am Ende des Tages schluckten diese Länder dieses Diktat, weil sie im Club bleiben wollten. Die Alternative war Instabilität und Chaos.

Sie hatten die Wahl. Und sie blieben.

Gideon Rachman, Kolumnist bei der *Financial Times,* nannte die EU einmal *„an empire by invitation".* Das ist eine gute Charakterisierung. Niemand wird gezwungen, Mitglied zu werden. Jeder kann die EU verlassen. Und dennoch war der Brexit ein äußerst schwieriges Unterfangen. Die Wirtschaft und Verwaltung des Vereinigten Königreichs waren nach fünfzig Jahren EU-Mitgliedschaft völlig mit dem europäischen System verflochten. Im Handelsbereich, bei dem die Europäische Kommission namens der Mitgliedstaaten das Wort führt, hatten die Briten fast keine Experten mehr – diese hatte man jahrzehntelang nur in Brüssel gebraucht. Aber es gibt noch einen Grund, weshalb die Brexit-Verhandlungen so endlos dauerten und so mühsam verlaufen sind. Die britische Regierung konnte nur schwer akzeptieren, dass die EU mächtiger ist als sie. Und dass die EU somit die Exit-Bedingungen diktiert. Nicht um es den Briten schwer zu machen, sondern um sich selbst und den

Binnenmarkt zu schützen. Die Briten versuchten diese Übermacht zu reduzieren, indem sie Mitgliedstaaten gegeneinander ausspielten. Als die Briten unredliche Forderungen stellten und ihren Willen nicht bekamen, gab es einen Aufschrei.

Genauso haben Außenstehende früher versucht, das Habsburgerreich zu schwächen: indem sie die verschiedenen habsburgischen Nationalitäten gegeneinander ausspielten. Sabotieren und jammern – die typische Strategie der Schwächeren.

Während der Verhandlungen über Zollformalitäten in Nordirland schien ein britischer Regierungsfunktionär dies zuzugeben, indem er sich darüber beklagte, dass die EU sich ein wenig imperialistisch gebärde und vergessen zu haben scheine, dass Nordirland Teil des Vereinigten Königreichs ist.

Die Schweiz und Norwegen kennen diese EU-Dominanz nur zu gut. Sie sind keine EU-Mitglieder. Aber sie übernehmen viele Gesetze der EU und sie gehören, anders als die Briten, auch zum Schengen-Raum. Nicht weil sie das müssen, sondern weil sie sich selbst schaden würden, wenn sie es nicht täten. Ich habe in beiden Ländern gewohnt und habe gesehen, dass sie mehr oder weniger damit leben können, weil sie klein sind. Sie *wissen*, dass sie klein sind. Je turbulenter die Welt wird, umso näher rücken sie an die EU heran, weil diese ihnen einen Schutz bieten kann wie sonst keiner. Die Briten tun sich schwer damit, weil sie nicht akzeptieren können, dass sie im Vergleich zur EU ein kleines Drittland sind. „Man kann uns doch nicht behandeln wie kleine Länder wie Norwegen oder die Schweiz?", fragte ein britischer Diplomat mich mal allen Ernstes.

Die EU projiziert ihre Macht nicht nur bis nach Norwegen und in die Schweiz, sondern auch bis weit nach Asien und Lateinamerika. Im Buch *The Brussels Effect* beschreibt die finnisch-amerikanische Wissenschaftlerin Anu Bradford von der Columbia Law School, wie Firmen sich weltweit an die EU-Regeln hielten. Sonst könnten sie ihre Produkte nicht am größten Markt der Welt verkaufen. Oft lobbyierten sie bei den eigenen Regierungen, um EU-Regeln zu kopieren, damit sie sich nicht an zwei verschiedene Regelsysteme halten müssen.

Facebook und Google halten die Datenschutzregeln der EU ein, sogar in Amerika. Nicht nur züchten Großgärtnereien in Ruanda Rosen nach EU-Vorschriften, Inspektoren aus Ruanda kontrollieren auch in Kigali, ob alles mit rechten Dingen zugeht. Sonst können sie keine einzige Rose am europäischen Markt verkaufen. Die europäischen Regeln sind die strengsten der Welt. Wenn man als ausländisches Unternehmen diese Regeln einhält, ist man gut unterwegs und kann seine Produkte oder Dienstleistungen auch überall außerhalb der EU anbieten. Weil die EU-Regeln europäische Normen und Werte beinhalten (von Menschenrechten und Datenschutz bis zum Verbot von Tierversuchen), übt „Brüssel" bis weit über die Grenzen Europas Macht aus. Wie eine echte, sanfte Weltmacht. Viele Europäer wissen das nicht. Aber wenn Europa in einem Bereich ein Imperium ist, dann wohl in diesem.

Wir befinden uns innerhalb der EU und sehen vor allem Uneinigkeit, Unentschlossenheit und Schwäche. Aber wenn man von außen auf die EU schaut, sieht man *einen* mächtigen, unerschütterlichen Block. Im *Inneren* streiten wir uns über Klimaziele, den Rechtsstaat, den Euro oder Sanktionen gegen Weißrussland und beklagen uns ständig darüber, dass wir schwach seien und geopolitischer werden müssten, weil wir sonst von allen gegeneinander ausgespielt werden. Von *außen* sieht man diese Kämpfe zwar, aber man weiß: Sobald die 27 sich einig sind, stehen die EU-Kompromisse felsenfest und werden knallhart umgesetzt, auch außerhalb der EU.

Der deutsche Soziologe Stephan Lesenich hat Europa einmal als „Externalisierungsgesellschaft" bezeichnet. Das heißt: Die EU projiziert ihre Macht bis weit über die Grenzen hinaus. Nicht um andere zu benachteiligen (auch wenn dies dann und wann sicher passiert), sondern um das eigene Modell und die Mitgliedstaaten zu schützen.

Manche behaupten, dies sei keine Geopolitik, sondern Geoökonomie. Da ist bestimmt etwas dran. Aber auch andere Großmächte setzen die Wirtschaft als politisches Druckmittel ein. Amerika führt Handelskriege, China finanziert die „Neue Seidenstraße" mit Knebelkrediten und droht damit, europäischen Autofabrikanten den Zugang zum Markt zu verweigern, wenn Huawei keine europäischen Deals abschließen kann. Aber auch Europa setzt heutzutage (semi-)militärische Mittel ein. Wir dehnen unsere Grenzüberwachung bis weit nach Afrika hinein aus, mit allerhand Missionen, die Menschen daran hindern sollen, nach Europa zu kommen. Kein EU-Land schafft so etwas noch im Alleingang, auch Frankreich nicht. Also machen es EU-Länder gemeinsam, in wechselnder Zusammensetzung. Sogar Nicht-EU-Länder in Europa beteiligen sich manchmal.

Die EU kann, wie das Habsburgerreich und andere Imperien auch, eines Tages untergehen. Interne Unstimmigkeiten über den Rechtsstaat oder den Euro kann der EU zum Verhängnis werden. Aber, wie bereits erwähnt, die EU hat in den letzten zehn Jahren viele „existentielle" Krisen überstanden. Sie ist gestärkt daraus hervorgegangen. Warum? Aus dem einfachen Grund, dass Regierungen nicht wollten, dass das Ganze auseinanderfällt. Und die europäischen Bürger scheinen dies zu schätzen. Seit dem Brexit und der Corona-Pandemie steigt die Zustimmung zu einer EU-Mitgliedschaft in vielen Mitgliedstaaten ansehnlich.

In Anbetracht des steigenden externen Drucks könnte diese Popularität durchaus noch eine Weile anhalten. Ein unberechenbares Amerika, ein kriegerisches Russland, ein verunsichertes Vereinigtes Königreich, eine selbstbewusste Türkei, die uns mit Flüchtlingen und IS-Kämpfern erpresst – mit so einem „Feuerring" um sich, fühlt es sich in Europa doch ein wenig mehr als früher nach Familie an.

Kapitel 10

Everyone is an historian of his or her consciously lived lifetime,
but we may not be aware how much of it is still in us.
ERIC HOBSBAWM, *The Age of Empire, 1875–1914* (1989)

I

Eine Zeit, die mich maßlos fasziniert, ist die Periode gleich nach dem Zusammenbruch des Habsburgerreiches im Jahre 1918. Was änderte sich damals genau? Und wie? Was spürten die Menschen davon? War es das, was sie sich davon erwartet hatten?

Wo diese Faszination herkommt? Wahrscheinlich kann man besser beschreiben, was man hatte, sobald man es verloren hat. In einem Lied von Joni Mitchell heißt es: *„You don't know what you've got / till it's gone."*

Jede Krise in Europa wird von Prognosen über die Implosion oder Explosion der EU begleitet. Nach vielen Jahren in Brüssel bin ich diesbezüglich – durchaus im positiven Sinne – etwas abgestumpft. Ich habe erlebt, dass Europas führende Politiker, gerade wenn sie vor schwierigen Aufgaben stehen, dazu bereit sind, große Schritte zu setzen. Nach einer heftigen Krise gibt es oft mehr Europa, nicht weniger. In diesem Sinne ist die EU, genau wie das Habsburgerreich, ständig damit beschäftigt, sich selbst neu zu erfinden, weil sie ihre Relevanz für alle Mitglieder verliert, wenn sie keine Lösungen für neue Probleme bietet. Sie ist eine Art kontinuierliches peristaltisches System.

Und dennoch kann gerade diese Erkenntnis – „Ach, das wird schon wieder" oder „Denen in Brüssel wird dazu schon wieder etwas einfallen" – leicht blind machen für Entwicklungen in der Politik und Gesellschaft. Man denke nur an das Habsburgerreich. Alle beklagten sich immer darüber, dass sich nie etwas änderte. Dennoch schien niemand wirklich darauf vorbereitet zu sein, dass sich eines Tages sehr wohl alles radikal änderte.

In seinem Werk *Gefängnishefte* schrieb Antonio Gramsci, ein italienischer, marxistischer Denker, über Zeiten, in denen das Alte stirbt, aber das Neue noch nicht ge-

boren werden kann. Genau so fühlten sich viele im Habsburgerreich in den Jahren vor dem Ersten Weltkrieg: als ob sie in einem Vakuum lebten. Die alte Weltordnung pfiff aus dem letzten Loch – aber wie die neue aussehen würde, wusste niemand. Geschweige denn, dass sie die Energie gehabt hätten, um bei deren Geburt zu helfen.

Wenn man heutzutage durch Städte wie Budapest oder Wien geht, kann man sich das gut vorstellen. Wenn die Kulisse so solide ist, ist es vielleicht besonders schwierig, sich vorzustellen, dass plötzlich neue Akteure die Bühne betreten.

Es gibt Menschen, die derzeit etwas Ähnliches spüren. Wie oft wurde seit der Finanzkrise 2008 doch nicht das Ende der Globalisierung vorausgesagt? Und das Ende des Neoliberalismus? In Frankreich verdienen „Kollapsologen" gutes Geld, indem sie Menschen beibringen, wie sie zu Selbstversorgern und von der Gesellschaft unabhängig werden können – sodass sie fast immun werden gegen das Chaos, das große politische Umwälzungen hervorrufen. Und die Corona-Rebellen, die 2020 in vielen Teilen Europas gegen Regierungsmaßnahmen zu protestieren begannen, dürften zwar eine kuriose Mischung aus alten Hippies, Neonazis, Globalisierungsgegnern und Impfverweigerern sein, aber sie haben eines gemeinsam: Sie hassen die „Elite" und wollen eine radikal andere Gesellschaftsordnung.

Macht man sich bewusst, was sich gleich nach 1918 in den einzelnen Teilen des zerbrochenen Habsburgerreichs ereignete, kann man vielleicht erahnen, was passieren kann, wenn der EU eines Tages etwas Ähnliches widerfährt.

II

Will man mehr über die Zeit kurz nach dem Ersten Weltkrieg und den Zerfall des Habsburgerreichs erfahren, ist man auf fiktionale und nichtfiktionale Literatur angewiesen. Aber so viel über den Krieg und die letzten Jahre der Habsburger auch erschienen ist, so wenig gibt es über die Periode kurz danach. Die bekannten Romane über diese Zeit sind von Joseph Roth: *Hotel Savoy* aus dem Jahre 1924 und *Die Kapuzinergruft* aus dem Jahre 1938.

Hotel Savoy spielt in einem Hotel im Osten des alten Habsburgerreichs, das von Flüchtlingen, Soldaten, die von der Front zurückkehren, und Menschen, die mit ihnen Geld zu verdienen versuchen, bewohnt wird. Es ist eine Veranschaulichung dessen, was Krieg mit Menschen macht. Für Joseph Roth, der selbst ein Leben lang aus Koffern lebte, war der Zusammenbruch des Habsburgerreichs ein Drama. Für Juden wie ihn, genau wie für andere Minderheiten, war das Reich eine Art Zuhause gewesen. Ihre Rechte waren einigermaßen garantiert. Sogar in einer Stadt wie Wien, in der der Antisemitismus immer unterschwellig vorhanden war und gelegentlich brutal zum Vorschein kam (wie in der Zeit von 1897 bis 1910 unter Bürgermeister Karl Lueger), waren Juden mehr oder weniger vor dem exklusiven Nationalismus der Mehrheit geschützt. Nach 1918 änderte sich das. Juden wurden für vogelfrei erklärt. Menschen, die sich kreuz und quer im Kaiserreich niedergelassen hatten, weil sie überall dieselben Rechte hatten, steckten plötzlich in kleinen Staaten fest, deren Grenzen wieder auf Basis von Nationalität und Ethnien gezogen wurden – und sie gehörten nicht dazu. Die beängstigende Entfremdung, das Gefühl, kein Zuhause mehr zu haben, und die daraus resultierende Verunsicherung – davon handelt *Hotel Savoy*.

Die Kapuzinergruft zeichnet ein etwas besseres Bild von der Gesellschaft nach 1918. Das – wie auch *Hotel Savoy* – schmale Buch (als ob diese Periode nicht mehr Stoff hergäbe) ist eine Fortsetzung der Geschichte der Trottas aus *Radetzkymarsch*. Ein junger Trotta kehrt nach dem Krieg von der Front zurück. Das Haus der Familie steht noch, aber seine Mutter hat Mieter aufgenommen. Seine Frau, die er einen Tag, bevor er an die Front gegangen war, geheiratet hatte, ist lesbisch geworden. Sie betreibt mit ihrer Freundin einen Laden mit rotem und orangenem Kunsthandwerk. Das Ersparte der Familie ist aufgebraucht. Der junge Trotta irrt ein wenig umher und beschreibt anhand seiner eigenen Desintegration eigentlich jene der ganzen Gesellschaft. Der Roman endet bei der Kapuzinergruft, der Gruft der Habsburger, mit den Worten: „Wohin soll ich, ich jetzt, ein Trotta?…"

Auch dieses Buch hat etwas Klaustrophobisches. Die Welt ist klein und chaotisch geworden. Dieser Zustand spiegelt sich auch in Roths Text wider. Für *Die Kapuzinergruft* hatte der Verleger mit 250 Seiten gerechnet. Roth lieferte nur die Hälfte.

Eines der Kapitel war identisch mit einem eines vorherigen Buches. Roth starb ein Jahr später. Er trank sich zu Tode und starb mittellos und desillusioniert.

Die beste Beschreibung des Endes des Habsburgerreiches ist vielleicht jene von Stefan Zweig. Er war in der Schweiz, als der Waffenstillstand verkündet wurde. In seiner Autobiographie beschreibt er, wie viele seiner Bekannten sich in diesen Tagen in einer Art Rauschzustand befanden. In einem Zustand der Euphorie sogar – wenn auch nur einem ganz kurzen. Er selbst dachte auch, dass der ewige Friede endlich begonnen hätte, und dass Krieg jetzt für immer der Vergangenheit angehören würde. Das vereinte Europa, von dem sie träumten, würde endlich Gestalt annehmen. Alles schien rosig damals. Die Russische Revolution steckte noch in den Kinderschuhen. Der grandiose Plan von Präsident Woodrow Wilson für das Selbstbestimmungsrecht der Völker, für Demokratie und Freihandel gab der Menschheit Hoffnung. Die Hölle war vorbei. Jetzt konnte nichts mehr passieren. Eine neue Welt würde entstehen. „Wir waren töricht, ich weiß es."

Mit einem Gefühl wie auf Wolke sieben fuhr Zweig wieder nach Salzburg, wo er ein Haus gekauft hatte. Das stellte sich als Kardinalfehler heraus. Schon im Zug sah er, weshalb. Auf österreichischer Seite war das Leder aus den Sitzbänken herausgeschnitten: Die Menschen besohlten damit ihre Schuhe. Die Beleuchtung war gestohlen worden. Die Aschenbecher auch, weil sie zum Materialwert auf dem Schwarzmarkt weiterverkauft werden konnten. Es war Winter, aber die Heizung funktionierte nicht. Dies war die legendäre Fahrt, während der Zweig an der schweizerisch-österreichischen Grenze den letzten Kaiser Karl mit seiner Familie ins Exil gehen sah.

Er kam in ein Österreich, das wie ein Rumpf war, dessen Gliedmaßen allesamt abgehackt worden waren. Ein Rumpf, der aus allen Adern blutete. Es war ein besonders kalter Winter. Es gab kein Brot, kein Öl, keine Kohlen. Die meisten Fabriken befanden sich in Teilen des Reiches, die plötzlich zum „Ausland" geworden waren. Die Goldreserven der Nationalbank waren nach vier Kriegsjahren fast aufgebraucht. Österreich war ein Land, das wider Willen unabhängig geworden war – eine Seltenheit in der Geschichte.

Österreich, ein Stumpf mit Phantomschmerzen, wollte sich am liebsten gleich wieder mit den neuen Nachbarländern vereinigen. Oder mit Deutschland. Es hatte nie alleine existiert und wollte das auch nicht. Aber die Alliierten hatten Angst, dass ein neues Habsburgerreich entstehen würde. Und vor allem auch, dass Deutschland dann wieder zu stark werden würde. Dass Kaiser Karl von der Schweiz aus einige stümperhafte Versuche unternahm, um über Ungarn wieder an die Macht zu kommen, war auch nicht gerade förderlich. Die Alliierten sagten also nein.

Zweigs Haus in Salzburg war undicht und konnte nicht beheizt werden, weil es keine Kohlen gab. Das Holz aus dem Garten war so feucht, dass jedes Feuer gleich wieder erlosch. Er verbrachte die ersten drei Monate größtenteils im Bett. Jedes Mal, wenn er eine Seite geschrieben hatte, musste er sich die Hände unter der Decke wärmen. Nahrungsmittel bekam man nur am Schwarzmarkt, im Tausch gegen Juwelen, Möbel und sonstige Gegenstände, die noch Wert hatten – Geldscheine auf jeden Fall schon bald nicht mehr. In einfachen Bauernhöfen konnte man damals asiatische Buddhas und Tiaren mit echten Diamanten finden. Die Menschen kämpften um alles. Von einer staatlichen Autorität war weit und breit nichts zu sehen. Im Nu waren die Hotels im Land voller Ausländer, die mit starken Währungen alles aufkauften, was nicht niet- und nagelfest war. Deutsche zum Beispiel drängten täglich in Scharen über die Grenze, um Antiquitäten zu kaufen, Anzüge nähen zu lassen und sich vollaufen zu lassen. Es war alles spottbillig. Das Hotel de l'Europe in Salzburg, das beste Hotel der Stadt, war voller arbeitsloser Briten, die so billiger lebten als in ihren eigenen Arbeiterwohnungen zu Hause.

In Ungarn kamen schon bald die Bolschewiken an die Macht. In Bayern wurde eine kommunistische Republik ausgerufen. Es ist durchaus ein Wunder, dass dies in Österreich nicht geschah. Stattdessen bildeten einige politische Parteien eine Regierung. Es gelang ihnen, die Lage allmählich zu stabilisieren.

Das bedeutete keineswegs, dass sich die Situation auch nur einigermaßen normalisierte. Es war etwas kaputtgegangen. Jener Staat, der seit Kaiserin Maria Theresia besser für seine Bürger gesorgt hatte als viele andere Staaten in Europa, hatte sie nun gewaltig im Stich gelassen. Die Bürger fühlten sich verraten. Das galt für die Soldaten, die nach vier Jahren in der Hölle nicht als Helden sondern als Verarmte zurückkamen. Das galt für alle, die von einer besseren Welt geträumt hatten und schon bald sahen, wie dieselben Seilschaften – erweitert um Profiteure – allmählich wieder die Fäden in die Hand nahmen. Und das galt vor allem auch für die jüngere Generation, die den Älteren, die das Ganze vermasselt hatten, keinen Respekt entgegenbringen konnte. Sobald sich das Land wieder einigermaßen beruhigt hatte, begann eine Art moralische Revolution. Traditionen wurden über Bord geworfen, denn diese hatten zu nichts Gutem geführt. Viele glaubten, dass sie sich zu lange an die alte Ordnung geklammert hätten und dass *dies* die Wurzel allen Übels gewesen sei. Jetzt also, als eine Art Gegenreaktion, waren sie offen für alles, was neu und anders war. Auf einmal wurden Biedermeiermöbel durch modernes Design abgelöst. Die Menschen tanzten Tango, keinen Walzer mehr. Die Röcke wurden immer kürzer. Okkultismus, Yoga und Reformnahrung kamen in Mode.

Meine eigene Großmutter, eine Niederländerin, war (nach einem Urlaub?) von diesem Reformtrend geradezu besessen. Sie war Vegetarierin und aß Bohnen mit Naturreis. Ich erinnere mich, dass sie in den siebziger Jahren regelmäßig nach Tirol fuhr, um Kräuterextrakte und seltsam riechende Mineralsalben zu kaufen, von denen in den Niederlanden noch kein Mensch gehört hatte. Dazu musste man nach Österreich fahren.

Manche Sprösslinge alter habsburgischer Familien, Exponenten eines Konservatismus, der auf einmal überholt war, spürten den Erneuerungsdrang sehr stark.

Manchmal waren sie sogar tonangebend. „Wir fühlten uns schuldig", erzählte mir einmal eine ihrer Nachfahrinnen, eine Heilerin, die in einem Haus wohnte, das noch voller Entwürfe der Wiener Werkstätte (bis hin zu den Türschnallen) war, die vor hundert Jahren der Pionier modernen Designs war. „Wir hatten das Gefühl, dass sie einer Welt den Garaus gemacht hatten, indem sie sich zu lange an den vorherrschenden Konventionen festgeklammert hatten. Also fingen wir damit an, das Gegenteil zu tun, um nicht den gleichen Fehler zu machen. Anti-Konvention wurde die neue Konvention."

Naja, bis zu einem gewissen Punkt. Denn jedes Jahr am 28. Juni, dem Tag, an dem Franz Ferdinand in Sarajevo ermordet wurde, geht sie noch zu der Gedenkfeier. Das schon.

Zweig war kein Revolutionär. Aber der Erneuerungsdrang und das Adrenalin, das überall in der Luft hing, ließen auch ihn nicht unberührt. Er war Ende dreißig, aber fühlte sich plötzlich uralt. Ihm kam sein früheres Werk auf einmal schrecklich vor. Einige Zeit lang verbat er seinem Verleger sogar, es erneut aufzulegen. Was er wirklich wollte, wusste er aber auch nicht. Also fing er an, Biografien zu schreiben: über Tolstoi, Casanova, Stendhal, Dickens.

III

Ende 1918 wurde das gesamte habsburgische Geflecht innerhalb weniger Wochen aufgedröselt. Es war ein einziger Sauhaufen, es gibt keine andere Beschreibung dafür. Jetzt, wo manche Menschen energisch für einen Nexit oder Frexit eintreten, als wäre das nichts, müsste die Geschichte der habsburgischen Abwicklung eigentlich Pflichtlektüre sein. Denn es war *nicht* nichts. Es war eine Tragödie, für fast jeden. Und dennoch geschah es. Sobald sie einmal in Gang gesetzt worden war, war sie nicht mehr aufzuhalten.

Der Ablauf sah in etwa so aus:

Am 15. Oktober 1918 spalteten sich die Kroaten und Slowenen ab, gefolgt von der Vojvodina und Bosnien-Herzegowina. Am 20. Oktober verabschiedeten sich die Tschechen und Slowaken. Am 12. November wurde Österreich unabhängig. Am 16. November folgte – als Letztes – Ungarn, nachdem es zunächst Transsylvanien und weitere Gebiete an Rumänien abtreten hatte müssen. Reste des Habsburgerreiches gingen auch an Italien und Polen.

Der Nachlass wurde nicht wirklich gerecht verteilt. Die Tschechen erbten viel Schwerindustrie, die Zuckerproduktion und die Kohleminen. Ungarn hatte das beste Ackerland. Österreich war eine Art Wasserkopf: ihm blieben außer der Bürokratie des alten Kaiserreichs und den Banken kaum etwas. Womit aber alle nach einem alles versengenden, vierjährigen Krieg zu kämpfen hatten, waren eine stark entwertete Währung, eine galoppierende Inflation, ein komplett zusammengebrochener Markt und ein Berg externer Schulden, der seinesgleichen suchte.

Anfangs versuchten manche, den Schaden zu begrenzen und die Einzelteile des zerbrochenen Habsburgerreichs in einer neuen Zollunion unterzubringen. Das hätte allen viel Ärger ersparen können, denn auf diese Weise wäre das Fass nicht bodenlos geblieben. Aber alle Versuche misslangen. Alle ehemaligen habsburgischen Länder stritten heftig um Ländereien, Eisenbahnwagons und sonstige Gegenstände aus dem kaiserlichen Nachlass. Die Lage eskalierte dermaßen, dass man einander Strafzölle von 150 bis 200 Prozent auferlegte. Der Handel zwischen ihnen kam nahezu komplett zum Stillstand. Auch der grenzüberschreitende Transport kam zum Erliegen. Dazu kam noch, dass die Alliierten ein Handelsembargo gegen Österreich und Ungarn verhängten, gegen jene zwei Teile der ehemaligen Doppelmonarchie, die den Krieg begonnen hatten und nun bestraft werden sollten.

Die Nationalbank war größtenteils (zu 70 Prozent) in den Händen der Österreicher. Sie finanzierten den Löwenanteil der kaiserlichen Bürokratie, der Armee und alles Föderalen. Aber am Ende des Krieges hatten sie keinen Heller mehr. Vier Jahre lang war das Geld an die Front gegangen. Der Rest des Staates wurde vom Geldstrom abgeschnitten und verkümmerte. Nach dem Krieg warf der Gouverneur der Nationalbank die Druckerpressen ordentlich an. Die anderen Länder der alten Donaumonarchie konnten dies zu ihrem großen Ärger nicht verhindern – und begannen sofort mit der Entwicklung eigener Währungen.

Anfangs versah das neue Königreich der Serben, Kroaten und Slowenen alle alten habsburgischen Banknoten auf seinem Territorium mit einem Stempel. Mit einem solchen Stempel wurden sie zu Dinar. Dies geschah Anfang 1919. Aber der Stempel wurde umgehend gefälscht. Also nahm man einen anderen Stempel, der erneut gefälscht wurde. In weiterer Folge bekamen Bürger im neuen Königreich die Möglichkeit, alte habsburgische Banknoten gegen Staatsanleihen zu tauschen. Aber diese Anleihen waren weniger Wert als die Krone in Österreich – und das will etwas heißen. Schwarzhändler traten auf den Plan und machten sich die Differenz nur zu gern zunutze.

Auch Tschechien präsentierte im März 1919 seine eigenen Kronen. Zunächst wurden die Landesgrenzen zwei Wochen lang dichtgemacht, damit die Bürger nicht schnell die Grenze überquerten, um Geld zu tauschen. In dieser Zeit mussten sie ihre habsburgischen Banknoten mit tschechischen Stempeln versehen lassen. Für einen Teil dieses Bargeldes mussten sie eine Sondersteuer bezahlen. Dies führte zu einem umgekehrten Bankensturm: Jeder zahlte sofort sein Geld auf sein Konto ein, um der Steuer zu entgehen – bestimmte Sparkonten waren nämlich von der Steuer befreit. Dies geschah in so großem Ausmaß, dass die Zinsen auf Spargeld nahezu auf null sanken. Am Ende des Tages horteten viele Tschechen ihre alten Banknoten schließlich einfach zu Hause, auch wenn diese offiziell nicht mehr akzeptiert wurden. Eines Tages würde man damit vielleicht doch noch etwas anfangen können – sie sollten Recht behalten.

Viele Österreicher taten genau dasselbe, als auch dort im März 1919 gestempelt wurde: Sie tauschten die alten Banknoten nicht ein, sondern bewahrten sie für bessere Zeiten auf. Auch sie hatten Angst vor einer Steuer: Der Finanzminister Joseph Schumpeter (ja genau, *der* Schumpeter, der berühmte politische Ökonom – er war gezählte sieben Monate im Amt), befürwortete diese sehr. Da alte Kronen von Ausländern nicht gestempelt wurden und jene von Österreichern sehr wohl, vermuteten zudem viele, dass in Zukunft durchaus ein guter Markt für die alten, ungestempelten Banknoten entstehen könnte. Zu ihrer großen Freude und zu jener der Tschechen, die alte Banknoten gehortet hatten, kam es tatsächlich dazu. Im Jahre 1921 zahlte man 22.000 alte, inländische Kronen für ein Pfund Sterling, und nur 11.000 alte ausländische (ungestempelte) Kronen.

So machte jedes Land sein eigenes Ding, alle zu einem anderen Zeitpunkt und ohne Rücksprache. Es waren goldene Zeiten für Betrüger und Schwarzhändler.

Im März 1920 war Ungarn das letzte Land, das die alten Banknoten stempelte. Weil das Land Banknoten von jedem, nicht nur von ungarischen Staatsbürgern, akzeptierte und die Krone dort stärker als in Österreich war, strömten die Menschen umgehend über die Grenze, um in Ungarn ihre alten Kronen gegen Dollar zu tauschen. Mit diesen Dollars konnte man in Österreich viel mehr Kronen bekommen als man ursprünglich besessen hatte. Am Ende des Tages zirkulierten in Ungarn drei Mal so viele Kronen als zu jener Zeit, in der noch nicht gestempelt wurde. Und in Rumänien sogar vier Mal so viele. Schätzungen zufolge handelte es sich dort bei mindestens der Hälfte aller gestempelten Banknoten um Fälschungen.

Und das war nur das monetäre Chaos.

Hinzu kamen noch endlose Kämpfe um die Begleichung von Schulden, um Vermögen und Besitztümer der alten Doppelmonarchie. Der Goldvorrat, oder das, was nach dem Krieg noch davon übrig war, musste aufgeteilt werden. Banken, die im ganzen Reich Filialen hatten, saßen auf Krediten, von denen viele nie mehr zurückbezahlt werden würden – wer musste dafür aufkommen? Jede Regierung versuchte, die guten Dinge an sich zu reißen und das Schlechte den Nachbarländern zuzuschanzen – genau das gleiche Verhalten konnte man während der Finanzkrise 2008 innerhalb der EU beobachten.

Inzwischen galoppierte die Inflation fast überall. Polen übertraf alles: Die Kosten für den Lebensunterhalt stiegen zwischen 1913 und 1923 um 119.656.600 Prozent. Die neue österreichische Zentralbank koppelte die Krone 1923 an den Dollar: 1 Million Kronen waren 14 Dollar wert. Zehn Jahre zuvor hatte man für 100 Kronen noch 20,26 Dollar erhalten.

In Österreich und Ungarn war die soziale und wirtschaftliche Lage bald so verzweifelt, dass der neue Völkerbund Österreich 1922 und Ungarn 1924 mit Darlehen und Reformprogrammen unter die Arme griff. Der Völkerbund war der Vorläufer der Vereinten Nationen, aber in diesem Fall agierte er eher wie der jetzige Internationale Währungsfonds. Anfangs hatten die Mitglieder des Völkerbundes keine Lust, sich in die habsburgischen Streitigkeiten einzumischen. Aber als das Chaos so groß wurde, dass man sich um die Stabilität der ganzen Region zu sorgen begann, änderten sie ihre Meinung und gaben dem Bund den Auftrag, bei der Beruhigung der Lage zu helfen. Wie eine Troika *avant la lettre* rückten die Experten an. Das half. Es gelang ihnen, die Hyperinflation allmählich abzubremsen, die legale Wirtschaft anzukurbeln und auf diese Weise der sozialen Misere ein Ende zu bereiten.

IV

Jahrzehntelang beschäftigte sich kaum jemand eingehender mit der verheerenden sozialwirtschaftlichen Entwicklung nach 1918. Das hängt wahrscheinlich mit dem Ausbruch des Zweiten Weltkriegs, diesem Grauen in einer noch nie dagewesenen Dimension, zusammen. Erst Anfang der neunziger Jahre, als die Sowjetunion, Jugoslawien und die Tschechoslowakei auseinanderfielen, entstand allmählich ein wenig Interesse dafür. Vor allem als 1993 die Rubelzone zusammenbrach, machten sich mehrere Ökonomen auf die Suche nach Parallelen und Unterschieden. Der Zerfall des Habsburgerreiches zeigte, was passieren kann, wenn Mitglieder einer Währungsunion die Einkünfte nicht gleich verteilen, unterschiedliche geldpolitische Ziele verfolgen und kaum Rücksprache halten: Dann fliegt einem die Sache innerhalb kürzester Zeit um die Ohren. Und die Rechnung zahlt wie immer der kleine Mann.

Die Ökonomen Peter Garber und Michael Spencer schrieben 1994 für die Universität von Princeton ein Essay über die verheerenden Entwicklungen nach 1918. Sie kamen zu dem Schluss, dass eine nicht sorgfältig geplante und durchgeführte Währungstrennung Individuen dazu ansporne, Geld im Kreis wandern zu lassen. Dadurch würde die Instabilität in dem ausscheidenden Land oder sogar in den übrigen Ländern der Währungsunion noch verstärkt werden. Diese Arbeit kann gleich neu gedruckt werden, als unveränderte Lektion für Euroländer und für all jene, die munter behaupten, dass man einfach so aus dem Euro aussteigen könne.

Rüdiger Dornbusch, Ökonom am Massachusetts Institute of Technology, beschäftigte sich 1994 ebenfalls mit der post-habsburgischen Misere. Auch er war nach dem Zerfall großer multinationaler Staaten wie Jugoslawien und der Sowjetunion neugierig geworden. Was ihn an der habsburgischen Geschichte vor allem betroffen machte, war das störrische Gehabe der neuen Republiken. Sie weigerten sich nicht nur, neue Allianzen miteinander (und mit anderen) einzugehen. Sie glaubten auch allen Ernstes, dass es besser wäre, in Zukunft alles selbst zu machen. Uneingeschränkte Souveränität war für sie das höchste Gut. So wollten sie sich nur auf die eigene Industrie verlassen. Sogar wenn alle Nachbarländer die gleiche Industrie hatten, weigerten sie sich, einen anderen Plan zu entwickeln und sich auf andere Wirtschaftszweige zu konzentrieren. Sie machten ihre Grenzen nahtlos dicht, verschanzten sich unentwegt hinter gigantischen Tarifmauern und waren immens argwöhnisch – oder vielleicht ist „nachtragend" das bessere Wort. In seiner Studie *Post-Communist Monetary Problems: Lessons from the End of the Austro-Hungarian Empire* schrieb Dornbusch, dass die neuen Staaten extrem darauf bedacht gewesen seien, dass Wien in der wirtschaftlichen Zukunft der Region nicht wieder eine zentrale, mächtige Rolle spielen würde. Diese Art von Beobachtungen hätte für die Brexit-Befürworter durchaus von Vorteil sein können.

Während der heißesten Phase der Eurokrise 2012, als Italien und Spanien zu wanken begannen, erschien auf der Wirtschaftswebsite Vox ein alarmierender Artikel mit habsburgischen Lektionen. Der Autor, Anders Aslund vom Peterson Institute in Washington, hatte in Ländern, die von der Planwirtschaft zur freien Marktwirtschaft übergingen, als Berater gearbeitet. Er war in der Ukraine, in Russland und Kirgisistan gewesen. Jetzt geriet die Eurozone infolge der griechischen Krise ins Wanken. Italien, Spanien und andere Euroländer mussten höhere Zinsen für ihre Darlehen bezahlen als nördliche Länder wie die Niederlande und Deutschland. Erspartes wurde sofort von Süd- nach Nordeuropa transferiert. Aslund, ein Schwede, hörte von manchen Ökonomen, dass es besser wäre, die Eurozone aufzulösen. Er betrachtete dies als lebensgefährlich. Das sollte aus seiner Sicht um fast jeden Preis verhindert werden.

Im letzten Jahrhundert zerbrach in Europa drei Mal eine multinationale Währungsunion. Drei Mal war es eine wirtschaftliche Katastrophe für fast alle, auch wegen der Hyperinflation und der Massenarbeitslosigkeit. Interessanterweise waren es auch in allen drei Fällen kleine, reiche Länder, die sich als Erste trennten: die Tschechoslowakei aus dem Habsburgerreich, Slowenien und Kroatien aus Jugoslawien und die baltischen Länder aus der Sowjetunion. Sie handelten schnell und fest entschlossen. Obwohl sie schwere Schläge kassieren mussten, war deren Schaden geringer als jener der übrigen Staaten. Die meisten anderen Länder, die sich langsamer bewegten, hatten 25 Jahre später das frühere Wohlstandsniveau immer noch nicht wieder erreicht. In Österreich und Ungarn dauerte es sogar bis Mitte der fünfziger Jahre.

V

Der russische Zar und seine Familie wurden nach der Revolution ermordet. Auch den Habsburgern blieben politische Morde nicht erspart – Kaiserin Sisi wurde 1898 auf einem Kai in Genf von einem italienischen Anarchisten, der eigentlich vorhatte, den französischen Thronprätendenten zu ermorden, mit einer Feile erstochen. Franz Ferdinand und seine Frau wurden 1914 in Sarajevo erschossen.

Aber nach dem Untergang des Reiches wurden die Habsburger nicht gelyncht. Anders als der deutsche Kaiser Wilhelm wurden sie auch nicht – überstürzt des Landes verwiesen. Sie wurden viel besser behandelt als die anderen Dynastien.

Es war deutlich, dass die Bürger 1918 mit der erstarrten habsburgischen Etikette und dem konservativen Weltbild der meisten Habsburger nichts mehr anzufangen wussten. Viele gaben der kaiserlichen Familie die Schuld für den Krieg und das daraus resultierende Elend. Dennoch hassten sie die Familie nicht.

Otto Habsburg war sechs Jahre alt, als sein Vater, der letzte Kaiser Karl, im November 1918 ein Dokument unterzeichnete, in dem er sich verpflichtete, sich nie mehr in die Staatsgeschäfte einzumischen – auch wenn er sich weigerte, auf den Thron zu verzichten. Einige Wochen zuvor hatte Karl seine Kinder, die in Budapest gewesen waren, weil es dort sicherer zu sein schien, nach Wien zurückgeholt. In Ungarn brach eine Revolution aus. Wien schien doch eine bessere Option zu sein. Dieser „Kindertransport" wurde mit militärischer Präzision geplant. Später erzählte Otto seinem Biographen Gordon Brook-Shepherd, dass die Kinder im Konvoi nach Wien gebracht worden seien. Eines dieser Automobile sei mit Benzinkanistern gefüllt gewesen. Ein Onkel mütterlicherseits, René, sei am Steuer gesessen. Der Plan sei gewesen, dass dieser Onkel im Falle eines Angriffs der Roten Garde das Fahrzeug in Brand setzen würde, um so den Weg zu versperren. Die Vorstellung einer bolschewistischen Revolution sei auch hier in Mode geraten, erzählte Otto. Aber sie seien nicht einmal verfolgt worden. Gegen Mittag seien sie in Pozsony angekommen, wo alles eitel Wonne gewesen sei, genauso wie früher, als sie dort im Sommer einen Ausflug über den Fluss gemacht hätten.

Auch in den letzten Wochen sei die Familie nicht belästigt oder bedroht worden. Es sei eher umgekehrt gewesen: Es sei um sie herum mucksmäuschenstill geworden. Treue Adjutanten seien nicht mehr erschienen. Dienstboten und Küchenpersonal seien nicht mehr aufgetaucht. Die Infanterie, die den Palast bewachte, sei weggetreten, um nie mehr zurückzukommen. Sogar Familienmitglieder hätten den Kaiser und seine Familie gemieden, als wären sie Aussätzige gewesen. Alles und jeder sei schon bald dreckig gewesen. Karls Kammerdiener, einer der wenigen, die treu weiterarbeiteten, habe eines Tages salutiert und gesagt: „Majestät, Ihre Familie stinkt."

Von Ende November 1918 bis Ende März 1919 hielt sich die Familie im Jagdschloss Eckartsau östlich von Wien, in der Nähe des Dreiländerecks mit Ungarn und der Slowakei auf. Es gab kaum etwas zu essen, keine Seife, keinen Strom und keinen Schutz. Kaiserin Zita kleidete die Kinder in Schwarz, damit Flecken nicht so auffielen. Die ganze Familie, auch Karl, wurde von der Spanischen Grippe heimgesucht. Letztendlich bekam der britische König Georg V. Mitleid. Er schickte einige Soldaten, die sich um sie kümmern und ihnen bei Verhandlungen über die Zukunft helfen sollten.

Der neue sozialistische Kanzler Österreichs, Karl Renner – jener Mann, der Wochen zuvor noch gesagt hatte, dass sein Land jetzt eine „Republik ohne Republikaner" sei – wollte die kaiserliche Familie inzwischen doch loswerden. Und er wollte es so sehr, dass er schließlich die Gegenforderung Karls, nicht auf den Thron zu verzichten, akzeptierte. Das sollte Renner noch bereuen. Nicht nur wurde die Familie mit allen nur erdenklichen Ehrerweisungen – Fahnen, Hymne und Militärsalut – verabschiedet; sie fuhr auch in einem auf Hochglanz gebrachten kaiserlichen Zug mit Krönchen darauf und einem Speisewagen davon. Karl nahm im schweizerischen Exil zudem die Tatsache, dass er formell immer noch Kaiser war, einige Male zum Anlass, ein Comeback zu planen. Er unternahm zwei unglaublich amateurhafte Putschversuche, mit gefälschten Reisepässen, Tarnungen und einer Handvoll Getreuer in Ungarn, die bei der Planung Fehler machten. Aber für die Schweizer war dies Grund genug, ihn schließlich des Landes zu verweisen, in Richtung Madeira. Sie hatten Karl unter der Bedingung aufgenommen, dass er sich nicht politisch betätigen würde.

VI

Auffallend an der ganzen Geschichte ist, wie gedämpft die öffentliche und politische Reaktion im Grunde genommen war. Es gab keinen aufgebrachten Mob. Es fanden keine Lynchmorde statt. Ein einziges Mal wurde ein Wagen mit Essen für die kaiserliche Familie beschossen, als sie sich noch in Schloss Eckartsau aufhielten. Offenbar steckte die örtliche Polizei dahinter. Aber das war der einzige Vorfall.

Niemand wagte es in den letzten Monaten, für den Kaiser noch einen Finger krumm zu machen, aber es gab auch niemanden, der sich wirklich von ihm lossagte. Die Menschen blieben einfach zu Hause und warteten ab, bis deutlich wurde, woher der Wind wehen würde. Auf diese Weise schmolz alles um den Kaiser herum allmählich weg, bis er am Ende allein dastand.

Als die kaiserliche Familie am kleinen Bahnhof Kopfstetten den Zug in Richtung Schweiz bestieg, erschienen dann doch noch zweitausend Bürger. Schweigend und regungslos beobachteten sie im strömenden Regen das abendliche Schauspiel. Nur die Scheinwerfer der britischen Militäreskorte schienen in der Finsternis. Als der Zug sich langsam in Bewegung setzte, erklangen weder Buhrufe noch lautes Jubeln oder Geschrei – nichts von alledem. Nach Aussage eines britischen Funktionärs wäre nur eine Art unterdrücktes Stöhnen zu hören gewesen.

VII

In Brüssel gibt es immer noch Straßen, die nach Habsburgern benannt sind. Die rue Marie-Thérèse zum Beispiel. Und die rue Joseph II im Herzen des Europaviertels, eine lange Straße, in der viele europäische Beamte ihr Büro haben. Diese Straßenschilder hängen immer noch da, weil sowohl Kaiserin Maria Theresia als auch ihr Sohn Joseph II. versuchten, die soziale Ungleichheit in der Gesellschaft zu reduzieren und den Bürgern ein wenig mehr Bildung, Fürsorge und Rechte zu geben.

Die meisten Regime schlugen sich im 18. Jahrhundert blind auf die Seite der Aristokratie. Diese zwei habsburgischen Reformer gaben aber ihr Bestes, um das Volk und die Bauern durch die Reduzierung adliger Privilegien zu emanzipieren. Gemessen an den Maßstäben des 21. Jahrhunderts mögen sie damit nicht sehr erfolgreich gewesen sein – aber sie setzten sich dafür ein, und das in einer Zeit, in der so etwas höchst ungewöhnlich war.

Auch in Österreich selbst wurden die Habsburger nie wirklich verbannt. Kronprinz Otto Habsburg durfte bis in die Sechziger nicht einreisen, denn er blieb (genau wie sein Vater) bei der Weigerung, auf den Thron zu verzichten. Ottos Mutter, Kaiserin Zita, war ebenfalls lange Zeit eine Persona non grata. Aber viele Familienmitglieder Ottos waren willkommen und führten ein normales Leben. In den dreißiger Jahren, einer turbulenten Zeit, in der Links und Rechts einen blutigen Bürgerkrieg austrugen, ernannten zahlreiche österreichische Gemeinden Otto zum Ehrenbürger. Durch diese Art von Initiativen und Unterstützungsbekundungen wurde Otto sogar animiert, der Regierung seine politischen Dienste anzubieten, um die Annexion durch Deutschland zu verhindern.

Sogar in Tschechien haben die Habsburger keinen so schlechten Ruf. Man würde etwas Anderes erwarten. Die Tschechen waren wahrscheinlich die größten Kritiker des Kaiserreichs. Sie fühlten sich von der deutschsprachigen Aristokratie übergangen, die am habsburgischen Hof hohe Positionen innehatte – von den Familien Schwarzenberg, Lobkowitz und Kinsky. Sie fühlten sich im Vergleich zu anderen Sprachgruppen im Kaiserreich benachteiligt. Als die Doppelmonarchie 1867 gegründet wurde und Ungarn einen Sonderstatus erhielt, fühlten sich viele Tschechen hintergangen. Sie wollten das auch, aber bekamen es nicht. Nach den Rumänen waren es die Tschechen, die sich als Erste 1918 vom Habsburgerreich lossagten. Sie verließen kurz danach auch als Erste die habsburgische Währungsunion.

Nicht zuletzt aufgrund der deutschen Besatzung und der darauffolgenden sowjetische Dominanz ist dieses Gefühl, hintergangen worden zu sein, in Tschechien noch fest verankert – genauso wie sonst auch in Mittel- und Osteuropa. An einem Tag im Oktober, als ich in Prag Freunde besuche, wohne ich einer Aufführung von *Má Vlast* bei. Das sind sechs symphonische Gedichte des tschechischen Komponisten Bedřich Smetana, die jedes Jahr am Unabhängigkeitstag zur Aufführung gelangen. Jedes Gedicht ist einer Landschaft, einer böhmischen Muse, einem Fluss etc. gewidmet. Es ist pompöse Musik. Der Dirigent, ein guter Freund von mir, hat schöne Plätze am Balkon organisiert. Wir können den Saal überschauen. Ich habe noch nie ein Publikum gesehen, das so still war, das ganze Konzert hindurch. In der Oper in Wien wetzen die Menschen auf ihrem Sessel hin und her. Sie husten und machen Lärm mit Tüten voller Süßigkeiten. In Prag, während *Má Vlast,* sitzen alle regungslos da. Hunderte Menschen in einem Zustand der Starre. Fast beängstigend.

Ein ehemaliger tschechischer Minister meint, dass der Nationalismus seines Volkes tief in der Zeit der Habsburger wurzle. Man möge sich jedoch nicht täuschen lassen: Zugleich wüssten viele Tschechen sehr wohl, dass diese Zeit die reichste ihrer Geschichte gewesen sei. „Es herrscht eine Art Habsburg-Nostalgie. Uns wird allmählich bewusst, dass die Habsburger dann doch nicht so schlimm waren."

Auf sein Anraten hin besuche ich am nächsten Tag das Nationalmuseum am Wenzelsplatz: eine habsburgische Zuckertorte aus Marmor, mit goldenen Kuppeln, frisch renoviert. Die Objekte der Dauerausstellung befinden sich noch im Lager. Das Gebäude wurde gerade erst wieder eröffnet. Zu sehen sind nur Zeichnungen eines tschechischen Cartoonisten und ein Saal mit tschechischen Armeeuniformen. Dennoch steht vor der Kassa eine lange Schlange, die bis zur Freitreppe reicht. Sobald wir drinnen sind, sehen wir, was der Minister a. D. meinte. Denn, wen sehen wir in vollem Ornat im Prunksaal im ersten Stockwerk? Jawohl, die Büsten von Kaiser Franz Joseph und seiner Frau Sisi sowie einiger prominenter Angehöriger des Hofs. Sie befinden sich auf der einen Seite des Saals und sind einander zugewandt, umgeben von Büsten tschechischer Berater, Minister und Generäle. Sie haben den Ehrenplatz im Museum erhalten. Und es sieht so aus, als ob tschechische Familien es liebten, sich mit ihnen fotografieren zu lassen.

Bei Orlík, einem der Schlösser der Familie Schwarzenberg, eine Stunde südlich von Prag, die gleiche Szene. Die Schwarzenbergs hatten mehrere Schlösser. Diese wurden 1947 vom Staat konfisziert. Orlík wurde in den neunziger Jahren an die Familie restituiert (viele Schlösser konnten sie jedoch in den Wind schreiben). Es handelt sich um ein hohes, weißes Gebäude mit dicken Mauern und 150 Hektar Grundbesitz. Drinnen ist es eiskalt. Ein mürrischer Dorfbewohner macht eine Führung auf Tschechisch. Seine genervte Tochter, ein Teenager noch, verschließt jeden

Saal, sobald der letzte Tourist ihn verlassen hat. Tschechische Familien mit Kindern bestaunen die stattlichen Empiresäle und die endlosen Gänge voller Gewehre und Geweihe, unter denen sich Schilder mit den eingravierten Namen desjenigen befinden, der den Hirschen erlegt hat. Es sind ausschließlich habsburgische Namen: Graf soundso, Prinz soundso. Auf manchen Plaketten steht der Name des Kronprinzen Franz Ferdinand.

Andere adlige Familien, deren Besitz in den neunziger Jahren restituiert wurde, stellen sich geschickter an. Im Schloss der Familie Lobkowitz in der Nähe von Prag mietet man einen Kopfhörer und wird vom Prinzen selbst geführt – oder besser gesagt: von seiner Stimme. Die Führungen entlang von Gemälden von Bruegel und Canaletto, Manuskripten von Beethoven und Haydn und Keramikkollektionen vermitteln nicht nur ein besseres Bild vom Leben in der Zeit der Habsburger. Sie erzählen auch die Geschichte der alteingesessenen aristokratischen Familien, die in der Gesellschaft nun allmählich wieder Ansehen erlangen.

Mit stark amerikanischem Akzent erzählen die heutigen Eigentümer, wie sie nach dem Mauerfall ihre Jobs in New York gekündigt hätten und nach Prag übersiedelt wären, um zu versuchen, ihren Besitz vom Staat zurückzubekommen. Das sei nicht einfach gewesen. Sie hätten selbst jene Möbel und Gemälde auftreiben müssen, die über das ganze Land verstreut gewesen seien. Das meiste hätten sie nicht finden und auch nicht beanspruchen können. Was sie dann zurückbekommen hätten, sei oft beschädigt gewesen. So habe die Familie Lobkowitz eine einzigartige Kollektion von Aquarellen mit Vogelmotiven besessen, auf denen echte Federn geklebt hätten. Die Federn seien von Motten angefressen worden. Der Leim habe sich gelöst. Die Farbe sei verlaufen. Die Restaurierung habe Jahre gedauert. Das alles hätten sie mit Spenden, Konzerten und dem Verkauf von Souvenirs finanziert. Noch heute bitten sie die Besucher um Spenden.

VIII

Wie kann es sein, dass so Wenige das Habsburgerreich und alles, was damit zu tun hatte, geschmäht haben? Und dass da und dort sogar von einer erneuten Wertschätzung die Rede ist?

Steven Beller, ein renommierter Kenner der Habsburger, hat die Antwort. Die Habsburger wären oft auf der Seite des Bürgers gestanden. Genau wie jetzt die EU, die den Konsumenten zu unterstützen versucht. Das sei eine der Parallelen zwischen dem Habsburgerreich und der EU.

Beller ist Jahrgang 1958. Ein Brite. Er erinnert sich an die reißerischen Schlagzeilen, als das Vereinigte Königreich 1973 Mitglied der Europäischen Gemeinschaft wurde: BRÜSSEL VERBANNT BRITISCHES EIS. Darüber wurde damals heiß diskutiert. Britisches Eis, so wurde gehöhnt, wäre für die Europäer wohl nicht gut genug.

Es stellte sich aber heraus, dass britisches Eis mit billigem Schweinefett hergestellt wurde. Auf dem europäischen Festland durfte man Eis jedoch nur Eis nennen, wenn es ein Milchprodukt enthielt. Die Regelung galt für den gesamten Binnenmarkt und war zum Schutz der Konsumenten gedacht – damit Produzenten nicht mit Zutaten herumtricksen konnten und damit Bürger wussten, was in ihrem Eis enthalten war. Die Interessen der großen britischen Eishersteller mussten also den Interessen der europäischen Konsumenten weichen.

Auch Schokolade bewegte die Gemüter. Für den Binnenmarkt war vereinbart worden, dass Schokolade nur als Schokolade bezeichnet werden durfte, wenn ein bestimmter Prozentsatz an Kakaobutter enthalten war. In einem großen Teil der britischen „Schokolade" war keine Kakaobutter. Daher waren sie nach dem EU-Beitritt dazu verpflichtet, die Bezeichnung *chocolate flavoured* zu verwenden. Die britischen Fabrikanten fanden das gar nicht lustig. Cadbury's und andere lobbyierten auf Teufel komm raus, um dieses Thema vom Tisch zu haben, aber vergeblich.

Die Briten haben diese Regelungen immer als „bürokratische Bevormundung" empfunden. Zu Unrecht, meint Beller. Es handle sich um Mindeststandards für Produkte zum Schutz des Individuums. Man stelle sich vor, man würde heute als Europäer ein Eis kaufen und es stellte sich heraus, dass man an einem Block gefrorenem Schweinefett leckt – das würde einen Aufstand auslösen, sogar unter Nicht-Vegetariern. Selbstverständlich hätten Fabrikanten die Möglichkeit, weiterhin gefrorenes Schweinefett zu verkaufen, aber dann müsse dies eben auf der Verpackung angegeben sein.

Der EU wird oft vorgeworfen, dass sie die Interessen multinationaler Unternehmen vertrete. Aber sie trifft ziemlich oft Entscheidungen, die den großen Firmen gegen den Strich gehen. Das europäische Datenschutzgesetz ist das strengste der Welt – man braucht nur Microsoft und Google zu fragen, die nach Gesetzesverstößen Strafen in Milliardenhöhe bezahlt haben. Inzwischen halten sich diese Internetgiganten weltweit an die europäischen Gesetze, auch in Amerika. Auch gibt es nirgendwo so viele Verbote von Plastik und Chemikalien wie in Europa. Die Brexit-Befürworter würden alles in einen Topf werfen, so Beller. Sie bezeichneten es als „Brüsseler Einmischung", aber im Grunde genommen gingen ihnen einfach die Argumente aus. Samuel Johnson sagte einmal: „Patriotism is the last refuge of the scoundrel."

Die EU stellt sich also regelmäßig auf die Seite der Bürger, genau wie das Habsburgerreich damals. Und beide werden (bzw. wurden) in der Folge mit dem Vorwurf konfrontiert, nicht patriotisch zu sein.

Der ungarische Adel unterdrückte die ungarischen Bauern. Es waren die Habsburger, die den Adel dazu zwangen, den Bauern immer mehr Rechte zu gewähren.

Der Nationalismus in Belgien hat seinen Ursprung im belgischen Adel, der beleidigt war, weil die Habsburger einige ihrer Privilegien gestrichen hatten. Die Straßenschilder zeugen immer noch davon, dass das Volk auf der Seite der Habsburger stand.

1844 brach in Galizien (Westukraine) ein Bauernaufstand gegen den polnischen Adel aus, der diesen Teil des Habsburgerreiches größtenteils verwaltete. Die Bauern taten das, weil sie wussten, dass der habsburgische Staat sie unterstützen würde. Denn seit Kaiserin Maria Theresia plädierten die Habsburger dafür, den Bauern ein wenig mehr Land und Rechte zu geben. Die Einschätzung der Bauern stellte sich als richtig heraus. Sie bekamen nicht alles, was sie wollten, aber sehr wohl einen Teil davon. Und was machte der von Wien vorgeführte polnische Adel anschließend? Er spielte die nationalistische Karte aus und versuchte, das Volk, zu dem dieselben Bauern gehörten, gegen die „Imperialisten" in Wien aufzuhetzen.

Das hat etwas von jenem Spiel, das nationale Staats- und Regierungschefs heute oft mit Brüssel treiben.

Aber die Habsburger durchschauten durchaus, wie das Spiel funktionierte. In den letzten Jahren des Kaiserreichs versuchten sie sogar, dieses System für eigene Zwecke zu nutzen. In einem Versuch, den Nationalisten in diversen Teilen des Reiches das Wasser abzugraben, schickte der Kaiser – man hält es nicht für möglich – seine eigenen „Nationalisten" ins Feld. Einer von ihnen war Wilhelm Habsburg, genannt „der rote Prinz". Als Sohn eines Erzherzogs war er mit höfischer Etikette vertraut. Aber weil er während des Ersten Weltkriegs eine Garnison ukrainischer Soldaten angeführt hatte, beherrschte er auch die Sprache des ukrainischen Volkes. Er trug handbestickte ukrainische Hemden und glaubte hoch und heilig an die ukrainische Selbstbestimmung. In einem letzten, verzweifelten Versuch, neu durchzustarten, wollte der Kaiser ihn am Ende des Ersten Weltkriegs nach Lemberg schicken – wie er auch jemanden nach Warschau schickte, um sein Reich zu reformieren und schließlich zu retten.

Mit anderen Worten: Der Kaiser begann, das Spiel der Nationalisten mitzuspielen. Als Überlebensstrategie.

Aber das Reich fiel auseinander, ehe Wilhelm seine Mission auch nur antreten konnte – die Mission eines Nationalisten, der ein Imperium retten sollte. In seiner Biografie jenes Wilhelm Habsburg, *The Red Prince,* schreibt der Historiker Timothy Snyder von Yale: „The nation faces forward. It is made and remade every day. If we believe that the nation resides in the orderly recitations of history given to us by our leaders, then our story is over."

Kapitel 11

....

> History shows that it is not only senseless and cruel,
> but also difficult to state who is a foreigner.
> CLAUDIO MAGRIS, *Danube: A Sentimental Journey from the Source to the Black Sea* (2001)

I

Eine meiner Lieblingsanekdoten über die letzten Tage des Habsburgerreiches dreht sich um Victor Adler und seinen Sohn, der aus dem Gefängnis kam.

Adler war Vorsitzender (und Begründer) der Sozialdemokratischen Arbeiterpartei. Sein Sohn Friedrich war ein ziemlicher Hitzkopf. Friedrich war so wütend darüber, dass die Regierung während des Krieges das Parlament ausgeschaltet hatte, dass er am 21. Oktober 1916 in den Speisesaal des Wiener Hotels Meissl & Schadn ging und dort drei Schüsse auf den Kanzler Karl von Stürgkh abfeuerte. Tödliche Schüsse. Friedrich Adler wurde zu lebenslanger Haftstrafe verurteilt. Aber in den letzten Tagen des Krieges wurde er, wie viele andere, vom neuen Kaiser Karl begnadigt. Natürlich wollte sein Vater Victor zum angekündigten Zeitpunkt beim Gefängnistor auf ihn warten. Aber der Zufall wollte es, dass Victor Adler genau zu diesem Zeitpunkt zu einem Empfang im Palast erwartet wurde. Adler hatte ein Loyalitätsproblem: Er wollte seinen Sohn in die Arme schließen, aber er wollte *auch* zum kaiserlichen Empfang. Weil er sich nicht entscheiden konnte, legte er dem Hof sein Dilemma vor. Bei Hofe zeigte man sich verständnisvoll und stellte Adler eine kaiserliche Kutsche samt Kutscher zur Verfügung. So konnte er an jenem Tag seinen Sohn begrüßen und dennoch rechtzeitig im Palast anwesend sein.

Diese Anekdote zeigt wieder einmal, wie sogar die sozialdemokratische Opposition trotz all ihrer Unzufriedenheit in gewisser Weise loyal gegenüber dem Kaiser war. Mit anderen Worten: Solange das Reich existierte, operierte die Opposition größtenteils *innerhalb* des imperialen Systems. Sie versuchte, von innen heraus Reformen durchzusetzen und mehr Rechte zu bekommen. Adler war nicht der Einzige, der so handelte. Politische Führer in Ungarn, Tschechien und an anderen Orten des Habsburgerreichs gingen genauso vor. Auch deshalb darf man die vorherrschende Darstellung der elitären, aristokratischen Imperialisten, die 1918 durch

Nationalisten aus den unterdrückten Klassen abgelöst wurden, nicht ganz wörtlich nehmen.

Aber die Geschichte geht noch weiter. Denn einige Jahre später, als sich das Habsburgerreich in Luft aufgelöst hatte, Kaiser Karl im Exil war und Österreich eine kleine, verwaiste und verarmte Republik geworden war, stellte die sozialistische Regierung einem jungen Mann von adliger Abstammung ein winziges Büro in der Hofburg, der alten kaiserlichen Residenz, zur Verfügung. Und zwar für ein äußerst bemerkenswertes Projekt: die Planung einer Art imperialen Neuanfangs. Der Mann war Graf Richard Coudenhove-Kalergi, Gründer der Paneuropäischen Union. Er wollte die mittel- und osteuropäischen Länder wieder unter einem gemeinsamen Dach versammeln, am liebsten zusammen mit westeuropäischen Ländern – aber dann auf eine moderne, demokratische und stärker dezentralisierte Art und Weise. Coudenhove war auf beeindruckende Weise international vernetzt und entpuppte sich in der Zwischenkriegszeit als einflussreiche politische Kraft.

Briefe an ihn mussten an die folgende Adresse geschickt werden: Paneuropa, Hofburg, Wien. Symbolischer, „habsburgischer" hätte man es sich fast nicht ausdenken können. Und es blieb bis zum Anschluss Österreichs an Hitlerdeutschland im Jahre 1938 Coudenhoves Arbeitsadresse. Hitler selbst liebäugelte manchmal mit einem vereinten Europa, aber dann sehr wohl unter straffer deutscher Führung. Er hasste die paneuropäische Idee mit ihren „bunten Nationalitäten". Er erklärte Coudenhove zur Persona non grata und beanspruchte die Hofburg für sich.

II

Eines Tages stehe ich auf jenem Balkon der Hofburg, von dem aus Hitler 1938 nach dem Einmarsch in Österreich zu einer jubelnden Menge Österreicher sprach. Der neue, aus den Niederlanden stammende Direktor des Weltmuseums lädt mich zum Mittagessen ein. Das Museum befindet sich in der Hofburg, aber es verirrt sich kaum noch jemand hierher. Steven Engelsman, dem früheren Direktor des Völkerkundemuseums in Leiden, obliegt die Aufgabe, dem Museum ein neues Gesicht zu geben. Es ist kein Zufall, dass die österreichische Regierung dafür einen Ausländer bestellt hat. Das politische Klima in Österreich ist so vergiftet, dass jeder österreichische Kandidat zu lautem Protest von der einen oder anderen Seite führen würde. Museen sind hier, genau wie Sportvereine, Versicherungsgesellschaften und Zeitungen, Teil des politischen Schachspiels.

Engelsman organisiert eine letzte Ausstellung, bevor das Museum wegen Renovierung geschlossen wird. Die Ausstellung heißt *Franz Is Here!* und hat die zehnmonatige Weltreise, die Kronprinz Franz Ferdinand 1892–1893 machte, zum Thema.

Kaiser Franz Joseph hatte allmählich genug von Franz Ferdinand, der stets andere Ansichten über alles hatte und diese auch ständig kundtat. Also gab er ihm einen Sack Geld und schickte ihn ans andere Ende der Welt. Mit dem Geld kaufte der Kronprinz Masken im Kongo, Porzellanfiguren in China, Körbe auf Borneo, einen ledernen Sattel in Nordamerika – insgesamt 14.000 Objekte. Diese schickte er alle nach Hause. Viele dieser Kuriositäten befinden sich immer noch im Keller. Engelsman ist dabei, eine Auswahl zu treffen und dazu passende Briefe, Fotos und Zeitungsartikel zu suchen – die Habsburger dokumentierten und bewahrten alles wie besessen auf – und dem Besucher einen Einblick in die Welt von damals zu vermitteln, die sich jetzt, ein Jahrhundert später, erneut eines wachsenden Interesses erfreut.

Wir gehen durch das riesige Museum entlang großer, antiker Schaukästen aus Holz und Glas, die voll sind mit Masken und Penisfutteralen. Engelsman erzählt genüsslich über all die Politiker und hohen Beamten, die versuchten, ihn, egal ob Ausländer oder nicht, zu manipulieren beziehungsweise aufs Glatteis zu führen. Plötzlich bleibt er stehen und fragt: „Wollen Sie den Balkon sehen?"

Und bevor ich etwas sagen kann, öffnet er zwei hohe Doppelflügeltüren und
geht mir voraus. Hier, auf diesem monumentalen Balkon, der sich genau über dem
Eingang der Nationalbibliothek befindet, in der meine Kinder manchmal mit ihren
Freunden ihre Hausaufgaben erledigen, verkündete der Führer am 15. März 1938
den Anschluss Österreichs an das Dritte Reich. Jeder kennt die Fotos der riesigen
Menschenmengen. Manche behaupten, diese seien ein Beweis dafür, dass die Österreicher Hitler mit offenen Armen empfangen hätten. Andere meinen beschönigend,
die Menschen wären dafür bezahlt worden, um zum Heldenplatz zu kommen und
dort Hitler zuzuhören. Sie wären mit Bussen dorthin gebracht worden.

Diese Diskussion wird nie ein Ende finden.

Dennoch ist es seltsam, plötzlich hier zu stehen. Aber zum Glück ist das Wetter
schlecht. Der Platz ist völlig leer. Somit hinken alle direkten Vergleiche. Wir gehen
schnell wieder rein, zurück zu den Kuriositäten von Franz Ferdinand, der sich, wie
wir nun wissen, am 24. Februar 1893 in Indien mit einem von ihm erlegten Tiger
fotografieren ließ, und am 23. Mai in Sydney für 39 Foster's Ale, 19 Flaschen Irroy-
Champagner, 7 Flaschen Moët, 4 Flaschen Brandy, 11 Flaschen Whiskey, eine Flasche
Portwein, eine Flasche Sherry, Likör, Mineralwasser, Zigarren und Zigaretten, eine
Kiste Weißwein und eine Kiste Clairet 6435 Pfund bezahlte. Und wenn er einmal
nichts zu vermelden hatte, dann schrieb er nach Hause: „Gut ist's gangen, nix is
gschehn."

III

Zurück zu Richard Coudenhove, dem paneuropäischen Idealisten, der Jahrzehnte später in der Hofburg ein kleines Büro bekommen sollte. Coudenhove war ein
interessanter Mann. Er war erst 28 Jahre alt, als er seine Ideen zur Gründung einer
„Paneuropäischen Union" veröffentlichte. Er sollte sich sein ganzes Leben lang, bis
zu seinem Tode im Jahre 1972, damit beschäftigen.

Seine Mutter war Japanerin. Sein Vater entstammte adligen Familien in den Niederlanden und auf Kreta. Er wuchs in Böhmen auf und studierte in Wien. Seine Familie war über ganz Europa verteilt. Wenn jemals jemand von Geburt auf Europäer
war, dann war er es wohl. Aber Coudenhove war kein Nostalgiker. Im Gegenteil. Er
wollte das alte Kaiserreich nicht zurück, sondern vertrat die Meinung, dass Europa
eine moderne, regionale Macht werden sollte, gegründet auf europäische Werte und
gestützt auf griechische Philosophie, römisches Recht, christlichen Glauben, den Life-
style eines echten Gentlemans und die Allgemeine Erklärung der Menschenrechte.

Der Graf wollte den Vertrag von Versailles (1919) aus der Welt schaffen, weil er
Deutschland und Österreich nach dem Ersten Weltkrieg unmögliche Schulden

aufgebürdet hatte. Stattdessen wollte er einen Vertrag, in dem europäische Länder schwarz auf weiß erklären sollten, nie mehr Krieg führen zu wollen. Sie sollten eine Zollunion und einen Binnenmarkt gründen und eine gemeinsame Währung verwenden. Es sollte eine gesamteuropäische Armee und eine gesamteuropäische Flotte gegründet werden. Binnengrenzen sollten verschwinden, Außengrenzen sollten kollektiv überwacht werden. Coudenhove wollte auch eine Verfassung, in der die Rechte von Minderheiten geschützt würden, europäische Bildung für jedes Kind garantiert würde und Hass sowie Propaganda unter Strafe gestellt würden.

Kurzum: Coudenhoves Pläne gingen stark in Richtung der jetzigen EU. Und das war kein Zufall.

Der Soziologe Norbert Elias schrieb 1939, dass alteingesessene, adlige Familien im europäischen Zivilisationsprozess immer die treibende Kraft gewesen wären. Das habe nicht nur für die Habsburger, Hohenzollern oder Romanows gegolten, sondern auch für all jene Familien, die für diese Dynastien gearbeitet hätten. Sie seien echte Europäer gewesen: grenzenlos, mehrsprachig, gemischten Blutes und oft mit einem etwas breiteren Horizont.

Coudenhove hätte habsburgischer Diplomat werden sollen, genau wie sein Vater. Als die Monarchien zusammenbrachen, redeten er und andere Aristokraten in ganz Europa einfach weiter miteinander über die Welt und wie diese gestaltet werden könnte – fast so, als ob nichts geschehen wäre. Darunter befanden sich Geschäftsleute, ehemalige Generäle, Politiker, Künstler und Beamte. In Russland hatten sie schon bald nichts mehr zu sagen – der Adel verließ, soweit möglich, das Land Hals über Kopf. Auch in Deutschland und Österreich hatten sie nur mehr in beschränktem Maße Einfluss. Aber die Gespräche wurden an verschiedenen Orten in Europa fortgesetzt, und das war nicht unwesentlich. Diese Aristokraten bildeten Europas älteste Elite. In einer Zeit eingeschränkter Demokratisierung waren sie auch eine Art VIPs. Die Bürger kannten sie und konnten sich mit ihnen identifizieren. Sie wussten, woher sie stammten und wofür sie standen. In einer sich radikal ändernden Welt, in der alles unentwegt in Bewegung war, sorgte der Adel für eine Art natürliche Kontinuität über soziale Klassen und Grenzen hinweg. Aristokraten waren ein Referenzpunkt. Sie hatten keine Macht mehr, aber sehr wohl Prestige – und somit auch Verbindungen zur Politik.

Diese Aristokraten hatten völlig unterschiedliche Vorstellungen von der Zukunft Europas. Manche von ihnen waren progressiv, andere erzkonservativ. Aber über eine Sache waren sich die meisten sehr wohl einig: Die 1918 einsetzende Kleinstaaterei sei ein Gräuel. Coudenhove unterstützte im Prinzip den Plan der weltweiten Selbstbestimmung von Präsident Wilson. Aber aus seiner Sicht müssten all diese neuen Staaten aufs Neue in einem größeren Verband zusammengefasst werden. Die Animosität zwischen den neuen Staaten war enorm. Das ewige Hickhack um das Erbe des Habsburger-reichs schlug hohe Wellen. Millionen von Menschen saßen hinter frisch gezogenen Grenzen fest. Es war nur eine Frage der Zeit, bis sie sich wieder in die Haare gerieten.

Prinz Karl Anton Rohan, österreichischer Autor und Chefredakteur der *Europäischen Revue* war viel konservativer als Coudenhove. Die zwei konnten überhaupt nicht miteinander. Dennoch schrieb auch Rohan, der von französischem Adel ab-stammte, der während der französischen Revolution nach Österreich geflüchtet war, 1923 in seinem Buch *Europa: Streiflichter,* dass die alte Elite jetzt die Aufgabe hätte, alte Werte auf eine konservative Weise zu reformieren, sodass diese in die Tradition passten und die neuen Impulse der Revolution in sich tragen würden.

Andere Aristokraten wie der baltische Baron Hermann Keyserling wollten das Ruder in Europa radikal herumreißen und beriefen sich dabei auf die Anthropo-sophie und Krishnamurti. Keyserling bereiste die ganze Welt. Er wurde vor allem wegen seiner philosophisch angehauchten Reiseberichte bekannt. In *Das Spektrum Europas* aus dem Jahre 1928 verteidigte er die These, dass Aristokraten die Identi-täten aller europäischen Kulturen in sich trügen. „Ja, wenn ich mein eigenes Selbst-bewußtsein analysiere – als was finde ich mich? An erster Stelle als mich selbst, an zweiter als Aristokraten, an dritter als Keyserling, an vierter als Abendländer, an fünf-ter als Europäer, an sechster als Balten, an siebenter als Deutschen, an achter als Rus-sen, an neunter als Franzosen".

Aber sämtliche Europäisierungsversuche der Zwischenkriegszeit, adlig oder nicht, verliefen im Sand. Es sollte die einzige Periode in der modernen europäischen Geschichte werden, in der sich so viele kleine Länder in Europa ausschließlich vom Eigeninteresse führen ließen, ohne den bremsenden, beruhigenden bzw. einengen-den Einfluss von Großmächten und großen Reichen. Sie hielten es zwanzig Jahre durch. Dann brach plötzlich wieder die Hölle los.

An Coudenhove lag es nicht. Er reiste und lobbyierte weiterhin und organisierte eine Konferenz nach der anderen. Der tschechoslowakische Präsident Tomáš Masa-ryk, der deutsche Minister Gustav Stresemann und der französische Präsident Aris-tide Briand waren auf seiner Seite. Auch Industrielle wie Carl Siemens und Anton Philips unterstützten die Paneuropäische Union. Otto Habsburg, der Sohn des letz-ten Kaisers, war auch mit an Bord von Paneuropa. In den zwanziger und dreißiger Jahren versuchte er mit all seinen Kräften, einen neuen Krieg zu verhindern, unter anderem indem er sich selbst als Kanzler ins Spiel brachte. Sogar Winston Churchill war begeistert von Coudenhoves europäischen Plänen, auch wenn er der Meinung war, dass Großbritannien mit seinem Kolonialbesitz so groß sei, dass es innerhalb Paneuropas zu einer Schieflage kommen würde. Deshalb sagte Churchill in seiner berühmten Züricher Rede von 1946: „Wir müssen eine Art Vereinigte Staaten von Europa errichten" – aber er selbst wollte lieber nicht Teil davon sein.

Erst nach dem Zweiten Weltkrieg würde die Paneuropa-Idee, beziehungsweise eine reduzierte und vorsichtige Variante davon, endlich Gestalt annehmen. Oder besser in der Mehrzahl: Varianten. In Europa entstand ein Gewirr an Organisationen, von denen die Europäische Gemeinschaft für Kohle und Stahl nur eine, und in den Anfangsjahren nicht einmal die einflussreichste, war. Coudenhove war in all diese Aktivitäten und Netzwerke nicht wirklich eingebunden. Er hatte die Kriegsjahre in Amerika verbracht. Danach nahm sein Einfluss auf die europäische Politik ab. Aber sein Gedankengut und jenes der alten Habsburger war immer noch quicklebendig. Andere Akteure übernahmen es von ihm. Dina Gusejnova, Historikerin an der Universität von Sheffield, schreibt in ihrem Buch *European Elites and Ideas of Empire, 1917–1957,* dass viele Elemente der habsburgischen *Soft Power* und der sozialen Beziehungen im alten Reich die Zeit überdauert hätten. Beim Ergründen neuer Formen einer europäischen Einigung stützten sich die Wiener Intellektuellen auf die Fundamente dieser Traditionen.

In diesem Sinne gibt es, kurz gesagt, eine direkte Verbindung zwischen dem Habsburgerreich und der Europäischen Union.

IV

In den Niederlanden und in anderen westeuropäischen Ländern wissen nur mehr wenige, wer Coudenhove oder Prinz Rohan waren. Aber in Mitteleuropa, in den ehemaligen habsburgischen Ländern, ist die Erinnerung noch lebendig. Die Nachfahren dieser Menschen sind dort immer noch im Alltag präsent. Und jeder kennt sie.

So arbeitete Barbara Coudenhove-Kalergi, eine Nichte von Graf Richard Coudenhove – ihr Vater war dessen Bruder – jahrelang als Osteuropa-Korrespondentin für den österreichischen Fernsehsender ORF und für mehrere Zeitungen. Coudenhove-Kalergi, die in Prag geboren wurde und als Kind 1945 nach Österreich flüchtete, veröffentlichte 2013 ihre Memoiren unter dem Titel *Zuhause ist überall.* Heute hat sie eine Kolumne in der Zeitung *Der Standard* und beschäftigt sich mit der Betreuung und Integration von Flüchtlingen.

Coudenhove-Kalergi ist wiederum eine alte Bekannte von Karl Schwarzenberg. Sie kennen einander aus Wien. Beide entstammen deutschsprachigen Familien, die 1918 in der Tschechoslowakei auf einmal zur Minderheit wurden. Einige dieser Familien fühlten sich deutsch, andere überhaupt nicht. Dazu gehören die Familien Coudenhove und Schwarzenberg. Eine alte Freundin von mir erzählte einmal, dass bei ihr zu Hause ab 1918 plötzlich kein Deutsch mehr gesprochen hätte werden dürfen. Kein einziges Wort mehr, von einem Tag auf den anderen. Kinder, die es trotzdem taten, seien bestraft worden. Aber das hätte den Familien auch nicht geholfen. Sie seien von beiden Seiten (den neuen, tschechischsprachigen Machthabern und den jetzt marginalisierten Deutschsprachigen) verachtet worden, weil sie nicht Farbe bekannt hätten. Als die Nazis ins Land einfielen, seien sie zu ihrem Entsetzen von vielen Tschechen und vom deutschen Besatzer endgültig als „Deutsche" identifiziert worden. Nach 1945 hätten sich viele Tschechen an deutschsprachigen Familien in Böhmen gerächt. Diese seien in der Falle gesessen und geflüchtet. Viele, die das nicht taten, seien ermordet worden. Barbara Coudenhove-Kalergi machte sich mit Hunderten anderen Familien auf den Weg nach Österreich. Sie wurde von entlang der Straße stehenden Tschechoslowaken ausgebuht, bespuckt und beworfen.

Im Gegensatz zu Schwarzenberg ist Coudenhove-Kalergi nie wirklich nach Tschechien zurückgekehrt. Aber sie fuhr als Korrespondentin unzählige Male dorthin. Sie hat dort Freunde und erinnert sich noch gut an das Prag ihrer Jugend.

Als Václav Havel Präsident war, gab es eines Tages eine feierliche Präsentation der neuen Uniformen seiner Palastgarde. Barbara Coudenhove-Kalergi war dabei. Karl Schwarzenberg, damals Havels Kabinettschef, stand neben ihr. Er stieß sie an und sagte ihr leise ins Ohr: „Kommt dir an diesen Uniformen nichts bekannt vor?"

Sie schaute sie an, verstand aber nicht, was er meinte. „Nein", sagte sie.

„Die Gürtel", flüsterte Schwarzenberg.

Dann sah sie es: Die Gürtel hatten die Farben der Schwarzenbergs, mit blauen und weißen Quadraten. Früher hatte die Familie in Schloss Krumlov selbst eine Grenadiergarde gehabt, die blau-weiß gekleidet war. Es stellte sich heraus, dass es in Wien noch eine alte Werkstatt gab, die vor langer Zeit Gürtel für die Grenadiere der Schwarzenbergs hergestellt hatte. Die hatten sie nun, in den neunziger Jahren, reaktiviert. So kam es, dass die präsidentielle Garde in Prag Gürtel in den Farben der Familie Schwarzenberg bekam.

Inzwischen sind die Gürtel schon wieder ersetzt worden. Aber sehr viele Menschen kennen diese Anekdote. Ich habe sie mehrere Male gehört.

Vor 2019 konnte man in Wien auch einem baumlangen, hageren Mann begegnen, der einst Generalsekretär im Außenministerium gewesen war. Sommers wie winters trug er Krawatte und Sakko. Es war Albert Rohan, ein Verwandter des zutiefst konservativen Prinzen, mit dem Richard Coudenhove ständig im Clinch lag. Albert Rohan war Kabinettschef von Kurt Waldheim gewesen, der damals Generalsekretär der UNO in New York war, und hatte Martti Ahtisaari beim Erstellen eines Plans für die Unabhängigkeit des Kosovo geholfen. Bei Podiumsdiskussionen in Wien saß der hochbetagte Albert Rohan oft in der ersten Reihe. Ich habe ihn oft gesehen. Wer auch immer sich auf dem Podium befand, wie viele Fragen auch immer die Zuhörer im Saal hatten, er durfte immer eine der ersten Fragen stellen. Seine Fragen hatten zumeist eher den Charakter von Erläuterungen. Dann stand er langsam auf und hielt mit seiner brüchigen Stimme eine ganze Rede. Er war eine Erscheinung aus einer anderen Welt.

Aber in Wien liegt diese Welt direkt unter der Oberfläche. Niemand wagte es jemals, ihn zu unterbrechen. In Rohans Familie fanden sich Kardinäle, Bischöfe, Generäle und Minister. Er blieb immer ein wenig ein *Royal*.

V

Das Fundament für die europäische Einigung mag teils von ehemaligen habsburgischen Aristokraten gelegt worden sein, die Elite des heutigen Europas aber sieht ganz anders aus. Die EU ist eine Meritokratie. In Brüssel macht man nicht aufgrund seines Namens oder seiner Vorfahren Karriere, sondern aufgrund eigener Leistungen. Man muss den „Concours" schaffen, eine extrem schwere Prüfung, die nur ein kleiner Prozentsatz besteht. Der innere Machtkreis in Brüssel besteht aus Menschen, die achtzehn Stunden pro Tag arbeiten. Wer um acht Uhr abends bereits nach Hause geht, ist ein Loser. Bei Beförderungen sind es nicht alte, etablierte Namen, die schlussendlich Vorrang haben, sondern – sehr zeitgenössisch – sehr hart arbeitende Menschen sowie Frauen und Kandidaten aus peripheren Ländern, die in der Hierarchie unterrepräsentiert sind.

Der einzige Punkt, in dem die heutige Elite der Globalisierung den ehemaligen Aristokraten ähnelt, ist ihre kosmopolitische Haltung. Der habsburgischen Elite war diese aber angeboren, es war für sie eine Lebenseinstellung. Bei der heutigen europäischen Elite ist sie größtenteils angelernt. Kurz nach dem Krieg kamen die Menschen aus politischer Überzeugung nach Brüssel, um die Welt zu einem besseren Ort zu machen. Jetzt kommen sie hierher, um Karriere zu machen, Geld zu verdienen, ihren Horizont zu erweitern, von zuhause weg zu sein, ein interessantes Leben zu führen, einen Neuanfang hinzulegen, eine Frau zu finden, sich zu outen – Dutzende Gründe, allesamt sehr valide. Daran ist nichts falsch. Während Europa früher ein Eliteprojekt im Sinne von „nie mehr Krieg" war, eine Art Priesterkaste von Menschen, die das Licht gesehen hatten und für das Gemeinwohl arbeiten wollten, ist es jetzt etwas Normales geworden. Für alle.

Ein belgischer Banker erzählte einmal, dass sie nirgendwo so hohe Kredite vergeben würden wie in der Filiale Schuman am zentralen Platz im europäischen Viertel in Brüssel. Anderswo im Land würden Kunden – meistens Belgier – selber sehr viel Bares einzahlen. Aber am Rond-Point Schuman/Schumanplein müsste die Bank relativ mehr finanzieren und die Kunden zahlten weniger ein. Interessantes Detail am Rande: Dies bedeutet, dass die europäische Elite nicht so viel eigenes Geld hat. Das bestätigt den meritokratischen Charakter der europäischen Bürokratie.

Vielleicht erklärt dies auch, warum der alte belgische Adel nichts mit diesen neuen Europäern zu tun haben will. Als ich noch in Brüssel wohnte, habe ich oft beobachtet, dass sie sich sogar in völlig voneinander getrennten sozialen Kreisen bewegen.

Auch beim österreichischen Adel ist die Identifikation mit der EU und dieser neuen europäischen Elite nicht besonders ausgeprägt. Das sind Menschen mit ungarischen, polnischen, tschechischen oder italienischen Familiennamen. Aber genau wie einfache Österreicher sprechen sie oft negativ über Europa. Sie assoziieren es mit Bürokratie, Einmischung und Verschwendung von Steuergeld.

An einem schönen Sommertag lande ich auf der Geburtstagsfeier einer Frau aus meinem Wiener Yogakurs. Ich kenne sie kaum. Sie wohnt in einem alten ockergelben Haus am Stadtrand in der Nähe einer alten Senffabrik, die sich schon lange „in der Familie" befindet. Wir sitzen an festlich gedeckten Tischen im Garten, unter alten Kirschbäumen. Die meisten Gäste, alles Frauen, scheinen einander zu kennen. Es ist auch eine Habsburgerin darunter. Als sie hört, dass ich an einem Buch über Habsburg arbeite, setzt sie sich möglichst weit entfernt von mir hin. In den Gesprächen geht es um die Kinder, die dieses Wochenende bei einer Hochzeit in Sizilien seien. Um ein Haus der Familie in Italien, das dringend ein neues Dach brauche. Um eine Arztpraxis von einer von ihnen, die vergeblich versuche, Arztdiplome von syrischen Flüchtlingen in Österreich anerkennen zu lassen. Plötzlich fragt mich eine, wo ich vor Wien gewohnt hätte.

„Brüssel", sage ich. „Ich habe viel über die EU geschrieben."

„Wirklich?", sagt die Frau neben mir. „Schön, dass Sie das hinter sich haben."

Österreicher sind meistens extrem gut darin, anderen nach dem Mund zu reden, vor allem in den höheren Kreisen der Gesellschaft. Sie können geschickt gewisse Themen aussparen und Konfrontationen aus dem Weg gehen. Erst wenn man nicht mehr da ist, sagen sie unfreundliche Dinge. Diese Bemerkung ist deshalb nicht nur untypisch, sondern für österreichische Verhältnisse auch unverschämt.

Eine andere Frau am Tisch setzt noch eins drauf: „Gut, dass mein Mann nicht da ist. Der hasst Brüssel."

Ich sage, dass es aus journalistischer Sicht eine interessante Periode gewesen sei, in Brüssel, während der Bankenkrise und der Eurokrise. Und dass ich Brüssel, mit all seinem Chaos, als Wohnort sehr geschätzt hätte. Aber das Gespräch gerät schnell ins Stocken. Zum Glück klopft eine der Tischgenossinnen an ihr Glas und hält eine Rede für das Geburtstagskind.

Später, als alle Kirschen pflücken, um sie mit nach Hause zu nehmen, kommt eine Frau auf mich zu und sagt: „Ich arbeite in Wien für die UNO. Und ich habe mir abgewöhnt, in diesen Kreisen darüber zu reden. Es interessiert sie einfach nicht. Sie können sich darunter nichts vorstellen. Sie reisen, sind kosmopolitisch. Viele stammen aus Familien, deren Wurzeln in ganz Europa liegen. Ihre Familienunternehmen leben vom europäischen Binnenmarkt. Wo denken Sie, kommen die Gewinne dieser Senffabrik her? Selbstverständlich aus den neuen Mitgliedstaaten in Osteuropa. Einige dieser Damen sind berufstätig. Sie haben wirklich einiges zu erzählen. Aber sie sehen nicht, dass es einen direkten Zusammenhang gibt zwischen der Welt, aus der sie kommen und die ihnen lieb und teuer ist, und der EU oder sogar der UNO.“

VI

Es waren nicht nur alteingesessene habsburgische Familien, die den Untergang des Kaiserreiches überlebten. Auch die Bürokratie überlebte in gewisser Hinsicht. Oder vielleicht besser gesagt: Sie überlebte sich selbst. Denn dies passierte, gerade *weil* die Bürokratie viel größer war als die heutige europäische Bürokratie und großen Einfluss auf das lokale Leben von damals hatte. 2006 fand Sascha Becker, ein Ökonom an der Universität von Warwick, mit einigen Kollegen heraus, dass sich dies immer noch auf die jeweilige Region auswirkt.

Im Hinblick auf den wachsenden Unmut über Korruption und Missbrauch von europäischen Förderungen ist Beckers Untersuchung jetzt wieder höchst aktuell.

Es gibt derzeit fünf Länder, durch die die alte habsburgische Außengrenze verläuft: Polen, die Ukraine, Rumänien, Serbien und Montenegro. In diesen Ländern stellten Becker und seine Kollegen den Bürgern mehrere Fragen in Bezug auf Korruption und ihr Vertrauen in die Behörden. Die Untersuchung fokussierte sich in erster Linie auf die Justiz und die Polizei – also auf jene lokalen Behörden, mit denen die Menschen direkt zu tun haben. Und es stellte sich heraus, dass Bürger, die in einem Gebiet wohnten, das bis 1918 zum Habsburgerreich gehört hatte, völlig andere Antworten gaben als ihre Landsleute, die, manchmal nur einige Kilometer weiter, in einem Gebiet wohnten, das früher zu Preußen, Russland oder dem Osmanischen Reich gehört hatte. Auf der habsburgischen Seite war das Vertrauen in die Polizei und die Justiz bedeutend höher. Die Menschen sagten auch, dass es weniger Korruption gäbe.

Das ist bemerkenswert. Denn in jedem dieser Länder hatten die Befragten, unabhängig davon, auf welcher Seite der alten habsburgischen Grenze sie wohnten, zwischen 1918 und 2006 (dem Jahr der Untersuchung) unter denselben Institutionen gelebt. Sie hatten fast ein Jahrhundert lang dieselben Gesetze gehabt, dieselbe Polizei erlebt, dieselbe Justiz. Die Unterschiede innerhalb dieser fünf Länder konnten daher nur auf einen einzigen Faktor zurückzuführen sein: die Unterschiede in der Zeit *vor* 1918.

Fragen zu ihrem Vertrauen in den Präsidenten oder das nationale Parlament beantworteten die Bürger in ein und demselben Land sehr wohl in etwa gleich. Auch Fragen zum gegenseitigen Vertrauen der Bürger wurden mehr oder weniger identisch beantwortet. Mit anderen Worten: Der „Habsburg-Effekt" bezog sich tatsäch-lich auf den Kontakt der Bürger mit den lokalen Behörden – der Polizeiwachstube, dem Bezirksgericht. Sogar in Gebieten, die nur relativ kurz von den Habsburgern regiert worden waren, war das Vertrauen in die lokale Verwaltung höher als in Ge-bieten, die nie zum Habsburgerreich gehört hatten.

„The Empire Is Dead, Long Live the Empire!", nannten Becker und seine Kolle-gen den Bericht, den sie hierüber verfassten.

Sie zitierten die amerikanische Nobelpreisträgerin Elinor Ostrom, eine politische Ökonomin, die meinte, dass das Vertrauen der Bürger in öffentliche Institutionen und das gute Funktionieren dieser Institutionen von entscheidender Bedeutung für eine Gesellschaft seien, in der Menschen zu kollektivem Handeln bereit sind.

VII

Wendet man die Schlussfolgerungen dieser Untersuchung auf das heutige Europa an, verspricht dies, allen Behauptungen und Annahmen über die „zivilisierende Wir-kung" Europas zum Trotz, nur wenig Gutes.

Erstens weil es natürlich gar keine europäische „lokale Behörde" gibt. Polizeiar-beit im Viertel, lokale Rechtsprechung, Unterricht, Stadtgartenamt – all diese Dinge werden von den Mitgliedstaaten selbst erledigt, nicht von Europa. Und das wird be-stimmt auch weiterhin so bleiben.

Zweitens weil die Brüsseler Bürokratie in ganz Europa der von allen favorisierte Sündenbock ist. Man hört nur selten etwas Positives über die „Eurokraten" – auch, wenn es diese in erster Linie gibt, weil es eine Instanz geben muss, die darauf achtet, dass sich die Mitgliedstaaten an jene Vereinbarungen halten, die sie selbst geschlossen haben, und um Regierungen beim Schließen von neuen Vereinbarungen zu unter-stützen.

Wie bereits zuvor erwähnt, denken viele, dass die europäische Verwaltung riesig sei. Und dass sie sich ständig weiter ausbreite. Dennoch ist die Bürokratie der EU bedeutend kleiner als jene des Habsburgerreiches. Auf der Gehaltsliste der Habs-burger standen hunderttausende Bürger: Lehrer, Straßenreiniger, Briefträger, Land-vermesser, Soldaten. Die Zahl der Menschen, die für alle Brüsseler Institutionen zusammen tätig sind, entspricht in etwa der Anzahl an Zollbeamten, die allein schon Großbritannien nach dem Brexit brauchte: 50.000.

Anders als viele denken, wird der Verwaltungsapparat nicht größer. So wird auf Wunsch der Mitgliedstaaten zwar die europäische Außenpolitik immer stärker, um sich zwischen selbstbewussten Großmächten wie den Vereinigten Staaten und China und Regionalmächten wie Russland und der Türkei behaupten zu können. Den-noch streichen die Mitgliedstaaten jedes Jahr Stellen beim Europäischen Auswärtigen Dienst. Zu teuer, meinen sie. Als Russland in die Ukraine einmarschierte, bestand die Ukraine-Abteilung des Europäischen Auswärtigen Dienstes aus sage und schreibe einer einzigen Person.

Wie sich die europäische Einigung in Zukunft entwickeln wird, kann niemand voraussagen. Aber es ist schwer vorstellbar, dass EU-Länder eines Tages die europäische Verwaltung ernst nehmen und sehr stark in sie investieren werden. Deshalb ist die Chance gering, dass der „zivilisierende" Einfluss europäischer Normen und Werte – jener Effekt, den Becker in den fünf Ländern, durch die die habsburgische Grenze verlief, untersuchte – über den Weg der Bürokratie verbreitet und gefestigt wird.

Über den zivilisierenden Einfluss der EU im weitesten Sinne ist schon viel geschrieben worden. Wer Mitglied wird, muss alle bestehenden Regeln übernehmen und die europäischen Werte und Grundrechte respektieren, die in den europäischen Verträgen verankert sind. Ändern sich die Gesellschaften dadurch? Zweifellos. Aber es ist schwer zu sagen, in welchem Maße. Länder wie Polen und Ungarn sind dabei, unabhängige Institutionen wie Justiz und Medien den Garaus zu machen. Griechenland und Bulgarien behandeln mit stillschweigender Zustimmung anderer Mitgliedstaaten Migranten und Flüchtlinge wie Sondermüll. Und was haben kostspielige und mit edler Absicht ins Leben gerufene Hilfsprogramme für Serbien, Moldawien und andere Nachbarländer außerhalb der EU eigentlich gebracht?

Auch der Aufstieg rechtsextremer politischer Gruppierungen in ganz Europa zeigt, dass der Lack der Zivilisation dünner ist, als viele eine Zeit lang dachten. Und dass „Demokratie" vielleicht kein ideales Ziel ist, das man am Ende eines linearen Prozesses (immer besser, bis man das Topniveau erreicht) erreichen kann, sondern eher „ein Prozess, der dafür sorgt, dass verschiedene Gruppen innerhalb der Gesellschaft einander nicht an die Gurgel gehen", wie es der französische Philosoph Frédéric Worms einmal formulierte. Ein Prozess mit Höhen und Tiefen, der permanent in Bewegung ist, weil die Gesellschaft selbst permanent in Bewegung ist. Wenn es einmal vorübergehend schlecht läuft, heißt das nicht, dass die Demokratie nicht funktioniert, sondern nur, dass man sich ein wenig mehr anstrengen muss, um sie wieder ins Gleichgewicht zu bringen.

Wenn Worms recht hat, bedeutet das, dass auch „Europa" ein Prozess ist. Ein Prozess, der sich permanent weiterentwickelt, um dafür zu sorgen, dass das Gleichgewicht zwischen den verschiedenen Gruppen in der Gesellschaft nicht verloren geht. Manchmal läuft dieser Prozess besser, manchmal schlechter.

Aber wie lässt sich das messen? Die Parameter ändern sich fortwährend. Europa muss sich ständig anpassen. Das liegt in der Natur des Projekts. Dazu kommt noch die Frage: Gehören Länder wie die Schweiz und Norwegen, die offiziell nicht Teil der EU sind, aber sehr viele europäische Gesetze übernehmen, auch dazu oder nicht?

Mission impossible. Dennoch wäre es interessant, wenn Nachfolger von Becker und seinen Kollegen in Warwick einmal ein großes Projekt in Angriff nehmen würden: Großbritannien, 100 Jahre nach dem Brexit – welche Spuren hat die EU-Mitgliedschaft hinterlassen? Auf die Ergebnisse darf man gespannt sein.

VIII

2016 flogen dreihundert Habsburger aus der ganzen Welt nach Rom für das erste Familientreffen nach mehr als fünfzehn Jahren. Seit 2014 haben sie eine Facebookseite für Familienmitglieder. Manche finden es cool, Habsburger zu sein, weil sie dann in fast jedem Land der Welt eine Unterkunftsadresse hätten. Dennoch waren sich viele noch nie persönlich begegnet.

Dieser Reise gingen monatelange Vorbereitungen voraus. Denn der Höhepunkt sollte, neben dem Essen von Pasta und Plaudereien, ein Besuch beim Papst sein. Die Habsburger sind eine sehr katholische Familie. Früher waren die habsburgischen Kaiser auch Kaiser des Heiligen Römischen Reiches. Auch dieses Reich, ein loser Verband von kleinen Fürstentümern, Königreichen und Stadtstaaten, zeigt Ähnlichkeiten mit der heutigen EU – aber das ist eher etwas für ein weiteres Buch. Wie dem auch sei: Auch dank Eduard Habsburg, dem ungarischen Botschafter beim Vatikan, bekam die Familie die heißbegehrte Audienz beim Papst. Er schrieb darüber einen mit Fotos illustrierten Bericht für den *Catholic Herald*. Adrett gekleidet, lauschten sogar die Kleinsten in der Sala Clementina des Vatikans, einem kühlen Saal voller Fresken aus der Renaissance, den Worten des Heiligen Vaters. Er lobte nicht nur die Werte des Familienlebens in turbulenten Zeiten und die Wohltätigkeitsarbeit mancher Habsburger – darunter auch Karl, das Familienoberhaupt. Nein, der Papst beglückwünschte sie auch zu ihrem Einsatz für „Europa als gemeinsames, auf humanen und christlichen Werten gegründetes Haus"

Handelte es sich dabei um eine Plattitüde? Oder um einen Ansporn? Denn der große Europäer unter den Habsburgern, Otto, war 2011 gestorben. Seitdem ist eigentlich kein Familienmitglied in seine Fußstapfen getreten.

IX

Aus diesem Grund soll dieses Buch dann doch mit Otto enden, dem Sohn des letzten Kaisers, jenem Mann, mit dem dieses Buch mehr oder weniger begann. Wäre er jetzt noch am Leben, würde ich mich gerne mit ihm unterhalten. Otto von Habsburg wurde 1912 als Kronprinz geboren. Fast 99 Jahre später starb er als europäischer Politiker a. D. Er war die personifizierte Verbindung zwischen dem Habsburgerreich und der Europäischen Union, auch wenn er die Krone verloren hatte, ehe er sie auch nur einen Tag lang getragen hatte. Otto schaffte es, eines seiner Bücher *Mémoires d'Europe* zu nennen – unter der Bedingung, dass der Verleger auf dem Klappentext klarstellte, dass es sich hier nicht um seine eigenen Memoiren, sondern um jene des Kontinents handle. Das muss mal einem gelingen.

Ich bin Otto nie begegnet. Ich kam 1999 nach Brüssel. Er war einige Monate zuvor als Abgeordneter der deutschen CSU aus dem Europäischen Parlament ausgeschieden. Selbst wenn er noch im Parlament gewesen wäre, wäre ich ihm vielleicht nie begegnet. Heutzutage können Abgeordnete zum Europäischen Parlament in vielen Bereichen mitentscheiden. Aber zu jener Zeit war Europa nicht so präsent und das Europaparlament hatte wenig Macht. Deswegen kam ich nicht oft ins Parlament. Die Abgeordneten betrachtete ich in erster Linie als Informationsquelle – sie wussten sehr viel und waren immer froh, wenn sich die Presse bei ihnen meldete.

Dennoch erinnere ich mich an Bemerkungen über Otto. Dass er sehr gläubig und altmodisch gewesen sei. Dass man ihn oft in einem Tweed-Sakko mit diesen typisch mitteleuropäischen Hornknöpfen sah. Und dass er ziemlich pedantisch sein konnte. Aber vielleicht wird man so, wenn man im Alter von neun Jahren am Sarg seines Vaters steht und die Mutter zu einem sagt: „Ab jetzt bist du der Kaiser."

Bis zu seinem letzten Atemzug war Otto, Kaiser hin oder her, mit Europa beschäftigt. Er betrachtete es als seine Mission. Als Oberhaupt einer hundertköpfigen Familie musste er parallel dazu Heiratspläne absegnen, an Hochzeiten teilnehmen und Streitigkeiten schlichten. Dennoch zog er nur selten Parallelen zwischen dem modernen Europa, dem Europa der EU, und dem Habsburgerreich. Er hatte altmodische Auffassungen (Mai 1968 betrachtete er als Irrweg), aber er schaute nicht gerne zurück. Er wollte nach vorne blicken, mitreden über einen neuen europäischen Vertrag, über die transatlantischen Beziehungen oder den Euro. Einmal zog er dann doch Parallelen. Das war, als ein Journalist ihn fragte, warum der Erste Weltkrieg sich für das Habsburgerreich als fatal erwiesen hätte. Und die lange Antwort, die er damals gab, beinhaltet eine der besten Charakterisierungen der EU, die man sich nur vorstellen kann.

Natürlich sei der Krieg 1914–1918 für das Kaiserreich verhängnisvoll gewesen, erklärte Otto. Das sei unausweichlich gewesen. Kaiser Franz Joseph habe Serbien als Vergeltung für den Mord am Thronfolger Franz Ferdinand und dessen Frau den Krieg erklärt. Er habe nur eine Lektion erteilen und danach sehr schnell wieder Frieden mit Serbien schließen wollen. Aber dann habe Deutschland Frankreich, Russland und England den Krieg erklärt. Das habe bedeutet, dass sich plötzlich viele an „seinem" kleinen Krieg beteiligt hätten. Kurzum, es sei ein viel größerer Krieg geworden, als er geplant habe. Ein Krieg mit Armeen, die wesentlich stärker und moderner gewesen seien als seine. Ein Krieg, den er nicht selbst in der Hand haben würde und der lange dauern sollte. Dies habe bedeutet, dass es wohl um sein Kaiserreich geschehen sein könnte.

Franz Josephs wörtliche Reaktion auf die deutsche Kriegserklärung sei gewesen: „So werden wir jetzt zugrunde gehen."

Warum? Ganz einfach, sagte Otto: Weil der habsburgische Kaiser gewusst habe, dass er – anders als der deutsche Kaiser – nicht imstande wäre, einen umfassenden Offensivkrieg zu führen. In einem Land ohne klare natürliche Außengrenzen, über dessen Ränder hinweg es immer eine Osmose zwischen verschiedenen Nationalitäten gegeben habe, könne man keine nationalistische Politik führen.

Und, so ergänzte Otto, genau deshalb sei er davon überzeugt, dass eines der wesentlichsten Merkmale der Europäischen Union genau in diesem gleichen Unvermögen, einen Offensivkrieg zu führen, bestehe. Der Grund dafür sei, dass sie so viele Völker und Kulturen in sich vereine, dass sie dann unweigerlich Krieg mit sich selbst führen würde.

Mit anderen Worten: Das Habsburgerreich konnte gar nicht wirklich aggressiv und kriegslustig sein. Es war eine *Soft Power,* die sich im besten Fall selbst verteidigen konnte – mehr nicht.

Otto hatte recht: Für die EU gilt genau das Gleiche. Man betrachte nur den Libyen-Konflikt, unsere Beziehungen zu Russland, zu den Vereinigten Staaten oder der Türkei: Ein europäisches Land will dieses, ein anderes jenes. Einen defensiven Krieg können wir gemeinsam führen. Aber in einem offensiven Krieg würden wir uns in entgegengesetzten Lagern wiederfinden und einander bekämpfen. Genau wie das Habsburgerreich muss die EU sich hier also raushalten und mit den beschränkten Mitteln, die sie sehr wohl hat, arbeiten: Verhandlungen, Sanktionen. Das bedeutet: Fortwurschteln, Kompromisse schließen, Zeit schinden.

Die einzige Möglichkeit, die Europäer mit all ihren Sprachen, Kulturen und Nationalitäten zusammenzuhalten, ist ein größtenteils dezentralisiertes System. So ist es auch vorgesehen. Deshalb werden wir selten glasklare, eindeutige Lösungen für unsere Probleme auf dem Gebiet der Außenpolitik finden. Die einzige Möglichkeit, damit umzugehen, ist ein permanent peristaltisches System, bei dem die Probleme in Gesprächsrunden und Friedensverhandlungen behutsam wegdiskutiert werden. Mehr noch: Wir sind dazu verurteilt. Wie wir das eigentlich immer schon waren. Ein Trachtengeschäft in Wien, das während des österreichischen Ratsvorsitzes 2018 Schaufensterpuppen mit dem Gesicht von Angela Merkel und Sebastian Kurz, mit Perücke und (beide) in Männertracht, in die Auslage stellte, scheint diese Kontinuität begriffen zu haben. Zwischen ihnen steht das Plakat einer 1931 gedrehten Komödie über den russischen Zaren Alexander, der sich während des Wiener Kongresses (1814–1815) mit einer Handschuhverkäuferin anlegt.

Vielleicht ist das die wichtigste Lektion, die wir von den Habsburgern lernen können: dass dieses „Nie mehr Krieg" als Grundlage für die europäische Einigung heute noch genauso relevant ist wie vor fünfzig Jahren.

Conclusio

I

Die Hauptfigur im Theaterstück *Ein Bruderzwist in Habsburg* (1848) des österreichischen Dramatikers Franz Grillparzer ist der notorisch unschlüssige und passive habsburgische Kaiser Rudolf II. Rudolf ist ein sanfter Mann. Am liebsten will er in erster Linie *Mensch* sein. Aber er ist nicht imstande, den vielen internen und externen Bedrohungen des Reiches – *Ein Bruderzwist in Habsburg* spielt im 17. Jahrhundert, kurz vor dem Dreißigjährigen Krieg – die Stirn zu bieten. Sein tatkräftiger Bruder Matthias kann das Zaudern seines Bruders nicht länger mitansehen und verübt eine Art Putsch gegen Rudolf. Das Stück ist stark melodramatisch. Dennoch gelingt es Grillparzer, das Habsburgerreich sehr treffend zu beschreiben. Es gehöre zum Wesen der Habsburger, „Auf halben Wegen und zu halber Tat / Mit halben Mitteln zauderhaft zu streben."

Das ist eine sehr gute Beschreibung. In dem Stück ist dies klarerweise als eine Art Fluch gemeint. Als etwas Negatives. Und dennoch ist gerade dieses Phänomen der „halben Tat" eine der besten Erklärungen für die Tatsache, dass das Reich sechs Jahrhunderte lang existierte.

Mehr noch: Wenn mir in meinen Wiener Jahren eine wichtige Parallele zwischen dem Habsburgerreich und der Europäischen Union aufgefallen ist, dann ist es genau dieser Fluch, immer nur halbe Sachen zu machen, immer halb fertig zu sein – ein Fluch, der zugleich auch irgendwie ein Segen ist.

Das Habsburgerreich war ein Staat. Die EU ist das nicht. Das ist ein wesentlicher Unterschied. Und es gibt noch mehr Unterschiede. Aber beide versammeln mehrere Völker unter einem gemeinsamen Dach, beide sind Weltmeister im Hinausschieben, Verzögern, Fortwurschteln und im Schließen von Kompromissen. Es ist nie fertig. Es ist nie perfekt. Nie. Das ist kein Zufall. Das liegt in der Natur der Sache. Es gibt nämlich kaum eine andere Möglichkeit.

Ein Staat beziehungsweise ein supranationales Gefüge mit einer schwachen Armee, das mehrere Völker zusammenhalten will, muss ständig seine Relevanz und seinen Mehrwert unter Beweis stellen, um die Völker (einigermaßen) bei der Stange zu halten. Sonst kommt es zu Aufständen, oder die Völker wenden sich ab wie die Briten, die die EU verließen. Die meisten habsburgischen Kaiser taten alles, um für

Frieden, Wohlstand und Gerechtigkeit zu sorgen. Besser ein *mittelmäßiger Frieden* als
ein glorreicher Krieg, meinte Kaiserin Maria Theresia.

Sie ging dabei ziemlich weit. Sie arrangierte Ehen für ihre Töchter und Nichten, um ihrem Volk Kriege, Hungersnöte und sonstiges Chaos zu ersparen. Sie war
fortwährend damit beschäftigt, Nachbarn und Rivalen zu beschwichtigen und hin-
zuhalten, damit Konflikte nicht aus dem Ruder laufen. Ihre Korrespondenz ist voller Ausdrücke wie „hinausschieben", „Zeit gewinnen" und „in die Länge ziehen".
Kein Wunder: Für sie und die meisten anderen habsburgischen Monarchen war das
Hinauszögern schlicht eine Überlebensstrategie.

Die habsburgische Armee verfügte über loyale Soldaten, aber sie war nicht groß
und stark genug, um alle Teile des Reiches zugleich zu schützen. Und es gab noch
ein Problem. Sollte beispielsweise das französische Heer eine Niederlage kassieren,
würde Frankreich Land und vielleicht sogar den König verlieren. Aber das Land an
sich würde weiterhin existieren. Diese Existenz ergab sich aus etwas Permanentem.
Das war bei den Habsburgern nicht der Fall. Sie regierten mehrere Völker, die ohne
sie vielleicht nicht zusammenbleiben würden. Das machte die Habsburger existentiell verwundbar. Der Feldherr Raimondo Montecuccoli riet daher dem Kaiser im
17. Jahrhundert immer, nie die gesamte Armee zugleich ins Feld zu schicken.

Aufgrund dieser existentiellen Schwäche, die auch für die EU typisch ist, wurde
das Regieren für alle habsburgischen Kaiser zu einem unglaublichen Drahtseilakt.
Sie mussten Kriege vermeiden *und* ihre Untertanen möglichst bei Laune halten.
Letzteres war ebenfalls nicht einfach. Die Sprachgruppen und Nationalitäten waren,
genauso wie in der heutigen Europäischen Union, selten einer Meinung. Es war unmöglich, eine Politik zu betreiben, die alle gleichzeitig zufriedenstellen konnte. Also
mussten sie alle besänftigt und mit Versprechen, Ernennungen und Kompromissen
ruhiggestellt werden. Es wurde immer geschoben, abgewogen, überzeugt, verhandelt, beschwichtigt und in die Länge gezogen. Das war ein kontinuierlicher Prozess,
der nie ein Ende fand und zusätzlich verkompliziert wurde durch Bedrohungen von
außerhalb des Reiches, denen der Kaiser zur gleichen Zeit die Stirn bieten musste.
Das führte auch dazu, dass Lösungen fast immer, wie Grillparzer schrieb, unausgego-
ren und halb fertig waren. Beschlüsse und Verordnungen der Habsburger verdienten
nur selten einen Schönheitspreis. Mehr war einfach nicht drin. Sie waren bereits das
Maximum. Alle beschwerten sich immer darüber, aber allen war auch bewusst: Das
ist das bestmögliche Ergebnis.

Dies erklärt auch, weshalb zum Beispiel die eigensinnigen Ungarn ständig Widerstand gegen die „Wiener Vorherrschaft" leisteten, aber nicht im Traum daran
dachten, das Habsburgerreich zu verlassen. Aus ihrem Verbleib zogen sie einen Nutzen. Dass sie nun genau dasselbe in der EU machen, sagt viel über die Ungarn aus.
Aber es sagt uns auch etwas über die Parallelen zwischen dem Wien von damals und

dem Brüssel von heute: Es herrscht ein anderer Zeitgeist, aber die Art des Regierens ist vergleichbar.

In seinem Buch *Visions of Empire* aus dem Jahre 2017 beschreibt der britische Soziologe Krishan Kumar fünf europäische Reiche, die der Welt ihren Stempel aufgedrückt haben: das Osmanische Reich, das Habsburgerreich, Russland und die Sowjetunion, das Britische Reich und das Französische Reich (bzw. *die* französischen Reiche, denn es gab mehrere davon). Von diesen fünf sei das Habsburgische Reich am komplexesten, undurchschaubarsten und vielgestaltigsten. Allein schon eine präzise Charakterisierung sei kaum möglich. Sogar die Bezeichnung sei zweideutig. Die einen hätten es „k.u.k.", die anderen „k.k." genannt. Und zuletzt sei es nicht klar gewesen, ob man es als „Österreich-Ungarn", „Habsburgerreich" oder doch als „Doppelmonarchie" bezeichnen sollte. Die anderen vier Reiche hätten ein viel deutlicheres Profil gehabt und seien viel einfacher zu verstehen gewesen.

Und dennoch, schreibt Kumar, sei das Habsburgerreich von allen fünf Reichen auch jenes, das – sofern man dies von Weltreichen sagen könne – am „liebenswertesten" sei.

II

Wie das Habsburgerreich hat sich auch die Europäische Union seit ihrer Entstehung in den fünfziger Jahren nach einer endlosen Serie von Transformationen, politischen Salti, Krisen und Zufallstreffern zu einer ziemlichen Macht entwickelt, die militärisch schwach ist, Krieg meidet *und* permanent mit sich selbst beschäftigt ist, weil sie nur eine Daseinsberechtigung hat, solange sie einen Mehrwert bietet. Auch im heutigen Europa ist das die Priorität: relevant zu bleiben für alle Länder, die sich unter dem gemeinsamen Dach befinden. Zurzeit sind es 27. Und nicht selten wollen diese 27 komplett unterschiedliche Wege gehen.

Weil in den Mitgliedstaaten, die in Brüssel entscheiden, immer selbstbewusster auftretende nationale Demokratien Regie führen, dürfte das politische Geschäft im heutigen Europa durchaus komplexer sein als im Habsburgerreich. Dazu kommt noch, dass nach dem Wunsch vieler europäischen Regierungen Brüssel sich nur dann in Bewegung setzt, wenn es gar nicht mehr anders geht und möglichst wenig kostet. Aufgrund dieser politischen Struktur und der inhärenten Zurückhaltung in den 27 Hauptstädten hat Europa große Mühe, vorauszudenken. Wir haben es in vielerlei Hinsicht mit einer reaktiven Macht zu tun: Die EU agiert selten, vielmehr reagiert sie vor allem auf interne und externe Ereignisse.

Kurz gesagt: Die Europäer machen im Grunde genommen das Gleiche wie die Habsburger: Fortfretten und Fortwurschteln. Während sie fast per definitionem den

Ereignissen hinterherhinken, müssen sie versuchen, in einer sich schnell ändernden Welt relevant zu bleiben.

Und hier zeigt sich bereits die nächste Komplikation: „Relevant bleiben" bedeutet in Europa immer wieder etwas anderes. Vor zehn, zwölf Jahren, während der Finanzkrise, bedeutete es vor allem, dafür zu sorgen, dass die Banken und Hedgefonds reguliert werden, die Bürger ihr Erspartes nicht verlieren und der Euro stabiler wird. 2015, als eine Million Flüchtlinge und Migranten nach Europa kamen, wurde die Relevanz der EU an einer neuen europäischen Asyl- und Migrationspolitik mit besserem Grenzschutz gemessen. Von einem Tag auf den anderen muss Europa als geopolitischer Akteur auftreten. Aus der multilateralen Welt mit ihren endlosen Verhandlungsrunden, in denen Europa aufblühte, wird eine merkantile Welt, die von rivalisierenden Großmächten wie den Vereinigten Staaten und China dominiert wird, die ihre ungezügelte Macht rücksichtslos auf Kosten kleinerer Länder einsetzen. Autoritäre Regionalmächte wie Russland und die Türkei sehen gute Chancen, ihr Territorium zu erweitern und den Nachbarn in der EU das Leben zu vergällen. In einer solchen Welt können sich individuell agierende europäische Länder nicht behaupten, nicht einmal Deutschland. Gemeinsam, als EU, sind sie stark. Deswegen verhandelt man jetzt in Brüssel immer öfter über geopolitische Schutzmaßnahmen. Themen, über die man vor zehn Jahren nicht reden wollte, liegen jetzt auf dem Tisch: eine europäische Armee, eine stärkere Außenpolitik, eine Kontrolle für ausländische Investitionen und sogar eine internationale Rolle für den Euro.

Zugleich können wir, genau wie die habsburgischen Kaiser, nicht mit allen im Clinch liegen. Wir brauchen Allianzen, damit wir nicht von allen Seiten gleichzeitig angegriffen werden. Wir müssen, ob uns dies nun gefällt oder nicht, weiterhin den Dialog mit Diktatoren und Autokraten aufrechterhalten. Das bedeutet, dass wir uns bis zu einem gewissen Grad die Hände schmutzig machen, wie wir es mit der Türkei und dem Flüchtlingsdeal taten.

Dieses Europa ähnelt bei Weitem nicht jenem von vor zwanzig oder vierzig Jahren. Europa muss sich immer wieder selbst neu erfinden. Brüssel ist wie eine Art Wurstfabrik: Jeder Mitgliedstaat kommt mit seinen eigenen Zutaten daher. Sobald man in Brüssel festgestellt hat, dass keine davon auf der langen Liste der „verbotenen Zutaten" steht, beginnt man mit der Herstellung der Würste. Das Endprodukt wird nicht von allen gleichermaßen geschätzt. Die einen finden es zu salzig, die anderen möchten ein wenig mehr Gewürze haben. Wieder andere essen kein Fleisch, verdienen aber gut am Transport. Dennoch ist es unübersehbar, dass die Menge an produzierter Wurst derzeit ziemlich groß ist.

III

In ihrem Buch *Der europäische Traum: Vier Lehren aus der Geschichte* schreibt die Deutsche Aleida Assmann, dass sie in drei völlig verschiedenen Europas gelebt habe.

Assmanns Geschichte illustriert sehr gut, wie Europa sich immer wieder neu erfindet. Und dass die Menschen, die die EU gerne auf einen einzigen Aspekt reduzieren möchten – einen reinen Markt, eine Besatzungsmacht oder eine gescheiterte Föderation – immer falsch liegen: Die EU ist alles und zugleich auch nichts von alledem. Europa ist eine permanente Baustelle und lässt sich in keine Schublade pressen.

Das erste Europa, in dem Assmann geboren wurde, begann 1945 und endete mit dem Mauerfall 1989. Die Architekten dieses Europas waren die Helden des Ersten Weltkriegs. Es waren alte, graue Männer, die ihr kein Begriff waren. Sie dachte zum Beispiel, dass Robert Schuman, der Gründer der Europäischen Gemeinschaft für Kohle und Stahl, dem Vorläufer der EU, ein Komponist wäre. Auch der Name René Cassin, der die Allgemeine Erklärung der Menschenrechte verfasste und den Nobelpreis erhielt, sagte ihr nicht das Geringste. Europa war in jenen Tagen ein geteilter, polarisierter Kontinent. Unser Teil befand sich unter einer amerikanischen Käseglocke, tief verankert im westlichen Lager. Die Amerikaner wachten über uns. Alles Spannende und Interessante spielte sich in Amerika und England ab: Politik, Protest, die Beatles, Filme. Ein weiterer Eindruck: In jenen Tagen schauten alle nach vorn. Die Menschen wollten die Vergangenheit so schnell wie möglich hinter sich lassen.

Diese Phase schien ewig anzudauern. Dass es zum Mauerfall kam, überraschte viele. Auf einmal war die Zukunft offen. So begann das zweite Europa, das mit der Flüchtlingskrise 2015 endete: das Europa des Pluralismus, weniger eng, diverser, interessanter. In jener Zeit öffneten wir die Grenzen und entdeckten und verinnerlichten wir die Diversität in all ihren Formen. Es war die Zeit des „Umherstreifens". Der externe Feind, die Sowjetunion, war verschwunden. Durch die Erweiterung um neue Länder gab es erneut allerhand zu entdecken. Auch kehrte die Geschichte zurück. Holocaustopfer wurden endlich gehört. Wir kümmerten uns um Restitutionen, bauten Museen. Aber wir erforschten Auschwitz, nicht die Blockade von Leningrad, der eine Million Menschen zum Opfer gefallen waren. Dass Mittel- und Osteuropa von der Diversität weniger begeistert waren als wir, war uns lange Zeit nicht bewusst. So wuchs unterschwellig die Zwietracht.

Dieses zweite, grenzenlose und etwas ziellose Europa endete mit der Flüchtlingskrise und den islamistischen Anschlägen. Die Menschen hatten genug vom Umherstreifen. Sie sehnten sich nach Schutz. Hiermit kam die Zwietracht zwischen Ost und West zum Vorschein, die in der Phase des Umherstreifens entstanden war. Auch der Brexit nahm Fahrt auf. Und so begann das dritte Europa, das Europa der

Gegensätze, das Europa voller Sorgen um Identität und Zukunft sowie voller Fragen darüber, was uns verbindet und worauf wir uns fokussieren sollen. Die verbindende, integrierende Kraft der EU wird schwächer. Zugleich wird Europa allmählich demokratischer und aufgrund der tiefgreifenden Konflikte auch endlich politischer und spannender. Was ist die EU? Was tut Brüssel, was nicht? Dieser Art von Fragen und Diskussionen wird mehr Aufmerksamkeit gewidmet denn je zuvor.

Der ehemalige Präsident des Europäischen Rates Herman Van Rompuy meinte einmal, dass Europa nach 1989 zu einem „Raum" geworden sei, in dem wir Freiheiten und Diversität ausloteten. Nach 2015 hatte sich das erledigt. Ab dann wollten die Europäer Schutz und Europa wurde allmählich zu einem „Platz", einem Ort. Mit Grenzen.

Und ausgerechnet jetzt, wo wir dabei sind, diesen „Platz" zu gestalten, lässt uns unser größter Verbündeter hängen. Die Amerikaner spielten bei der europäischen Einigung eine entscheidende Rolle. Sie betrachteten Europa als Schutzschild gegen den Kommunismus. Nach dem Mauerfall verlor Europa diese strategische Funktion. Schon seit 1989 fokussiert Washington sich mehr auf Südasien, auf China. Das hätte uns damals schon zu denken geben müssen. Stattdessen weigerten wir uns jahrelang, auf eigenen Beinen zu stehen. Gesamteuropäische Verteidigung und Außenpolitik? Europa als geopolitische Macht? Bräuchten wir alles nicht, meinten die europäischen Politiker. Jetzt zeigt sich: Wir brauchen es sehr wohl. Wir sind von erbitterten Mächten umgeben, die uns destabilisieren wollen. Nur als Markt und „Wertegemeinschaft" werden wir nicht überleben.

Die EU ist Weltmeister im Streiten. Dennoch hat sie in den letzten Jahren alle Krisen überlebt – die Finanzkrise, die Eurokrise, den Brexit, die Flüchtlingskrise. Warum? Ganz einfach: Die Staats- und Regierungschefs, die, um es noch einmal zu betonen, in Brüssel alle Entscheidungen treffen, wollten dies überleben. Sie entschieden sich dafür. Darüber wird viel genörgelt, aber es gibt auch viele Bürger, die das schätzen. In vielen Ländern wird die EU immer beliebter. Das bedeutet nicht gleich, dass die Menschen *mit* der EU zufrieden sind, denn da findet sich immer etwas zu kritisieren. Aber sie sind sehr wohl immer zufriedener *in* der EU.

In einer ruhigen Umgebung mit netten Nachbarn hätte das dritte Europa leicht an Kraft verlieren können. Aber wir werden, genau wie vor vielen Jahren die habsburgischen Kaiser, von mächtigen Ländern umgeben, die Importzölle, Daten, Gasbohrungen oder Flüchtlinge als Waffe gegen uns einsetzen. Durch diesen Druck von außen ist Europa nun gezwungen, sich selbst zum vierten Mal neu zu erfinden. Diesmal als geopolitische Macht.

IV

Manche Menschen stellen die EU als Superstaat dar, der die nationalen Demokratien nach und nach erstickt und sie übernimmt. Für andere ist sie eher ein misslungenes, politisches Experiment, Europäer zusammenzubringen. In beiden Lagern herrscht Enttäuschung. Beide finden mit ihrem verbitterten Urteil ziemlich viel Anklang. Aber beide liegen falsch.

Die EU ist kein Superstaat. Es sind nationale Regierungen, von denen die meisten demokratisch an die Macht gekommen sind, die in Brüssel die Entscheidungen treffen. Ich habe zehn Jahre in Brüssel gewohnt und selbst gesehen, dass sie nicht nur alles dominieren, sondern oft auch Versuche, die europäische Politik demokratischer und transparenter zu machen und die Beschlussfassungen zu erleichtern, sabotieren. Am liebsten würden sie alles in nationalen Händen halten und weiterhin alles hinter verschlossenen Türen entscheiden. Sie betrachten das Europäische Parlament als Störsender. „Ihre" europäische Institution, der Rat, ist in Brüssel die bei Weitem am wenigsten transparente. Man kann also genauso gut behaupten, dass die Nationalstaaten versuchen, Europa zu ersticken – und nicht umgekehrt.

Tritt man einen Schritt zurück, sieht man weshalb. In Europa gibt es vier Ebenen des politischen Handelns: eine kommunale, eine regionale, eine nationale und eine europäische. Jede Ebene hat eigene Aufgaben und Zuständigkeiten. Dies ist alles in Gesetzen und Verträgen verankert, an denen ständig entsprechend festgelegter Verfahren herumgeschraubt wird. Dies gilt auch für die EU. Aber es gibt keine einzige Ebene, in deren Angelegenheiten sich eine darunterliegende Ebene so einmischt, wie in die europäische. 26 Länder wollten Weißrussland 2020 mit Sanktionen belegen. Nur Zypern legte sich quer. Es wollte die Sanktionen zwar ebenfalls, aber nur, wenn auch Sanktionen gegen die Türkei verhängt würden – was die meisten EU-Länder (noch) nicht wollten. Andere Beispiele: das wallonische Parlament, das ein europäisches Handelsabkommen mit Kanada blockierte, oder Ungarn, das als einziges Land die EU davon abhielt, die amerikanischen Sanktionen gegen den Internationalen Strafgerichtshof in Den Haag zu verurteilen. So läuft das in Europa mit fast allem: dem Budget, dem Euro etc. Es gibt erst einen Deal, wenn ganz Europa dahintersteht. Dass alle mitentscheiden können, ist eine große Besonderheit, aber es macht Europa auch oft handlungsunfähig. Wie würden die Niederlande funktionieren, wenn die Gemeinde Assen ein Veto gegen die niederländische Außenpolitik einlegen könnte, oder die Provinz Limburg nur mit der Bankenaufsicht einverstanden wäre, wenn die Limburger Filialen davon nicht betroffen wären?

Aber genau so funktioniert es in Europa doch.

Als Folge davon werden Vereinbarungen immer mehr verwässert, werden weitere Kompromisse gesucht, werden Erklärungen abgeschwächt und hinausgezögert.

Oder dass bestimmte Vorhaben zwar umgesetzt werden, ihnen aber nur geringste Mittel zur Verfügung gestellt werden. So gründeten die Mitgliedstaaten 2004 zwar Frontex, die Europäische Agentur für die Grenz- und Küstenwache, statteten sie aber nur mit einem winzigen Budget aus. Auch durfte sie nur mit ausdrücklicher Zustimmung in einem Schengenland aktiv werden. Während der Flüchtlingskrise 2015 war Frontex dann auch weit und breit nicht zu sehen. Sie hatte nur einige Dutzend Mitarbeiter und Griechenland ließ sie nicht hinein. Manche Minister meinten, dass die EU wieder einmal in einem wichtigen Moment versagt habe – sie vergaßen aber zu erwähnen, dass ihr eigenes Land zu einem früheren Zeitpunkt gegen eine größere, teurere Version von Frontex gewesen war. Das ist wieder ein Beispiel für eine EU, die viele halbe Sachen macht und selbst immer halbfertig ist.

Auch der zweite Vorwurf – dass die EU ein misslungenes politisches Experiment sei, um die Europäer zusammenzubringen – entspricht nicht der Realität. Menschen, die das behaupten, haben einen europäischen Traum im Kopf, in dem das europäische Projekt einen eindeutigen Anfangspunkt und einen eindeutigen Endpunkt hat. Der Anfang ist in diesem Falle Krieg und Chaos. Und der Endpunkt würde dann so aussehen, dass alle harmonisch und solidarisch zusammenleben und alles ordentlich und ohne allzu viele Spannungen regeln. Auf diesen Endpunkt sollte Europa kontinuierlich hinarbeiten.

Diese Menschen haben an sich recht: Europa ist nicht perfekt. Weit davon entfernt sogar. Man sehe sich nur die Flüchtlingsdramen auf den griechischen Inseln an. Man sehe sich nur das europäische Unvermögen an, die Verletzung der Grundrechte in Polen oder Ungarn zu bestrafen, wo unabhängige Institutionen wie Gerichte und die Presse der Kontrolle der regierenden Partei unterworfen werden. Belehrende Sprüche aus Brüssel nützen nichts. Der Europäische Gerichtshof in Luxemburg hat zwar einige, dem Europäischen Recht widersprechende Gesetze und Regelungen beanstandet. Er kann jedoch erst aktiv werden, wenn bereits Verstöße vorliegen.

Wenn man Europa auf diese Weise betrachtet, ist man zwangsläufig enttäuscht. Denn Europa macht im alten Trott weiter. Das ist die Realität. Europa wird nie perfekt sein. Die Frage ist nämlich auch: Gibt es überhaupt einen Endpunkt – außer in den Köpfen bestimmter Menschen?

Ich glaube nicht. Einheit in Europa ist eine Utopie. In Wirklichkeit wird es *immer* Probleme geben. Es ergeben sich ständig neue Themen. Aus dem inneren Bereich, oder weil sich die Welt um uns herum ständig ändert. Es kann Streit über die Landwirtschaft geben, während Verhandlungen über Europas Verteidigungspolitik ganz gut laufen. Zehn Jahre später kann es genau umgekehrt sein. Oder man streitet sich wieder über neue Themen.

Weil es die Länder sind, die die Entscheidungen in der EU treffen, wird es immer Konflikte geben. Denn Länder haben verschiedene Interessen, Tabus, Traditionen und Komplexe. Konflikte gab es schon immer. Früher lief das alle paar Jahre aus dem Ruder. Dann gab es Krieg.

In den 1950er Jahren beschlossen sechs europäische Länder, künftig nicht mehr mit Munition, sondern mit Worten zu schießen. Der Ort, an dem sie das tun würden, wurde Brüssel. Sogar für *diese* Entscheidung brauchten die Gründer Jahre. Nicht umsonst sind Straßburg und Luxemburg immer noch eine Art Co-Hauptstädte. „Brüssel" wurde erfunden, um Streitigkeiten auszutragen. Und das geschieht jeden Tag. Über neue Datenschutzregeln, Klimafonds, die Russlandpolitik oder das Budget.

All die Diplomaten, die im Rat über Wochen, Monate, manchmal Jahre hinweg um ein europäisches Patent oder eine europäische Chemierichtlinie ringen, tragen perfekt sitzende Anzüge. Aber eigentlich sind es moderne Infanteristen, die für ihr Land kämpfen. Wenn Sie morgens um fünf Uhr das Ratsgebäude verlassen, sehen sie aus wie Straßenkater, die die ganze Nacht gekämpft haben: zerzaustes Haar, Schweißflecken, Augenringe.

Im Rat wird ständig eine Art von Kleinkriegen ausgetragen. „Ordentliche" Kleinkriege mit einem in juristischen Änderungsanträgen versteckten Waffenarsenal – aber doch Kleinkriege. Es ist wichtig, dies zu verstehen. Jedes Mal, wenn die Schlagzeilen lauten STREIT IM RAT ÜBER KLIMAZIELE oder RINGEN UM CORONAFONDS GEHT IN DIE VIERTE NACHT, müssen wir uns dessen bewusst sein, dass die EU und Brüssel genau dafür erfunden worden sind. Offenbar ist der Mechanismus unverändert relevant.

Natürlich hat Europa auch Prinzipien. Es gibt eine „Bandbreite", innerhalb derer wir uns alle bewegen können: Menschenrechte, keine Todesstrafe, ein gesunder demokratischer Rechtsstaat mit unabhängigen Institutionen. Auch am Binnenmarkt gelten für alle Regeln. Das ist der „starre" Teil Europas, über den wenig oder gar keine Kompromisse möglich sind. Das ist der Teil, an dem sich die Briten während der Brexit-Verhandlungen die Zähne ausbissen. Der Teil, auch, der intern immer zu Reibereien führen wird, solange Ungarn, Polen und andere Länder weiterhin den Weg des geringsten Widerstandes gehen.

Aber im Übrigen ist die EU flexibel, weil sie sich ständig an die Herausforderungen von innen und außen anpasst. Sie schleppt sich von Meeting zu Meeting, von Gipfel zu Gipfel, von einem Problem zum nächsten. Jede Entscheidung reformiert Europa ein wenig. Schon seit zwanzig Jahren komme ich regelmäßig nach Brüssel beziehungsweise wohnte dort einige Jahre. Jedes Mal stelle ich fest, dass es wieder Überraschungen gibt, dass es Dinge gibt, die anders laufen, als ich es gewohnt bin. Die EU befindet sich, genau wie es auch das Habsburgerreich war, in einer ständigen Metamorphose. Und selbst wenn die Änderungen manchen zu langsam und zu halbfertig sind: Das liegt in der Natur der EU. Sie ist nie „fertig". Stets auf Neue ergeben sich weitere Probleme, stets aufs Neue liefern die Mitgliedstaaten weitere Zutaten und stets aufs Neue machen sie daraus gemeinsam EU-Wurst.

Und so war es immer. Die Menschen denken oft, dass die europäische Integration in den Anfangsjahren reibungslos vonstattenging und dass es heutzutage viel mühsamer ist. Dieses Bild stimmt nicht. Zu Beginn waren die Hauptstädte genauso eifersüchtig und störrisch wie heute oftmals. Die Amerikaner drohten sogar damit, den Marshallplan *nicht* umzusetzen, sollten sich die Europäer weiterhin streiten – so groß war das gegenseitige Misstrauen. Die gesamte Nachkriegsgeschichte ist geprägt von Spannungen, Argwohn und knallenden Türen. Eine Verteidigungsunion kam nicht zustande. Die Franzosen boykottierten einmal sechs Monate lang alle Brüsseler Meetings. Und wegen eines simplen Sprachenstreits kam zwanzig Jahre lang keine europäische Patentregelung zustande.

Für wen Europa ein Traum ist oder nur ein Markt und nichts weiter, der hat ein zu statisches und unrealistisches Bild von Europa. Ob man nun von einem föderalen Europa oder von einem aus souveränen Nationalstaaten bestehenden Europa träumt – wer die falschen Erwartungen hegt, wird ständig enttäuscht werden.

V

Soll sich denn gar nichts ändern? Doch, das denke ich schon. Aber die ganz großen, berauschenden Reformen werden nicht kommen. Kleinere, schrittweise Anpassungen finden jedoch ununterbrochen statt – meistens *too little, too late,* aber immerhin.

Um Europa besser funktionieren zu lassen, sind vielleicht mit Ausnahme der Streichung des Vetos in der Außenpolitik nicht wirklich neue Regeln vonnöten. Denn dass gewisse Prozesse so zäh verlaufen, liegt nicht an den Regeln, sondern an mangelndem politischem Willen in den Mitgliedstaaten. Würden sich diese in Brüssel und im eigenen Land kooperativer verhalten, liefe alles reibungsloser und flotter.

Würde jedes Land seinen Kindern beibringen, was die EU ist und wie sie funktioniert, wäre das schon ein guter Anfang. Am Tag nach dem Brexit-Referendum war „EU" im Vereinigten Königreich das meistgegoogelte Wort. Viele Menschen hatten überhaupt keine Ahnung, worüber sie da abgestimmt hatten. Sie dachten, dass sie nicht mehr auf Brüssel hören müssten und dass ansonsten alles beim Alten bleiben würde. Wenn Menschen nichts über Europa wissen und die eigene Regierung diesbezüglich schweigt, braucht sich niemand zu wundern, dass die euroskeptischen Slogans von Populisten, die sehr wohl darüber reden, runtergehen wie Öl. Dies müsste allen europäischen Regierungen zu denken geben.

Ebenfalls hilfreich wäre, wenn Minister ehrlicher wären in Bezug auf die in Brüssel getroffenen Vereinbarungen. Zu oft betonen sie, was sie „gewonnen" haben, und verschweigen, was sie „hergeben" mussten. Unliebsame Entscheidungen schieben sie der EU in die Schuhe – als ob sie selbst nicht dabei gewesen wären. Viele Bürger bekommen so ein falsches Bild von der Art und Weise, wie die Dinge in Brüssel laufen, und betrachten europäische Themen deshalb zu stark durch eine nationale Brille. Der mehrdimensionale, europäische Kontext wird ihnen oft vorenthalten. Warum schwenkte Angela Merkel zum Beispiel 2020 um und beschloss während der Coronakrise, den betroffenen Ländern Geld zu *gewähren* – Geld, das sich die EU außerdem als Kollektiv auf den Finanzmärkten geholt hatte? Die Bürger Deutschlands erfuhren es, denn Merkel wurde nicht müde, es zu erklären: Weil deutsche Unternehmen während Corona mehr Staatshilfe als Unternehmen in anderen Ländern bekämen, hätten sie am europäischen Binnenmarkt einen Wettbewerbsvorteil. Dieser Markt würde in Schieflage geraten. Dadurch käme das Fundament der europäischen politischen Integration in Gefahr. Deutschland wolle dafür nicht verantwortlich sein. Deshalb sei sie, Merkel, aktiv geworden. Es war eine klare, verständliche Botschaft. Aber in vielen anderen Ländern hörten die Bürger dies nicht. *Deren* politische Führungskräfte erzählten es ihnen nicht. Merkel kam nach einem viertägigen Sitzungsmarathon über dieses Thema zurück nach Berlin und sagte, dass der Deal bezüglich des Coronafonds gut für Europa sei. Der französische Präsident Macron sprach von einem historischen Abkommen für Europa. Mark Rutte kam nach Hause mit der Mitteilung, dass er zufrieden sei, weil die Niederlande für das europäische Budget keine zusätzlichen Mittel zur Verfügung zu stellen brauchten.

Eigentlich sollte jedes Land einen Vizekanzler für Europäische Angelegenheiten ernennen müssen. Minister, die in Brüssel Vereinbarungen treffen, vergessen diese oft, sobald sie nach Hause kommen. Sie haben schon einen Vollzeitjob und erledigen die europäischen Themen eher nebenbei. Das ist schwierig. Europäische Angelegenheiten werden auf diese Weise sogar von engagierten Ministern stiefmütterlich behandelt. Es wäre der Sache dienlich, wenn jedes Land einen Vizekanzler für Europäische Angelegenheiten hätte, dem kein nationales Ministerium untersteht. Er oder sie könnte dafür sorgen, dass europäische Themen jene Aufmerksamkeit erhalten, die sie verdienen. So jemand hätte einen etwas höheren Rang als ein Minister und könnte diesen die Ohren langziehen und sie an Brüsseler Vereinbarungen erinnern. Der Vizekanzler befände sich in permanentem Austausch mit seinen Kollegen in anderen Ländern. Dies wäre wie frisches Öl für das europäische Getriebe.

VI

Karl Kraus, der 1936 verstorbene, große österreichische Satiriker, meinte einmal, dass die Straßen in Wien mit Kultur und jene in anderen Städten mit Asphalt gepflastert seien. Vielleicht gibt es deshalb keine andere Stadt, die uns so deutlich einen Spiegel vorhält wie die Hauptstadt des ehemaligen Kakaniens. Es ist alles noch vorhanden: die herrlichen Kunstsammlungen von Kaisern und Prinzen, ihre Bibliotheken, ihre vergoldeten Konzertsäle mit billigen Stehplätzen für die weniger Betuchten, das Klappern der Pferdehufe auf dem Kopfsteinpflaster, die historischen Gebäude, in denen sich jetzt Ministerien, Restaurants oder Pop-Up-Stores befinden, die Kaffeehäuser, auf deren Servietten immer noch die Kaiserkrone abgebildet ist. Es ist absolut unmöglich, in Wien nicht an die Habsburger und ihre Zeit zu denken.

Aber warum suchen wir überhaupt nach Übereinstimmungen und Unterschieden? Ist es, weil wir aufgrund unserer zeitgenössischen Erfahrungen oder aktueller Umstände die Art und Weise, wie das Habsburgerreich funktionierte und sich entwickelte, besser verstehen können? Oder ist es genau umgekehrt und wir vertiefen uns in die Vergangenheit, weil wir hoffen, dort etwas zu finden, das uns dabei hilft, unsere eigene Welt besser zu begreifen?

Ich weiß es nicht. Beides wahrscheinlich. Und das ist gut so.

Nachwort

Dieses Buch ist über mehrere Jahre gewachsen und gereift. Frühe Teile daraus sind u. a. bei Carnegie Europe, im *NRC Handelsblad,* in *De Standaard* und im *EUobserver* erschienen. Erst in den Corona-Lockdowns im Jahre 2020 ist daraus wirklich ein Buch geworden.

Ich bedanke mich bei allen, die mich im Laufe der Jahre ermutigt, mir gute Ratschläge erteilt, Bücher empfohlen und Kontakte und Telefonnummern besorgt haben – sei es bei einem Aperol Spritz oder einem Tafelspitz.

Weiters danke ich meinem Verleger Frits van der Meij, Ben van der Velden und Elsbeth de Vos, die alle Fassungen geduldig gelesen und kommentiert haben. Allfällige Fehler gehen selbstverständlich auf meine Kappe.

Ohne meinen Mann und meine Kinder wäre dieses Buch nicht zustande gekommen. Sie begleiteten mich, hatten viel Geduld mit mir und versorgten mich mit Ideen, Artikeln und Büchern. Und die schönsten Fotos im Buch sind von Thierry und Nina. Vielen lieben Dank.

Inhalt